Preuss-Lausitz/Maikowski (Hrsg.)
Integrationspädagogik in der Sekundarstufe

Integrations-pädagogik in der Sekundarstufe

Gemeinsame Erziehung behinderter
und nichtbehinderter Jugendlicher

Herausgegeben von Ulf Preuss-Lausitz
und Rainer Maikowski

Beltz Verlag · Weinheim und Basel

Gesetzt nach den neuen Rechtschreibregeln

Lektorat: Peter E. Kalb

Herstellung: Klaus Kaltenberg
Satz: Satz- und Reprotechnik GmbH, Hemsbach
Druck: Druckhaus Beltz, Hemsbach
Umschlaggestaltung: Federico Luci, Köln
Umschlagabbildung: Katharina Joanowitsch, Hamburg
Printed in Germany

ISBN 3-407-25206-4

Inhaltsverzeichnis

Pubertät, Jugendphase und Integration

Integrativer Sekundarschulunterricht

Zur Einführung in dieses Buch: Entstehung, Ziele und Inhalte

Die gemeinsame Erziehung von Kindern mit und ohne Behinderungen ist in den Grundschulen vieler Bundesländer, leider noch nicht in allen, Praxis geworden. Die Grundschullehrerinnen und Grundschullehrer in diesen Schulen haben wie die Sonderpädagogen, die Eltern, die Schulleitungen, die Schulaufsicht und die Schulträger ihre jeweilige Verantwortung für diese neue Aufgabe übernommen. Viele Fortbildungsveranstaltungen, Materialien, Praxisberichte und wissenschaftliche Untersuchungen unterstützten und unterstützen diese Entwicklung. Auch bei vielen jener, die am Lernort Sonderschule festhalten, wird doch wenigstens anerkannt, dass für Kinder mit wie für Kinder ohne Behinderungen durch Integration das Lernen offenkundig nicht beeinträchtigt, sondern eher erweitert und befördert wird – ganz abgesehen von den sozialen Kontaktmöglichkeiten und dem Erwerb heute so dringend nötiger Qualifikationen wie Hilfsbereitschaft, Anerkennung von Schwächen, Frustrationstoleranz, Kooperationsfähigkeit, Wertschätzung, ohne nur auf Leistung zu sehen, Freundlichkeit oder Solidarität.

Dieser Prozess hin zu einer vielfältigen »Schule für alle« hat sich jedoch bislang vorwiegend in der Grundschule entwickelt. Die Sekundarschulen öffnen sich erst jetzt und äußerst langsam, mehr als zwanzig Jahre nach der Einrichtung der ersten integrativen Grundschulklasse, und oft nur auf Grund des Drucks der Lehrer, Eltern und integrierten Kinder am Ende der Grundschulzeit. Das hängt nicht nur mit den Ängsten vor Überforderung zusammen, die nun manche Sekundarschullehrer bei der Erwartung befällt, einen Unterricht zu organisieren, bei dem von vornherein klar ist, dass nicht nach dem klassischen Muster – wir schreiten Seit an Seit gleichzeitig und mit gleichem Lernziel durch den Fachunterricht – vorgegangen werden kann. Fachdidaktische, schulorganisatorische, psychologische und viele andere Bedenken tauchen auf. Erfahrungen fehlen, und mit Sonderpädagogen hat etwa ein Studienrat für Englisch bestimmt noch nie beruflich zu tun gehabt. Nun soll er ihn oder sie in seinen Unterricht integrieren!

Aber die Oberschulen in allen Bundesländern werden sich – manche früher, manche später – mit der gemeinsamen Unterrichtung und Erziehung behinderter und nichtbehinderter Jugendlicher auseinander setzen müssen. Daher sollten sie von den Erfahrungen derjenigen hören, die sich schon auf den Weg gemacht haben.

Der Berliner Arbeitskreis Gemeinsame Erziehung (AKGEM), ein privater Zusammenschluss von Lehrern aller Abschlüsse, Eltern, Schulaufsichtsbeamten, Hochschullehrern, Gewerkschaftern, Kitavertretern, Sozialarbeitern und anderen für Nichtaussonderung Engagierten, der seit 1990 in Berlin die bildungspolitische und pädagogische Praxis des gemeinsamen Unterrichts unterstützt, hat zusammen mit der GEW Berlin und der Arbeitsstelle Integrative Förderung des Fachbereichs Erziehungs- und Unterrichtswissenschaften der TU Berlin im Wintersemester 1995/96 und im Sommersemester 1996 gemeinsam eine Ringvorlesung zur Integration in der Sekundarstufe durchgeführt[1]. Die meisten in diesem Buch vertretenen Autorinnen und Autoren haben ihre Erfahrungen, Konzepte oder Forschungsergebnisse dort vorgetragen und einem kritischen Publikum zur Diskussion gestellt. Studierende und Lehrerinnen und Lehrer aus der integrativen Praxis sowohl der Grundschulen als auch der Sekundarschulen haben daran teilgenommen. Da es bislang nur wenige Veröffentlichungen gibt, die sich mit den vielfältigen Aspekten der Sekundarstufen-Integration auseinander setzen, entstand der Plan, diese Beiträge, erweitert um einige andere Aspekte, zu veröffentlichen. Die Diskussionen der Ringvorlesung sind in die Überarbeitungen der Texte eingeflossen.

Der vorliegende Band hat drei Schwerpunkte:

- Zuerst werden *die Entwicklungen und Rahmenbedingungen* dargestellt. Ulf Preuss-Lausitz und Rainer Maikowski beschreiben die Entwicklungen in den vergangenen Jahren und die verschiedenen Konzepte und Probleme. Jutta Schöler richtet ihren Blick auf die internationale Entwicklung, die zumindest in den hier ausgewählten Ländern uns um Lichtjahre voraus zu sein scheint. Manfred Claudi macht am Beispiel seiner integrativen Gesamtschule deutlich, dass für gemeinsame Erziehung in der Sekundarschule »äußere« und »innere« Schulreform notwendig aufeinander angewiesen sind. Jutta Schöler hebt die ungern von Eltern und Lehrern beachteten Zwänge und Möglichkeiten der Bewertung im integrativen Sekundarschulunterricht ins Licht. Die noch wenig beachtete berufliche Orientierung für Jugendliche mit Behinderungen, ein künftig zentrales Thema, rückt – durch die Darstellung eines entsprechenden Schulversuchs – Bernd Gasser ins Bewusstsein.

1 Die Sprecher des AKGEM sind Ulf Preuss-Lausitz, Peter Heyer, Monika Rebitzki und Manfred Rosenberger. Der AKGEM ist erreichbar über Ulf Preuss-Lausitz, TU Berlin, FB 2, Franklinstr. 28/29, 10587 Berlin. Die Arbeitsstelle Integrative Förderung am FB 2 der TUB wird geleitet von Jutta Schöler und Ulf Preuss-Lausitz. Der FB 2 der TUB hat die Ringvorlesung und diese Veröffentlichung finanziell unterstützt, die GEW Berlin die Ringvorlesung in vielfältiger Weise organisatorisch mitgetragen.

- In einem zweiten Schritt rücken wir bewusst die *Kinder, die nun Jugendliche sind*, in den Mittelpunkt. Der Beginn der Oberschule ist für viele auch der Beginn der Pubertät – und damit tauchen für nichtbehinderte wie vor allem auch für behinderte Jugendliche ganz neue Probleme auf, die nicht unter den Teppich gekehrt, sondern zuerst überhaupt wahrgenommen und dann sensibel aufgegriffen werden sollen. Josef Grubmüller aus Frankfurt/Main, Almut Köbberling und Ines Boban aus Hamburg machen uns aus ihrer Praxiserfahrung und ihren Gesprächen mit vielen behinderten wie nichtbehinderten Jugendlichen deutlich, wie wichtig der Blick auf die Jugendlichen ist – und was wir Pädagogen davon lernen können. Kerstin Merz-Atalik beschreibt ein meist verdrängtes Thema: Kinder mit Behinderungen ausländischer – hier vor allem türkischer – Herkunft. Die Integrationspädagogik ist sowohl für die ausländischen Eltern als auch für die deutschen Lehrerinnen und Lehrer gerade in den Sekundarschulen eine besondere Herausforderung. Und das gilt auch für die Einbeziehung von Jugendlichen mit geistigen Behinderungen. Deren Integration soll ja nicht mit der Grundschule enden. Aber wie geht das? Wolfgang Podlesch berichtet von den Erfahrungen und Überlegungen.
- In einem dritten Schritt rückt der *Unterricht* in den Vordergrund: Allgemeine didaktische integrationspädagogische Ansätze werden von Marianne Poppe formuliert. Exemplarisch werden fachdidaktische Konzepte von Hans-Eberhard Piepho für die Englischdidaktik, Michael Borchert für die Mathematikdidaktik und Antje Ortling für die Naturwissenschaft zur Diskussion gestellt. Aus diesen Beiträgen wird deutlich, dass Integrationspädagogik für die Sekundarstufe die fachdidaktischen Entwicklungen weiterbringen kann – und muss. Gerda Dicke und Rainer Maikowski setzen sich schließlich mit dem Spannungsverhältnis zwischen individueller und gemeinsamer Erziehung auseinander und skizzieren Wege zur Planung eines entsprechenden Unterrichts.

Der Band wird abgeschlossen mit einem Autorenspiegel.

In den Beiträgen tauchen zwei sprachliche Probleme immer wieder auf, auf die wir vorab mit Bitte um Verständnis hinweisen möchten: Zum einen gibt es unterschiedliche Schreibweisen derer, von denen dieses Buch in erster Linie handelt: Von den Jugendlichen mit Behinderungen. Wir bitten um Nachsicht, dass zuweilen auch von »behinderten Kindern«, von »Behinderten«, von »Schülern mit sonderpädagogischem Förderbedarf«, von »Gutachtenkindern« usw. gesprochen wird. Wir wollten den Autoren keine zwanghafte Vereinheitlichung auferlegen, sind jedoch sicher, dass sich alle bemühten, Lesbarkeit mit nicht diskriminierenden Termini zu verbinden. Zweitens ist natürlich auch die geschlechtsspezifische Schreibweise uneinheitlich. Die Herausgeber haben nur das große »I« (»LehrerInnen«) durchweg herausgestrichen. Ansonsten hoffen wir, dass die Leserinnen und Leser den Autoren ihre jeweilige Entscheidung für die eine oder andere Schreibweise abnehmen. Die Herausgeber selbst halten das Genus (»die Lehrer«) dort, wo es um die Tätigkeit und das Amt geht, immer noch für eine gute grammatische Form, und dort, wo es wirklich darum geht, dass Frauen und Männer verschiedene Blickwinkel und Erfahrungen haben könnten und dies für die Sache wichtig ist, halten sie den Sexus (»die Lehrerinnen und Lehrer«) für angebracht. Diese Meinung gilt jedoch nur für sie selbst.

Wir hoffen, mit diesem Buch die gemeinsame Erziehung in der Sekundarstufe auf vielen Ebenen zu unterstützen, indem wir Informationen und Diskussionsmaterial zur Verfügung stellen, vor allem für die Lehrer, die Eltern, die Jugendlichen, die Schulleiter, die Schulaufsicht, die Bildungspolitiker und die Öffentlichkeit. Studierende sollen informiert und angeregt werden, selbst integrativ arbeiten zu wollen. Und die Wissenschaftler finden hier eine Vielzahl von ungelösten theoretischen wie praktischen Fragen, die untersucht werden müssten!

Ulf Preuss-Lausitz, Rainer Maikowski
Berlin, im Sommer 1997

Entwicklungen, Konzepte und Rahmenbedingungen gemeinsamer Erziehung in der Sekundarstufe

Ulf Preuss-Lausitz

Die gemeinsame Erziehung in der Sekundarstufe

Eine neue Herausforderung an Lehrer, Schüler und Bildungspolitik

Das Neue integrativer Sekundarstufenpädagogik zwischen Pubertät, Behinderung und Schulreform

Immer häufiger fragen Eltern und Schüler mit integrativer Grundschulerfahrung: Und was kommt danach? Kann mein Kind, kann ich auch eine integrative Sekundarschule besuchen? Und immer häufiger fragen Grundschullehrer, die sich jahrelang um die gemeinsame Erziehung behinderter[1] und nichtbehinderter Kinder in ihrer Klasse bemühten: Soll diese Bemühung nach vier (in Berlin und Brandenburg: nach sechs) Jahren abbrechen? Und immer öfter fragen auch Sonderpädagogen, die innerhalb der Grundschulen das gemeinsame Lernen der Kinder mit und ohne sonderpädagogischem Förderbedarf fachlich begleiteten, ob dieser Weg nicht wenigstens bis zum Ende der Schulpflichtzeit – und möglichst darüber hinaus bis in die Berufsausbildung oder in die gymnasiale Oberstufe hinein – fortgeführt werden kann.

Der Druck auf die Oberschulen[2] und auf die Bildungspolitik nimmt zu, sich der Integration Behinderter zu stellen, vor allem in jenen Bundesländern, die schon seit Jahren gemeinsame Erziehung in der Grundschule zulassen. Sekundarschullehrer, Schulen, Schulräte und Schulträger müssen sich mit dieser Frage verstärkt auseinander setzen. Für viele ist das ein ganz neues Thema.

Dabei ist vergessen worden, dass die Integrationsdebatte ursprünglich nicht im Kindergarten oder in der Grundschule begann, sondern verbunden war mit der Einführung der Integrierten Gesamtschule: Schon Ende 1969 wurde auf einem Kongress in Berlin die Gesamtschulforderung nach »Chancengleichheit« auf die Sonderschüler ausgedehnt und deren schulische Integration gefordert (Preuss-Lausitz 1970, 1971). Die soziale Benachteiligung zu überwinden, gerade

1 Synonym werden in diesem Beitrag die Begriffe »behindert«, »Jugendliche mit Behinderungen« und »Schüler/Jugendliche mit sonderpädagogischem Förderbedarf« verwendet. In der Regel handelt es sich um Schülerinnen und Schüler, denen durch ein förmliches Verfahren (Förderausschuss oder anderes) eine zusätzliche (meist: sonderpädagogische) Förderung zugebilligt wird.

2 Synonym wird von Oberschulen und Sekundarschulen gesprochen. In den Bundesländern ist die Sprachregelung unterschiedlich.

auch für Kinder in Sonderschulen, war durch die empirische Arbeit von Begemann (1970) über die sozial randständige Lage der meisten Sonderschüler auch in der Sonderpädagogik Thema geworden. Im Anschluss an diese Diskussionen, die teilweise sehr emotional geführt wurden (vgl. Weigt 1977), stellte die Bildungsratsempfehlung von 1973 erstmals offiziöse Weichen für ein Umdenken (Dt. Bildungsrat 1973). 1975 legte eine Arbeitsgruppe der Gemeinnützigen Gesellschaft Gesamtschule eine Broschüre mit Vorschlägen vor, wie diese Integration in Gesamtschulen aussehen könne (GGG 1976). Andere Schulformen waren noch nicht im Horizont der Überlegungen.

Die Praxis allerdings sah anders aus: Bis auf einige sinnes- und körperbehinderte Schüler nahmen auch die Gesamtschulen keine Schüler auf, die ausdrücklich als »sonderschulbedürftig« oder, wie wir heute sagen, als »Schüler mit sonderpädagogischem Förderbedarf« angesehen wurden. Der bildungspolitische Vergleichskampf mit dem dreigliedrigen Schulsystem und die Angst vor Überforderung hielten sie davon ab.[1] Der Druck einer neuen Elterngeneration behinderter Schüler konzentrierte sich zudem auf den Kindergarten und die Grundschule. Von unten her sollte die gemeinsame Erziehung wachsen.

So geschah es auch bis Mitte der 80er-Jahre. Zu diesem Zeitpunkt war die Entwicklung so weit vorangeschritten, dass in einzelnen Bundesländern das Recht der Erziehungsberechtigten, zwischen Sonderschule und Grundschule wählen zu können, gesetzlich verankert wurde.

Dieses Wahlrecht, das mittlerweile in Berlin, Brandenburg, Hamburg, Hessen, Schleswig-Holstein und im Saarland besteht, hat durch die Grundgesetzänderung von 1994 eine Absicherung erfahren. Der Art. 3 enthält ein Benachteiligungsverbot für Behinderte (Heiden 1996). Verfassungs- und Schulrechtler beziehen dies auch auf die allgemeine Schule (Herdegen 1995; Jürgens 1996), und einige Gerichtsurteile folgen dieser Argumentation. So ist jüngst dem Land Niedersachsen vorläufig verboten worden, eine in der Grundschule integrierte behinderte Schülerin in eine Sonderschule der Sekundarstufe zu überweisen und nicht ihrem Wunsch gemäß sie weiterhin in einer Gesamtschule zu unterrichten (vgl. Tsp. v. 20. 4. 97). Wenn diese Rechtsposition sich durchsetzt, dann dürften auch die finanziellen, personellen und räumlichen Vorbehalte gegenüber integrativem Unterricht innerhalb der Schulgesetze wenig Bestand haben; solche Vorbehalte werden gegenüber der Sonderschule nicht gemacht. Schon gar nicht dürfen »pädagogische Zweifel« gegenüber dem Elternwillen zur Abweisung aus der Regelschule führen: Wenn der Staat zwei Möglichkeiten bereit hält, darf er den Eltern gegenüber einen Weg nicht unter Vorbehalt stellen; das

1 Das Ergebnis dieses von Bundesland zu Bundesland sehr unterschiedlichen Kampfes waren Gesamtschulen mit äußerer Differenzierung auf mindestens drei Leistungsniveaus in wesentlichen Fächern (ab 1995: mindestens zwei Leistungsniveaus), die entweder völlig isoliert neben dem gegliederten Schulsystem standen wie in Baden-Württemberg oder Teil eines viergliedrigen Systems wurden wie in vielen Bundesländern mit sozialdemokratischer Landesregierung. Vgl. zur Gesamtschulentwicklung Gudjons/Köpke 1996.

widerspricht den Verfassungsrechten in Art. 3 und in Art. 6. Auch kann er nicht ohne Einbeziehung der Forschungsergebnisse entscheiden, wie die Rechtsprechung immer wieder betont. Die Forschung hält aber Integration als mindestens so guten Weg wie die Sonderschule, oft sogar als den günstigeren.

Wir können also davon ausgehen, dass integrative Erziehung rechtlich wie faktisch zunehmen wird, je nach den Wünschen der Erziehungsberechtigten, und dass davon im Grundsatz alle allgemeinbildenden Schulen der Primar- wie der Sekundarstufe betroffen sein werden.

Für die Primarstufe gibt es inzwischen eine Vielzahl von dokumentierten Konzepten, Erfahrungen und wissenschaftlichen Studien (u.a. Eberwein 1997; Heyer u.a. 1990, 1993, 1997; Wocken u.a. 1988; Projektgruppe 1988). Aber wie der integrative Unterricht, die integrative Schule *im Sekundarbereich* eigentlich aussehen soll, darüber wissen wir noch viel zu wenig (vgl. Pieringer 1990; Hug 1994; Maikowski 1995; Schley/Köbberling 1993; Meißner 1996).

Auch internationale Studien über integrativen Unterricht mit älteren Schülern liegen nur wenige vor, nicht zuletzt, weil andere Länder meist gesamtschulähnliche Schulsysteme haben und daher kaum zwischen Primar- und Sekundarstufe differenzieren. So kann aus einer kanadischen Studie berichtet werden, dass dort die Jugendlichen die gemeinsame Unterrichtung positiv sehen, Ältere und Mädchen noch stärker als Jüngere und Jungen (Rose/O´Connor 1989). Dass die positive Kommunikation zwischen behinderten und nichtbehinderten Jugendlichen kein Selbstläufer ist, macht eine britische Studie deutlich: Ohne pädagogische Intervention neigten dort die Beziehungen zwischen behinderten und nichtbehinderten Schülern zu leicht assymetrischen Strukturen, das heißt, die Nichtbehinderten kontrollierten die Kommunikation (Bayliss 1995). Bei pädagogischer Intervention verschwand diese Assymetrie. Didaktisch wichtig: Es ist festgestellt worden, dass die sozialen Beziehungen von der Art des Unterrichts abhängig sind; die positivsten Interaktionen zwischen behinderten und nichtbehinderten Highschool-Jugendlichen wurden in einem kooperativen Unterricht gefunden, der weder »Laisser-faire« noch zu individualisiert war, also offen und zugleich strukturiert (Johnson 1979). Die Studie von Wilcox (1987) schließlich betont die Bedeutung des gesamten schulischen Profils bzw. Programms, also auch *der außerunterrichtlichen Aktivitäten*, für den Schulerfolg und die soziale Integration behinderter Jugendlicher.[1]

Wer wissen will, wie die allgemeine Sekundarstufe eine »gute Schule« auch für Kinder mit Behinderungen werden kann, muss wissen, was die *konkreten*

1 Der Hinweis auf diese wenigen internationalen Untersuchungen soll nicht verdecken, dass wir zugleich kaum wissen, welche Erfahrungen die Jugendlichen mit Behinderungen in der *Sonderschule* machen: das öffentliche wie das wissenschaftliche Interesse konzentriert sich auf die vermuteten Chancen und Risiken gemeinsamer Erziehung und ignoriert gänzlich die Tatsache, dass wir über *Jugendliche* in Sonderschulen, über deren Unterrichtserfolg, ihre sozialen Beziehungen am Nachmittag oder ihre Persönlichkeitsentwicklung so gut wie nichts wissen. Anhänger der Sonderschule können daher, ungestört von empirischen Forschungen, Behauptungen über die Wirkungen der Sonderschule aufstellen.

Ziele von Integration sind und auf welche Situation diese Kinder nach der Grundschulzeit stoßen. Entscheidend scheint mir, dass am sozialpolitischen Ziel von *»sozialer Chancengleichheit«* festgehalten wird: also am Ziel, die Teilhabe behinderter Menschen am kulturellen, sozialen, gesellschaftlichen, politischen und beruflichen Leben zu unterstützen und die Gefahr der Isolierung zu bekämpfen, also im Sinne der UNESCO-Kommission zur »sozialen Kohäsion« beizutragen (Delors 1996). Hier ist nochmals an die bekannte Tatsache zu erinnern, dass überdurchschnittlich viele Kinder in Sonderschulen bzw. mit »sonderpädagogischem Förderbedarf« aus sozial randständigen Familien stammen. Hinzu kommt eine ethnisch-soziale Selektion: Die Ausländeranteile sind extrem hoch und nehmen sogar noch zu. So waren 1995 bundesweit 24,4% – also jeder vierte Schüler – in der Schule für Lernbehinderte bzw. der Allgemeinen Förderschule Ausländer. Der Anteil ist doppelt so hoch, wie es dem Anteil unter der Gesamtschülerschaft entspräche (Kornmann u.a. 1997).[1]

Integrative Pädagogik strebt also mehr an, als die *Freundschaften* aus der Grundschule fortführen zu können, wenngleich dies ein wichtiger Aspekt auch in der Jugendphase ist. Integrative Pädagogik beharrt darüber hinaus auf dem schulischen Anspruch, eine möglichst hohe allgemeinbildende *Qualifikation* zu erreichen. Erfreulicherweise weisen sämtliche internationalen wie nationalen Forschungsergebnisse darauf hin, *dass der integrative Unterricht leistungseffektiver ist als die Sonderschule* (u.a. Häberlin 1990; Tent 1991; Hildeschmidt/Sander 1996).

Nicht zuletzt muss integrative Pädagogik gerade in der Sekundarstufe das Ziel haben, jene *Persönlichkeitskompetenzen* zu fördern, die in der heutigen Risikogesellschaft im sozialen wie im beruflichen und politischen Leben von allen gefordert werden: vor allem Selbstständigkeit, Kommunikationsfähigkeit, Teamfähigkeit, Einfühlungsvermögen, Planungsfähigkeit, Verhandlungsfähigkeit, nichtaggressiver Umgang mit Neuem und Fremden, Flexibilität, Fähigkeit zum Aushalten von Alleinsein und zur Wiederaufnahme sozialer Beziehungen (vgl. dazu Preuss-Lausitz 1993). Eine behütende Schonraumpädagogik trägt dazu zu wenig bei.[2]

Nun könnte gegen diese Ziele eingewandt werden, dass sie für alle Kinder und auch für die Grundschule gelten. Das ist richtig! Denn es gibt keine behindertenspezifische Allgemeinbildung, die sich unterscheidet von der für alle anderen Schüler. Gerade unter Bedingungen der Pluralisierung und Individualisierung, der ökologischen Risikogesellschaft und zugleich der ökonomisch-sozialen Polarisierung muss es darum gehen, allen Kindern schulische

1 Hessen ist gegenüber Ausländern neben Baden-Württemberg besonders selektiv: Während ihr Ausländeranteil in der allgemeinen Schule bei 15,1% liegt, sind 29,6% aller Lernbehinderten Ausländer (vgl. Kornmann u.a. 1997).

2 Zumal das Klima unter den älteren Sonderschülern eher rauer ist als in normalen Oberschulen, wie die Umfragen etwa zum Thema Gewalt zeigen, bei denen regelmäßig die Sonderschulen besonders ungünstig abschneiden; insofern stellen die Sonderschulen einen wenig »schonenden« Erfahrungsraum dar (vgl. Schubarth u.a. 1996).

Lernerfahrungen zu ermöglichen, die die erwähnten Qualifikationen und Lebensmöglichkeiten fördern. Aber in der Sekundarstufe kommt Neues hinzu gegenüber der integrativen Grundschule: Kinder mit physisch sichtbaren Behinderungen müssen ebenso wie jene mit großen Lernschwierigkeiten lernen, im Kampf um die soziale – und sexuelle – Anerkennung der Pubertierenden günstige Positionen zu erwerben, zumindest bei *einigen* Gleichaltrigen. Gerade weil der Beginn der Pubertät einhergeht mit verstärkter Reflexivität (Wer bin ich? Wie sehen mich die anderen?), kann das Gefühl geringerer körperlicher Attraktivität oder schulisch immer sichtbarer werdender Schwierigkeiten die Entwicklung von Selbstbewusstsein, Selbstvertrauen, Ich-Identität und sozialer Integration erschweren. Reaktionen wie Depression, Selbst- und Fremd-Aggression sind eine Gefahr. Die ohnehin erheblichen Schwierigkeiten, die Schule und Unterricht mit den 13- bis 16jährigen und diese mit Schule haben, sind für Kinder mit Behinderungen zugespitzt. Und sie müssen ihr Selbstwertgefühl in einer Situation erreichen, in der durch den Fachunterricht die Auseinandersetzung mit mehr Lehrern nötig ist, durch die Notengebung das förmliche Sichtbarwerden von Leistungsunterschieden unvermeidlich wird und durch den häufigeren Raumwechsel die Vertrautheit des Klassenraums der Sachlichkeit des Fachraums weicht. Und vor allem haben alle, also auch behinderte Mädchen und Jungen durch das größere Einzugsgebiet der Sekundarschulen im Vergleich zu den Grundschulen mit vielen *unbekannten* und und bei äußerer Differenzierung in Gesamt- und Hauptschulen mit erheblich *mehr* Schülern als in der Grundschule zu tun. Das erhöht die Chancen sozialer Kontakte, verlangt aber auch mehr soziales Management, z.B. aufgrund von Zurückweisung durch neue oder fremde Mitschüler.

Gesamtschulen sind im Prinzip für das integrative didaktische Prinzip der Vielfalt in der Gemeinsamkeit die günstigeren Schulen. Aber die Einbeziehung behinderter Schüler und die integrative Pädagogik darf nicht auf Gesamtschulen beschränkt bleiben. Jede Schulform hat sich ihr künftig zu öffnen. Auch sollte niemand glauben, die zielgleiche[1] Integration etwa einer sehbehinderten Schülerin sei eine Kleinigkeit. Für so manche Realschule, manches Gymnasium brechen fiktive heile Welten des Frontalunterrichts zusammen, wenn der »Nachteilsausgleich« und der Raumwechsel die Fachlehrer plötzlich mit Fragen konfrontieren, die sie so gern zugunsten eines für alle Schüler zeitgleich voranschreitenden Unterrichts ausblenden konnten. Die Grundsätze sind jedoch für

1 Die Begriffe zielgleich und zieldifferent werden hier verwendet, weil sie in der amtlichen Sprache eingeführt sind. Dennoch sollen unsere Bedenken dagegen genannt werden: Sie unterstellen horizontale Leistungsfähigkeit (bzw. horizontal geringere Fähigkeit), wogegen die Begabungsforschung doch längst davon ausgeht, dass im Prinzip jeder Lernende ein fächer- bzw. gegenstandsbezogenes Leistungsprofil hat und deshalb eine »Bankbildung« der Leistung nicht Zuordnungsprinzip oder gar Prognoseprinzip sein darf. Hinzu kommt, dass die Zumutung an die unterrichtenden Lehrer, im jeweiligen Fach zugleich »zieldifferent« und »zielgleich« (entsprechend unterschiedlicher Rahmenpläne) zu unterrichten, oft fachlich unsinnig ist, weil die Rahmenpläne nicht nur im Niveau, sondern oft auch inhaltlich differieren.

alle Schulformen gleich; konkretisieren muss jede Schule – welcher Schulform auch immer – diese Grundsätze selbst.

Integrative Pädagogik in der Sekundarstufe ist mehr als ein gut differenzierter Unterricht. Sie kann nur gelingen, wenn sie systemisch, im Sinne vernetzter Strukturen, auf mehreren Ebenen angelegt ist und nicht nur von Lehrern getragen wird. Was damit gemeint ist, soll im Folgenden dargestellt werden.

Integratives Schulprogramm – gemeinsame Erziehung als Mehr-Ebenen-Konzept

Systemische Mehr-Ebenen-Integration trifft sich mit den gegenwärtigen Überlegungen zur Entwicklung der Einzelschule, die unter den Stichworten von »Gestaltungsautonomie«, »Schulentwicklung«, »Schulprogramm« oder »Organisationsentwicklung« abgehandelt werden (vgl. Daschner u.a. 1995). Allerdings entstammt diese systemische integrationspädagogische Denkweise weder demokratietheoretischen noch wirtschaftswissenschaftlichen oder gar finanziellen Überlegungen. Vielmehr sind sie entstanden aufgrund der Erfahrungen der Praxis und verbanden sich mit sozialisationstheoretischen Vorstellungen, wie sie Bronfenbrenner (1976) oder Walter (1980) entwickelten (vgl. Sander 1985). Kern aller Überlegungen ist, dass die verschiedenen Unterstützungsformen im außerschulischen Bereich, in der Familienhilfe, in der Sonderpädagogik, im Freizeitangebot usw. mit der unterrichtlichen Förderung in der Regelschule verbunden werden, damit ein sich gegenseitig unterstützendes System von Hilfe beim Jugendlichen und seiner Familie ankommt. Das setzt die gegenseitige Information, Absprache und Zusammenarbeit der verschiedenen erwachsenen Hilfsdienste und Helfer voraus. Ich will andeuten, was dies konkret bedeutet:

- Im *Unterricht*: Innere Differenzierung und Teamarbeit einschließlich Planung mit den zusätzlichen Pädagogen oder Helfern im Fachunterricht; gegenseitige Information über die Planung, falls neben oder zusätzlich zum Unterricht Förderarbeit oder Projekte in therapeutischen oder anderen Arbeitsgemeinschaften geleistet wird; Abstimmung mit den Sozialarbeitern, Schulpsychologen oder Erziehern, falls diese für Hausarbeitshilfen, extracurriculare Aktivitäten und Beratung vorhanden sind.
- In der *Jahrgangsgruppe*: Informationsaustausch und Fallbesprechungen in der Jahrgangskonferenz mindestens einmal im Monat; gerade wenn sich Schülerinnen und Schüler bei verschiedenen Lehrern oder Helfern unterschiedlich verhalten, kann dies Anlass sein zur pädagogischen Reflexion.
- Im *Schulleben*: Die extracurricularen Angebote müssen unter dem Aspekt geprüft werden, inwieweit sie welchen Jugendlichen mit Behinderung Möglichkeiten zur Qualifikation und zu sozialen Beziehungen schaffen. Vorschlä-

ge von behinderten Jugendlichen selbst sollten eingeholt und daraufhin spezifische Programme entwickelt werden. Das gesamte Schulleben – seine Feste, seine Regeln, seine Versammlungen – können als ein zweites Netz sozialer Erfahrung angesehen werden. Wo ist hier für welche konkreten Jugendlichen mit Behinderung ein Stück Mitwirkung, Selbstverwirklichung, Teilhabe vorgesehen? Es wäre gut, wenn größere Sekundarschulen einen Lehrer oder Sozialarbeiter beauftragten, sich für Schüler wie Lehrer als Ombudsmann für solche Fragen zu verstehen – ohne die Verantwortung jeder einzelnen Klasse und Jahrgangsstufe damit zu relativieren.

- Im *Schulprogramm*: Unter Schulprogramm verstehe ich ein praktisch umsetzbares und überprüfbares Programm *für das laufende Schuljahr*. Integrationspädagogisch gewendet heißt die Frage: Welche Förderung ist für welche behinderten Schüler vorgesehen? Woran können wir den von uns geplanten Erfolg messen? Was ist für uns überhaupt »Erfolg« bei bestimmten Schülern, im Unterricht, in der Freizeit, in den Sozialbeziehungen, im Sozialverhalten? Wer muss dafür was unternehmen? Wann muss darüber wieder gemeinsam gesprochen werden? Wie gehört dieses Teilprogramm in das Gesamtprogramm der Schule? Wenn beispielweise in einer 8. Jahrgangsstufe der Fokus des Programms auf »Internationalität« liegt, konkretisiert an verschiedenen Reisen einzelner Klassen, an curricularen Projekten, am Internet-Austausch mit Schülern anderer Länder, an Festen mit »internationaler« Küche und entsprechender Musik usw., dann würde die integrationspädagogische Zusatzfrage lauten: Wie können in all diesen Aktivitäten unsere behinderten Schüler besonders berücksichtigt werden? Wollen und brauchen sie überhaupt eine Besonderung? Wenn ja, welche Schüler – und was sagen sie dazu und was die übrigen Schüler?
  An diesen Fragen soll deutlich werden, dass ein integrationspädagogisches Schulprogramm nicht bedeutet, die Schule zu einer »Integrationsschule« im Sinne einer Sonder-Sekundarschule zu machen, die im Unterschied zu anderen Sekundarschulen Kinder mit Behinderung aufnimmt. Da grundsätzlich jede Sekundarschule künftig für Schüler mit Behinderungen offen sein sollte, heißt integrationspädagogische Dimension des Schulprogramms genauer: darauf achten, dass am gemeinsamen Gegenstand – sei es des Unterrichts, des Schullebens oder der Freizeitaktivität – für jeden behinderten Schüler die Möglichkeit der Teilhabe überlegt und einbezogen wird. Auf diese Weise kann auch gegen Ende des Schuljahres im Sinne der Selbst-Evaluation der Jahrgangsstufe und der Schule geprüft werden – auch von den Eltern und Schülern selbst –, ob dieses Ziel und wie es erreicht wurde und was verbessert werden muss (zur Evaluation vgl. Daschner 1997).

- *In der lokalen Vernetzung mit anderen Diensten und Einrichtungen:* Behinderte Jugendliche und ihre Eltern haben in unterschiedlicher Weise ständig mit Sozialämtern, mit der Behindertenfürsorge, mit Therapeuten, Ärzten,

Zivildienst- und Familienhelfern, mit Krankenkassen und Jugendämtern, aber auch mit Vereinen und Kirchengruppen, mit Selbsthilfegruppen und der Musikschule usw. zu tun. Daher sind regelmäßige größere *Konferenzen* zur Information über die gegenseitige Arbeit, über Probleme und Problemlösungen, über nötige Absprachen und vielleicht sogar lokalpolitische Initiativen sinnvoll. Die »offene« Schule sollte ohnehin ein lokales »Bündnis für Bildung vor Ort« (Preuss-Lausitz 1997a) mit solchen und weiteren Institutionen eingehen, um die gelebte Erfahrung in die Schule hereinzuholen und mit den Jugendlichen gezielt aus der Schule hinauszugehen, in Betriebe, Geschäfte, Vereine, Freizeitstätten, Verbände, Kultureinrichtungen und Ausbildungsbereiche. Besonders günstig ist es, wenn es innerhalb der Sekundarschule jenen *Ombudsmann* gibt, der oder die im halbjährlichen Rhythmus zu solchen Konferenzen einlädt, die als SCHILF (Schulinterne Lehrerfortbildung) verankert werden könnten. Das kann jahrgangsweise, aber auch für die gesamte Sekundarstufe erfolgen. Der Nutzen dieser integrationspädagogischen Konferenzen liegt nicht nur im Austausch über die gegenseitigen Erfahrungen, sondern auch im Austausch der unterschiedlichen Sichtweisen und Sprachen, und nicht zuletzt in der Erfahrung, dass man als Lehrer (und aus anderer Sicht: etwa als Therapeutin oder Sozialarbeiter in der Behörde) nicht alleine steht. Übrigens wäre es hilfreich, wenn dabei auch Eltern – Elternvertreter und Eltern behinderter Schüler – teilnehmen könnten. Sie haben eine Vielzahl konkreter Erfahrungen und können ein Korrektiv abgehobener Expertensprache sein.
Sehr hilfreich erscheint mir der Weg, den Brandenburg gegangen ist: Es hat nicht nur für die Primarstufe, sondern auch für die Sekundarstufe pro Landkreis (bzw. kreisfreie Stadt) je zwei »*Integrationsberater*« geschaffen, die für ihr Gebiet und ihre Schulen die Kontaktpersonen für alle Fragen der integrativen Einschulung, der Förderausschüsse und der Abstimmung mit den Ämtern usw. darstellen. Die Integrationsberater müssen Lehrer mit integrativer Erfahrung sein und erhalten – nach einjähriger Fortbildung – je 5 Stunden Unterrichtsermäßigung (vgl. Preuss-Lausitz 1997b).

Das vernetzte, systemische Mehr-Ebenen-Konzept (vgl. ausführlicher Preuss-Lausitz 1994) berührt also den konkreten Unterricht ebenso wie die gesamte Öffnung und Verzahnung der Schule mit dem Umfeld. Unter integrationspädagogischen Aspekten ist es besonders wichtig.

Integrationspädagogische Ausstattung: die integrative Sekundarklasse

Von Schulleitern, Schulräten und Lehrern wird immer wieder gefragt, wie denn die optimale Integrationsklasse in der Sekundarstufe ausgestattet sein müsste. In den letzten Jahren sind hierzu eine Reihe von unterschiedlichen Konzepten verwirklicht worden. Grob zusammengefasst sind folgende Varianten in der Entwicklung:

- Die *Einzelintegration*: Ein Schüler, eine Schülerin mit sonderpädagogischem Förderbedarf kommt in eine ansonsten »normale« Sekundarklasse ohne oder mit geringfügiger Frequenzsenkung; die zusätzlichen Stunden (Sonderpädagoge, Zivildienstleistender oder Erzieher) bemessen sich nach dem individuellen Förderbedarf.

  Beispiel 1: Ein rollstuhlgebundenes Mädchen mit Gymnasialempfehlung kommt in die 5. Klasse eines Gymnasiums und wird von einem Zivildienstleistenden unterstützt. *Beispiel 2:* Ein verhaltensauffälliger Schüler erhält in einer Hauptschulklasse sieben Stunden zusätzliche Förderung, wobei die Frequenz ohnehin schon bei 19 Schülern liegt, also nicht abgesenkt wird.

- Die *Integrationsklasse* nach dem 2+18-»Uckermark-Modell«[1], also mit fast normalem Anteil in der Mischung von behinderten und nichtbehinderten Schülern und ohne Festlegung von Behinderungsarten, kann nach wie vor als Zielvorstellung gelten.
  In der Realität *Berlins* hat sich allerdings durchgesetzt, Integrationsklassen mit drei behinderten und 20 nichtbehinderten Jugendliche im Rahmen einer »abweichenden Organisationsform« in der Sekundarstufe zu bilden. Hinzu kommen 12 Stunden Sonderpädagogik und zusätzlich 6 Stunden für weitere binnendifferenzierende Maßnahmen. In *Brandenburg* wird ab Schuljahr 1997/98 die Obergrenze in allen integrativen Klassen bei 23 Schülern liegen, wobei maximal vier Schüler mit Behinderung (mit sonderpädagogischem Förderbedarf) aufgenommen werden (MBJS 1997).

  Als Variante dieser Integrationsklassen kann gelten, wenn nicht alle Behinderungsarten, sondern nur bestimmte in eine Klasse aufgenommen werden und entsprechende sonderpädagogische Fachqualifikation hinzugefügt wird. Diese Variante wird beispielsweise realisiert, wo am Ende der Grundschulzeit die Klassen für Verhaltensauffällige bzw. Erziehungshilfe aufgelöst und die entsprechenden Jugendlichen auf die Sekundarklassen der benachbarten Sekundarschulen verteilt werden.[2]

1 Das Uckermark-Modell in der Grundschule geht vom wohnortnahen Normalitätskonzept aus und enthält die 2+18-Variante (vgl. Heyer u.a. 1990, 1993) für alle Klassen der Schule, bei je 8 Stunden zusätzlicher Sonderpädagogik. Inzwischen ist aufgrund allgemeiner Frequenzerhöhungen in der Berliner Schule dieser Ansatz real auf 3+20 erhöht, das heißt verschlechtert worden. Das Uckermark-Modell in der veränderten Variante ist für die meisten integrativen Grundschulen Berlins übernommen worden.

2 So führt Brandenburg die Schule für Erziehungshilfe/Verhaltensauffällige nur bis zur 6. Klasse und integriert die Jugendlichen in normale 7. Klassen, oft ohne jede zusätzliche Unterstützung, zuweilen inzwischen mit sozialpädagogischer Hilfe. In Berlin gibt es keine Schule für Erziehungshilfe/Verhaltensauffällige, sondern nur einzelne Klassen (»Beo-Klassen«) an Grundschulen. Diese Schüler haben jedoch einen Anspruch auf sonderpädagogische Förderung auch nach der 6. Klasse, der integrativ realisiert werden kann.

- Als problematische Variante kann die *Integrationsklasse* nach dem (verschlechterten) »Fläming-Modell«[1] mit relativ vielen behinderten Kindern (4–8) bei abgesenkter Frequenz (20–23) und einer ganzen oder fast einer ganzen zusätzlichen Lehrer- oder Erzieherstelle gelten. NRW geht in seinem Schulversuch mit zieldifferenter Integration von maximal 22 Schülern und durchschnittlich vier, maximal fünf zieldifferent unterrichteten Schülern aus.[2]

  Beispiel: Eine Gesamtschule übernimmt aus zwei integrativen Grundschulen 7 Kinder mit Förderbedarf, fügt 13 »normale« Schüler aus denselben Grundschulen dazu und bildet daraus eine »Integrationsklasse« unter Einbeziehung einer zweiten Lehrerstelle. Die übrigen zwei Gesamtschulklassen werden nichtintegrativ gebildet.

  Der Vorteil dieser Variante ist eher bei Schulleitern und Schulräten als in der pädagogischen Situation zu sehen, da hier der Druck von Eltern auf Fortsetzung der integrativen Erziehung scheinbar einfach aufgefangen werden kann und die übrigen Klassen sich nicht auf gemeinsame Erziehung einlassen müssen.

- Alternativ zu diesen integrativen Varianten wird zunehmend die *sonderpädagogische Förderklasse* ins Gespräch gebracht, z.B. in Nordrhein-Westfalen: Integrativ in der Grundschule geförderte behinderte Kinder sollen in einer Regel-Sekundarschule aufgenommen und bei geringer Frequenz – von 8–10 Schülern ist die Rede – von einem Sonderpädagogen unterrichtet werden. Im Freizeitbereich und gegebenenfalls in Projekten soll »Integration« erfolgen. Begründet wird diese Sonderklasse mit finanziellen Überlegungen und damit, dass auf diese Weise die wohnortnahe Beschulung sichergestellt sei. Diese Klassen böten weniger Integration als der gemeinsame Unterricht, aber mehr als normale Sonderschulen (Kultusministerium Nordrhein-Westfalen 1997).

Betrachtet man diese verschiedenen Varianten, so ist nach den bisherigen Erfahrungen (vgl. Maikowski 1995; Pieringer 1993; Schley/Köbberling 1993) festzustellen:

- Optimal ist die Integrationsklasse nach dem wohnortnahen und »Normalitäts«-Modell, nämlich mit 2–3 Schülern mit Förderbedarf unterschiedlicher Behinderung und 18 bis maximal 20 nichtbehinderten Schülern.

1 Das Fläming-Modell ging von einer Konzentration der Behinderten in einem Zug der Schule mit geringerer Frequenz (5+10) aus, bei zusätzlich einer Erzieherstelle pro Klasse. Inzwischen ist in der Realität und aufgrund der größeren integrativen Möglichkeiten in Berlin teilweise eine Angleichung an das Uckermark-Konzept erfolgt.

2 Vgl. Ministerium für Schule und Weiterbildung des Landes Nordrhein-Westfalen: Gemeinsamer Unterricht für behinderte und nichtbehinderte Schülerinnen und Schüler. August 1996, S. 9. Dazu werden 0,7 Stellen für Binnendifferenzierung und die Sonderpädagogenstunden entsprechend den Anteilen im Sonderschulsystem hinzugefügt.

- *Einzelintegration* ist oftmals ein erster Schritt auf dem Weg zur integrativen Schule, aber meist ist es dabei für die Fachlehrer kaum nötig, sich größere Überlegungen für einen differenzierten Unterricht zu machen, zumal Einzelintegration oft bei zielgleicher Integration (mit körper- und sinnesbehinderten Schülern) durchgeführt wird. Vor allem wenn dieser Schüler der einzige mit Behinderung in der ganzen Jahrgangsstufe oder Schule ist, ist seine psychologische Situation überaus problematisch und muss gut begleitet werden. Der Veränderungsdruck auf den Unterricht und das Schulprogramm ist gering. Einzelintegration sollte nur in gut begründeten Ausnahmefällen praktiziert werden. Dennoch kann sie als erster Schritt der Öffnung einer Sekundarschule sinnvoll sein, um Ängste durch Erfahrung abzubauen.

- Die *integrative Klasse mit vielen behinderten Jugendlichen* stellt keine normale soziale Situation dar, weder für die behinderten noch für die nichtbehinderten Schüler. Sie schafft eher ungünstige kognitive und soziale Bedingungen. Die soziale Kontrolle durch permanent zwei Pädagogen ist darüber hinaus für Jugendliche höchst fragwürdig, und die Gefahr besteht, dass soziale Integration eher erschwert als erleichtert wird.

- Die *sonderpädagogische Förderklasse* hat mit Integration – also mit Lernen am gemeinsamen Gegegenstand, mit sozialer Integration innerhalb des Klassenverbandes – nichts zu tun. Es ist sogar zweifelhaft, ob durch sie das Benachteiligungsverbot nach GG Art 3 nicht verletzt wird; zumindest dürften Klagen von Jugendlichen bzw. ihren Eltern Chancen auf Erfolg haben. Denn diese Klassen werden ja ausschließlich zusammengesetzt nach »sonderpädagogischem Förderbedarf«, und vermutlich gilt dann für alle Kinder dieser Klassen der gleiche Rahmenplan (für lern- bzw. geistig Behinderte). Unterrichtet werden sollen sie von – einem – Sonderpädagogen. Die kognitiven, motivationalen und lerntheoretischen Chancen gemeinsamen Unterrichts – Lernen an besseren Modellen, im Austausch mit diesen motiviert werden, Dinge lernen, die weit über den »eigenen« Rahmenplan reichen usw. – können nicht erreicht werden. Sozial ist diese Sonderklasse mit ausschließlich behinderten bzw. Kindern mit Lern- und Verhaltensproblemen eher besonders fragwürdig.[1] Die Hoffnung, durch gelegentliche von Lehrern organisierte Kooperationen (Feste, Projekte, Ausflüge usw.) zu gemeinsamen Erfahrungen und dauerhaften sozialen Beziehungen zwischen Schülern dieser Sonderklassen und der Regelklassen zu kommen, ist eher naiv: Denn diese Kooperation entstammt nicht dem schulischen Alltag, sondern ist

1 Hinzu kommt, dass wie im Sonderschulsystem auch die integrierten Schüler überwiegend (zu 60–70%) männlich sind; eine Sonderklasse pubertierender Jungen mit Lern- und Verhaltensproblemen ist weder in der Sonderschule noch in der Regelschule leicht zu unterrichten und kann von den übrigen Klassen leicht in eine Ghetto-Rolle gedrängt werden (und sich selbst so stilisieren). Das werden auch einige Mädchen nicht verhindern können – und diese könnten sich in solchen Klassen besonders unwohl und ghettoisiert fühlen, zumal sie andere, sozial integrativere Grundschulerfahrungen hinter sich haben.

pädagogisch organisiert und dürfte von den Jugendlichen beider Seiten eher als (moralisches) Pflichtprogramm absolviert werden.
Solche sonderpädagogischen Klassen sind nur dort akzeptabel, wo sie im Flächenstaat eine zeitlich begrenzte Folge der *Auflösung von Sonderschulen* sind, wie dies in Bremen stattfand oder wie dies in Brandenburg (im Primarbereich) in den nächsten Jahren vorkommen wird. Dabei soll man jedoch nicht von gemeinsamer Erziehung oder Integration sprechen, sondern von einer kostengünstigen Einlagerung von Sonderklassen, die selbstverständlich in das Schulleben einbezogen werden sollen und die nur als zeitlich begrenzter Schritt zu einer tatsächlich integrativen Sekundarschule gelten dürfen. Wo durch das Land keine entsprechenden Vorgaben gemacht werden, führt die größere Selbstständigkeit der Einzelschule leicht dazu, aus Sonderklassen Dauereinrichtungen werden zu lassen. Die Anwendung des Integrationsbegriffs auf solche Klassen wäre ein Missbrauch und eine Täuschung der Öffentlichkeit.

Die integrative Pädagogik im Unterricht und das Schulleben

Die Diskussion über die Frage, wie der integrative Unterricht in den Fächern der Sekundarschule aussieht, trifft zeitgleich auf eine zunehmende didaktische Krise der Oberschulen: Angesichts der veränderten Kindheit ist der klassische, vom Lehrervortrag und dem gelenkten Unterrichtsgespräch geprägte Unterricht immer stärker an seine Grenzen gekommen. Er ist weder effektiv – wie die internationale TIMMS-Studie für Mathematik und Naturwissenschaften zeigt –, noch erreicht er die Schülerinnen und Schüler. Dennoch klammern sich immer noch die meisten Sekundarstufenlehrer, nicht nur Studienräte, an die Vorstellung, sie könnten mehr oder weniger von einem mittleren Anspruchsniveau und Lerntempo in ihrem Fachunterricht ausgehen (vgl. Roeder 1997). Das könnte einer der Gründe sein, weshalb so viele Lehrer die Integration behinderter Schüler ablehnen: weil sie wissen, dass sie spätestens dann die Fiktion homogener Lerngruppen aufgeben müssen.

Damit will ich sagen: Im Unterschied zur Grundschulpädagogik ist die Pädagogik des Fachunterrichts in der Sekundarstufe in einer tiefen Krise. Diese Krise kann bei Integration nicht mehr kaschiert werden, sie wird öffentlich. Aber der kooperative Unterricht im Zwei-Pädagogen-System und die begleitende Fortbildung bieten dem Fachlehrer eine Chance, sich so weiter zu entwickeln, dass er lernt, Lernangebote für unterschiedliche Niveaus anzubieten, unterschiedliche didaktische Materialien und Methoden einzusetzen, die dies unterstützen, und vor allem seine lenkende Rolle so zurückzunehmen, dass verstärkt selbstständiges und zugleich kooperatives Lernen möglich wird. Zum integrativen Unterricht, der auf mehr Selbstorganisation und zugleich auf Kooperation setzt, gehören selbstverständlich die Methoden des Workshops, des

Projekts, des abgesprochenen individuellen Wochen- oder Monatsplans, der regelmäßigen gegenseitigen Information über bestimmte abgeschlossene Vorhaben, die Kleingruppenarbeit in bestimmten Fachräumen, die Möglichkeiten der Recherche durch Medienstationen und Internet, die Trainingskurse, etwa für Vorstellungsgespräche, für Kontaktaufnahme, für Selbstverteidigung, für Computer, für den Haushalt ... Wer fürchtet, solch eine veränderte Sekundarschuldidaktik – ob im Gymnasium oder in der Hauptschule – führe zu Niveauverlust, sollte sich das Ergebnis des *jetzigen* Schullernens durch externe Tests vorführen lassen und dann nach einem Jahr vergleichende Tests durchführen. Auch sollten dabei vorher und nachher die modernen Qualifikationen gemessen werden wie Sprachkompetenz, Verhandlungsfähigkeit, Planungsfähigkeit, Konfliktlösungsfähigkeit, Kooperation, Empathie, Demokratiefähigkeit. Didaktik unter integrativen Bedingungen ist also nichts Eigenes, sondern nur der notwendige Schritt zu einer Didaktik, die für die Jugend des 3. Jahrtausends ohnehin nötig ist.

Selbstverständlich kann auf die *Pflicht des Staates*, seine Lehrer durch die Bereitstellung fachdidaktisch differenzierten Unterrichtsmaterials und fächerübergreifender Projektpakete bei der Modernisierung des Unterrichts zu unterstützen, nicht verzichtet werden. Solches Material eignen sich Erwachsene am besten in schulinternen Fortbildungen, gleichsam in praxi, an – durch Teamer angeleitet, die zugleich die modernen Moderatoren-Techniken beherrschen und selbst weitergeben.

In einigen Bundesländern wird verlangt, dass in der Förderausschuss-Empfehlung für die Jugendlichen mit »sonderpädagogischem Förderbedarf« festgelegt wird, nach welchem *Rahmenplan* sie unterrichtet werden sollen. Diese Auflage ist ziemlich unsinnig: Es soll ja gerade herausgefunden werden, wie sich die oder der Jugendliche *im Laufe der Zeit* entwickelt, welches Zeugnis *am Ende der Schulzeit* steht. Deshalb darf der Schüler während der dynamischen pubertären Phase nicht am Anfang mit dem Label »nach zieldifferentem Rahmenplan zu unterrichten« festgelegt werden.[1] Diese Festlegung ist auch für die Lehrenden wenig hilfreich: Zum einen kennen sie in der Regel den Rahmenplan etwa der Schule für Lernbehinderte bzw. der Allgemeinen Förderschule oder der Schule für Geistigbehinderte auch in ihrem Fach nicht. Selbst wenn sie ihn sich besorgt haben, werden sie feststellen, dass dieser zahlreiche Themen aufgreift (bzw. nicht aufgreift), die im Rahmenplan der Regelschule (nicht) vorkommen. Soll in einer 7. Klasse in Mathematik ein integrierter Junge, der formal nach dem Rahmenplan der Lernbehindertenschule unterrichtet werden soll, nun bei der Einführung des Bruchrechnens *nicht* dabei sein, weil dies der Rahmenplan der Schule für Lernbehinderte erst für die 9. Klasse vorsieht, und

1 Es macht auch wenig Sinn, wie dies in mehreren Bundesländern vorgesehen ist, die Ausstattung bzw. die Zahl der integrierten Jugendlichen in der Integrationsklasse am Begriff der »Zieldifferenz« festzumachen. Oftmals ist ein »zielgleich« geförderter Schüler – etwa mit Verhaltensauffälligkeiten – erheblich schwieriger zu unterrichten und zu erziehen als ein »zieldifferent« einsortierter Schüler.

stattdessen die »Durchschnittsberechnung mit zwei oder mehreren gegebenen Werten« bearbeiten?[1] Das würde dem Anspruch des Lernens am gemeinsamen Gegenstand trotz unterschiedlicher Lernziele widersprechen. Es würde völlig genügen, bei der Notenvergabe den Leistungsstand des Schülers an den Lernzielen bestimmter Jahrgänge zu messen und dies zu vermerken. Erst beim Abschlusszeugnis oder bei Schulwechsel muss über den Schulabschluss entschieden werden. Ich halte es allerdings für erforderlich, dass die Eltern von Schülern mit sonderpädagogischem Förderbedarf bei *jeder* Zeugnisvergabe *mündlich* über die individuelle Entwicklung *und* über die Relation zum Durchschnitt der Klasse bzw. zu vergleichbaren Kindern informiert und diese Gespräche vermerkt werden.

Integrative Didaktik, sinnvolle Möglichkeiten der Fremd- und Selbstbewertung und die Erfahrungen der Jugendlichen in der gesamten Schule stehen in einem engen Zusammenhang. Schulleben und veränderter Unterricht gehören zusammen. Ein integrationspädagogisch guter Unterricht ohne Erfahrungen in Arbeitsgemeinschaften, auf Festen und Feiern, auf Reisen, in Schülerversammlungen usw. wäre ein Torso – und umgekehrt wäre eine Schule mit einem ausgeprägten außerunterrichtlichem Programm, in der konventioneller Unterricht vorherrscht, bloß eine leere Hülse. Integrationspädagogisch frage ich, inwieweit das Schulleben den Kindern mit Behinderungen gleiche Teilhabe, aber vielleicht auch besondere Angebote bietet, ob sie z.B. trotz Rollstuhl an allen Festen teilnehmen können, ob sie ein Sportangebot haben, ob für sie – wenn sie es wünschen – z.B. eine extra Beratungsstunde eingeführt wird. Die Schule als »polis« (v. Hentig 1993) auch für behinderte Jugendliche bedeutet zu fragen, wie sie ihre Interessen und Vorstellungen etwa in die Schulkonferenz einbringen können – sind sie dort z.B. nur fürsorglich, nicht jedoch selbst vertreten? »Polis« bedeutet nicht zuletzt, dass jeder Jugendliche für andere etwas Besonderes beitragen kann, im Unterricht, auf Schulfesten und -feiern, bei Ausflügen, in der Freizeit. Programmentwicklung hieße, solche Beiträge *mit den behinderten Jugendlichen* zu planen und vorzubereiten und nach einem Jahr zu prüfen, ob diese individuellen Ziele erreicht wurden und was daraus zu lernen war, für die Jugendlichen, für die Lehrer und für andere.

Am Gelde hängt doch alles – finanzielle Grenzen der Integration in der Sekundarstufe?

Neben der didaktischen Unbeweglichkeit vieler Lehrer sind es vor allem die finanziellen Bedenken der Länderregierungen, die die Ausdehnung der Integration in der Sekundarstufe behindern. In mehreren Ländern ist der Haushaltsvorbehalt ausdrücklich auf gemeinsame Erziehung, nicht jedoch auf die separa-

1 Das Beispiel entstammt den Berliner Rahmenplänen.

te Erziehung in Sonderschulen bezogen. Andererseits fürchten manche Gruppen, Integration diene als elegante Einsparmaßnahme. Humanität lässt sich nicht gegen ökonomische Gesichtspunke aufrechnen, aber es muss heute mehr denn je klar sein, welche auch ökonomischen Folgen wir auf uns nehmen wollen, wenn wir einen oder gar beide sonderpädagogischen Förderorte finanzieren.

Zumeist wird nur über die Kosten gesprochen, die sich aus *Lehrerstunden* ergeben. Diese einseitige Betrachtung ist zwar für ein Kultusministerium verständlich, das nur für den Lehreretat zuständig ist. Sie genügt jedoch nicht für eine ganzheitliche und wissenschaftlich überzeugende Betrachtung und ignoriert die Kosten anderer Träger. Es sind insgesamt *sieben* Kosten-Ebenen für Schüler mit Behinderungen bzw. mit sonderpädagogischem Förderbedarf festzuhalten (ausführlicher Preuss-Lausitz 1996). Dabei sollte Integration und Sonderbeschulung jeweils vergleichend betrachtet werden:

1) *Personalkosten* (für Sonderpädagogen; pflegerisches und therapeutisches Personal; Senkung der Klassenfrequenzen; Hausmeister, Küchenpersonal; Fortbildungsermäßigung; Ermäßigungstatbestände in Sonderschule vs. Regelschule);
2) *Transportkosten* (für Schüler mit Behinderung);
3) *Gebäude- und Betriebskosten* (vergleichen für Sonder- und Regelschulen);
4) *Kosten für die Schulzeit* (Zurückstellungen? Klassenwiederholungen?);
5) *Kosten für die Schulform* (Ganztags- oder Halbtagsschule? Form, Umfang und Personal der Nachmittagsbetreuung wie Hort, private Träger, Behinderteneinrichtung usw.);
6) *Kooperationskosten* (Abstimmungsbedarf zwischen Ämtern und Einrichtungen);
7) *Gesamtgesellschaftliche Folgekosten* (un/selbstständiges Wohnen; berufliche Eingliederung; Arbeit bzw. Sozialhilfe; Justiz? Lebensqualität? Gesellschaftliche Teilhabe?).

Es leuchtet ein, dass der letzte Aspekt kaum quantifiziert werden kann – er sollte jedoch nicht gering geachtet werden. Gerade der Aufbau stabiler Ich-Identität und die Entwicklung von Beziehungen mit Kindern aus ganz unterschiedlichen sozialen und kulturellen Milieus, das Lernen im Umgang mit nichtbehinderten Jugendlichen in einem pädagogisch abgefederten Raum dürfte eine wesentliche Chance für einen Gewinn an Selbstbewusstsein, Selbstständigkeit und für eine nichtkriminінelle, aktive gesellschaftliche Lebensführung sein.

Für die übrigen Punkte liegen inzwischen erste integrierte Berechnungen vor, auch für Sonderschulen (vgl. zum Folgenden Preuss-Lausitz 1996). So ist festgestellt worden, dass die Gesamtkosten für einen behinderten Schüler in einer Schule für Körperbehinderte jährlich bei DM 38.800,–, in einer Schule für geistig Behinderte bei knapp DM 45.000,– (in Preisen von 1994) lagen. Darin sind alle Personalkosten, die Lehr- und Lernmittel, alle Betriebskosten des

Gebäudes und die Transportkosten enthalten. Allein die Transportkosten lagen für diese Schüler aus Berlin bei je DM 5.000,– bzw. DM 6.000,– jährlich (die der Schulträger, nicht das Land zu bezahlen hat). Im Vergleich dazu kostete ein normaler Grundschüler zur gleichen Zeit in zwei untersuchten Schulen jährlich DM 6.300,– bzw. DM 6.100,–, und die dort integrierten Schüler mit sonderpädagogischem Förderbedarf (aller Behinderungsarten) DM 26.100,– und DM 27.300,–.[1] Die Einspareffekte, die sich aus dem Nicht-Sitzenbleiben ergeben, sind damit nicht dargestellt.

Diese Zahlen sollen deutlich machen, dass wir es bei der Sonderschule mit einer teuren Schule zu tun haben, ohne dass ihre Leistung pädagogisch überzeugt und nicht mindestens gleichwertig in der Regelschule – verlagert – erbracht werden kann. Wohnortnahe Integration ist daher nicht nur unter dem Aspekt der Zeitersparnis für die behinderten Schüler, der Chance wohnortnaher Freundschaften in der und durch die Schulklasse und aufgrund der Schulleistungen, sondern auch unter volkswirtschaftlichen Spargesichtspunkten attraktiv. Die Gebäude- und Betriebskosten kleiner Sonderschulen und die hohen Fahrtkosten zu weit entfernten Sonderschulen sind kaum zu vertreten, wenn durch einfache organisatorische Schritte und eine veränderte Pädagogik die Schüler in die Regelschulen einbezogen werden können.

Bleiben also die Integrationskosten im Bereich der Lehrerstunden. Je mehr behinderte Kinder in die Grundschule integriert werden, desto mehr klopfen an die Tore der Sekundarschulen. Ist das Personal finanzierbar? Kritisch ist darauf hinzuweisen, dass in den Haushalten der Länder das Personal für Integration in der Regel extra ausgewiesen wird. Das dadurch rechnerisch eingesparte Personal an *Sonderschulen* jedoch wird unterschlagen – optisch haben wir es nur mit Zusatzkosten zu tun.

Um deutlich zu machen, um welche Größen es sich handelt, sollen Varianten am Beispiel Berlin vorgestellt werden. Berlin hatte im Schuljahr 1995/96 15.614 Schülerinnen und Schüler mit sonderpädagogischem Förderbedarf, darunter 10.348 in der Primarstufe, 5.266 in der Sekundarstufe. Davon waren 20,1% (3.139) in der Regelschule, fast alle (noch) in den ersten sechs Grundschuljahrgängen[2]. Gehen wir davon aus, dass ab 1998 jährlich mindestens rund 300 Schüler in die Regel-Sekundarschulen übergehen wollen (»zielgleich« und »zieldifferent«). Diese Schüler würden in Sonderschulen entfallen, beim derzeitigen Berliner Frequenzdurchschnitt von 9,5 in Sonderschulklassen wären das

1 Eine Untersuchung einer Schule für Lernbehinderte war leider nicht möglich. Eine Studie des Deutschen Institutus für Internationale Pädagogische Forschung von 1985 hat Kosten von durchschnittlich DM 14.000,– (in Preisen von 1984) ermittelt, für Grundschulen von DM 6.000,– (vgl. Haug 1989, S. 155).

2 Der Anteil der Ausländerkinder ist in den (West-)Berliner Sonderschulen überdurchschnittlich. Während es im Schnitt 25% Ausländer in den West-Berliner Grundschulen gibt (Ost-Berlin: 3%), liegt ihr Anteil in der Lernbehindertenschule bei 33%, in der Schule für Geistigbehinderte bei 40%, bei den übrigen Sonderschulen bei 20%. Integrative Pädagogik muss also zugleich interkulturell sein und trägt dann wesentlich zur sozialen Integration dieser Kinder der »zweiten Generation« bei.

31,5 Klassen. Rechnet man 33 Stunden für eine Sonderschulklasse[1] (KMK 1997, S. 200ff.) und 25 Stunden für eine volle Stelle, dann kommt man auf 41,6 VZ-Stellen, die in der Sonderschule eingespart würden, jedoch in der Regel nicht ausgewiesen oder durch Unterfrequentierung verbraucht werden. Würden 27 Stunden für eine VZ-Stelle veranschlagt, dann ergäben sich 38,5 VZ-Stellen.

Diesen rechnerischen Einsparungen müssen die sonderpädagogischen Zusatzkosten in der Integration gegenübergestellt werden, addiert um die Frequenzsenkung. In Berlin wird die Frequenz in der integrativen Sekundarstufe, von durchschnittlich 24,5 in allen Sekundarschulklassen[2] auf 23 gesenkt – das sind also 1,5 Schüler, die in anderen Klassen unterrichtet werden müssen. Würden die 300 Schüler in 100 Integrationsklassen untergebracht werden, dann müssten rechnerisch aus 100 Klassen je 1,5 = insgesamt 150 Schüler in weiteren Klassen unterrichtet werden, was bedeutet, dass die Schülerkosten für 6,5 Klassen zusätzlich hinzukommen.

Die zusätzlichen sonderpädagogischen Stunden hängen natürlich davon ab, was das Bundesland im Schnitt pro Sonderschüler in Integrationsklassen bereitstellt. In Brandenburg sind das im Schnitt 2,7 Stunden, in Berlin 5 Stunden, in anderen Bundesländern liegen die Durchschnitte zwischen diesen Werten. Für 300 Schüler würde das in Berlin bei 25 Stunden pro Stelle 60 VZ-Stellen bedeuten, bei 27 Stunden wären es 55,6 VZ-Stellen. Wenn wir die oben errechneten einzusparenden 41,6 VZ-Stellen bzw. 38,5 VZ-Stellen in Sonderschulen damit verrechnen, so kommen wir auf jährliche landesweite Zusatzkosten von 18,4 bzw. 17,1 Stellen[3] jährlich.

Wir können diese finanziellen Überlegungen auch in anderer Weise führen. Die KMK (1997) hat berechnet, dass für einen lernbehinderten Schüler 1995 im Bundesdurchschnitt rd. 2,7, für einen anderen Sonderschüler rd. 4,4 Stunden aufgewandt wurden. Vergleicht man diese Kosten pro Schüler mit denen »normaler« Sekundarstufenschüler (Kl. 5–10), die sich bundesweit 1995 in Gesamtschulen (5–10) auf 1,62 Stunden, in Hauptschulen auf 1,63 Stunden, in Gymnasien (5–10) auf 1,29 addierten (KMK 1997, S. XXIII), dann wird deutlich, dass Kinder mit sonderpädagogischem Förderbedarf auch in Sonderschulen erheblich teurer sind als reguläre Schüler (aufgrund der kleineren Klassen, der größeren Zahl von Teilungs- und ggf. von Ermäßigungsstunden).

Eine *allein auf den Lehrerstellenbereich* bezogene völlige »Kostenneutralität« im Bereich der Integration hieße, den Stundenaufwand pro Schüler für die entsprechende Sonderschulart unter Abzug des Stundenaufwandes für die ent-

1 Die Bundesstatistik gibt nur getrennte Werte für die Sonderschule für Lernbehinderte und für die übrigen Sonderschulen an. Danach werden bundesdurchschnittlich 32 Stunden für die Klassen für Lernbehinderte und 38 Stunden für die übrigen Sonderschulen aufgewandt (vgl. KMK 1997, S. 200ff.).

2 Die Frequenzen in den Sekundarschulen Berlins reichten 1995 von 18 Schülern in den Hauptschulen bis zu 26,5 in den Gesamtschulen und 27,5 in den Gymnasien (vgl. Landesschulamt 1997, S. 36).

3 Hinzu kämen, wie erwähnt, die Stellen wegen Frequenzsenkung.

sprechende aufnehmende Sekundarschulart einzusetzen. Unter Berücksichtigung der übrigen Kosten würde das jedoch eine verdeckte Einsparung auf Kosten behinderter Schüler bedeuten.

Zusammenfassend kann festgehalten werden, dass zunehmende Integration vor allem durch die Einsparung von Sonderschulklassen, aber auch unter budgetierter Betrachtung der Gesamtaufwendungen verschiedener Träger, nicht teurer ist als die gesonderte Beschulung. Unter Berücksichtigung der Einsparungen im Bereich der Transportkosten, der Betriebskosten der Gebäude und der entfallenden Klassenwiederholungen, *also budgetiert, ist eher eine langfristige Einsparung durch Integration zu erreichen, bei Beibehaltung und Verbesserung der kognitiven und sozialen Effekte der Beschulung*.

Diese Argumentation dürfte allerdings eher Eltern und die Kostenträger von Fahrt-, Gebäude- und Betriebskosten von Schulen überzeugen als die Ministerialbürokratie des Landes: Denn die Schulträger profitieren finanziell eindeutig am ehesten und unmittelbar von integrativer Beschulung. Dennoch scheint mir eine integrierte Gesamtbetrachtung der Kosten notwendig, die selbstverständlich in jedem Kreis und jedem Land – vielleicht auch nach Behinderungsschwerpunkten differenziert – durchgeführt werden sollte. Sie macht deutlich, dass Behauptungen, gemeinsame Erziehung in Grund- oder Sekundarschule sei wegen der hohen Kosten nur in fernen, besseren Zeiten realisierbar, ideologische und interessengeleitete Argumentationen darstellen, die in der Regel Ausdruck einer verengten Fixierung auf Lehrerstellen, einer fehlenden Verrechnung mit Einspareffekten und von politischen und verbandlichen Lobbyinteressen sein dürfte. Pädagogen und Eltern sollten sich nicht von solch vordergründig plausiblen Einwänden einschüchtern lassen, nur weil bislang budgetierte, integrierte Gesamtrechnungen weder von einzelnen Schulträgern noch von Landesministerien vorgelegt wurden. Vielmehr sollten solche Untersuchungen eingefordert werden.

Notwendige Schritte für die integrative Sekundarschule

Abschließend soll nach denjenigen Schritten gesucht werden, die den Weg der integrativen Sekundarschule didaktisch, im Schulprogramm und auch ökonomisch erleichtern.

Ganz im Sinne des notwendig vernetzten Denkens wird es darum gehen, *integrative Pädagogik auf sehr unterschiedlichen Ebenen zu verankern und zu fördern*. Dazu gehören vor allem:

- Die *Qualifikation der Lehrer* für den materialreichen, mit zahlreichen Methoden arbeitenden und binnendifferenzierenden Fachunterricht. Diese Qualifikation wird wohl am besten jahrgangsweise, in Fachgruppen oder fächerübergreifend, in schulinterner Fortbildungsform und vernetzt mit den

Erfahrungen und Materialien anderer Schulen erfolgen. Integrationsqualifikation sollte Teil des *Schulprogramms* selbst sein. Es sollte klar sein, wie viele Lehrer am Ende einer Programmphase welche didaktischen (oder sonderpädagogischen oder sozialpädagogischen oder beratenden) Kompetenzen sich aneignen wollten und ob dies und wie gelungen ist, was also daraus für die nächste Phase zu lernen ist. Integration ist eine bereichernde Herausforderung für alle Lehrkräfte! Das schließt auch die Lehrerausbildung ein.[1]

- Das *gesamte Schulprogramm* sollte als einen Schwerpunkt die Förderung der Jugendlichen mit Behinderungen haben, sollte dies jedoch nicht als »Profilschule« tun. Die Integration behinderter Jugendlicher müsste grundsätzlich und langfristig für alle Sekundarschulen selbstverständlich werden, so wie sie auch alle Aussiedlerkinder oder andere aufnehmen. Teil des Schulprogramms hieße jedoch, mit den betroffenen Jugendlichen konkrete Pläne auszuarbeiten – und dies nicht nur im curricularen Teil, sondern in Bezug auf ihre sozialen Beziehungen, ihre Freizeitwünsche, ihre berufliche Orientierung, vielleicht sogar bis hinein in die Familie. Für pubertierende behinderte Jugendliche ist das Freizeit- und Freundschaftsangebot ihrer Schule noch mehr als für die übrigen Jugendlichen von oberster Wichtigkeit. Für sie muss die Schule wirklich ein »Haus des Lernens und Lebens«, eine »polis« werden, in der sie Respekt und Anerkennung erfahren, Aktivität entwickeln und Verantwortung übernehmen können.
  Beratende bzw. betreuende Sozialpädagogen wären hilfreich, um mit den Sonderpädagogen und Fachlehrern des Unterrichts abgestimmte Unterstützungskonzepte zu entwerfen und den Freizeitbereich zu begleiten. Sie sind auch die Fachleute, die die Möglichkeiten des Kinder- und Jugendhilfegesetzes kennen und extensiv nutzbar machen können.

- Integrative Pädagogik als Teil *eines regionalen, auf die Einzelschule bezogenen »Bündnis für Bildung vor Ort«* gerade auch für Behinderte in der Jugendphase schließt das oben genannte Netz mit den zahlreichen Vereinen, Ämtern, Einrichtungen usw. vor Ort ein. Um hier schrittweise voranzukommen, ist es sinnvoll, sich – etwa als Kerngruppe, als Jahrgangsteam, als Fachlehrer- oder Sonderpädagogengruppe – zeitliche Ziele zu setzen, in denen bestimmte Aufgaben erreicht werden können, um z.B. die Sportangebote im Einzugsbereich unter dem Aspekt zu prüfen, inwieweit die behinderten Jugendlichen der eigenen Schule dort aktiv werden können. Schrittweise öffnet sich so die Schule, und das Umfeld – die Vereine, Ämter und Einrichtungen – öffnen sich zur Schule.

1 In den Ausführungen der Kultusministerkonferenz vom Februar 1997 sind für die Ausbildung aller allgemeinbildenden Lehrämter Formulierungen aufgenommen worden, die eine Grundinformation über Integrationspädagogik enthalten. Darüber hinaus muss es jedoch möglich werden, dass die Sonderpädagogik-Ausbildung integrative Module (auch Praktika) verpflichtend enthält.

- Der *Schulträger* sollte in seiner regionalen Schulplanung zusammen mit der Schulaufsicht, den Schulleitungen und möglichst auch unter Einbeziehung betroffener Eltern die integrativen Möglichkeiten für die nächsten Jahre als Programm entwickeln, durchaus auch unter der ihm eigenen finanziellen Betrachtung (aber auch Schulträger sind nicht nur Buchhalter, sondern von politischen Einstellungen und Mehrheiten abhängig). Es ist hilfreich, wenn in diese Planungen regionale *Integrationsberater* einbezogen werden, die die Praxis vor Ort kennen.

- Für alle Sekundarschulen muss mittelfristig *ein koordiniertes Beratungssystem* entwickelt bzw. die vorhandenen Beratungsdienste zusammengeführt werden, sodass Schulräte, Eltern, Schulleiter, Lehrer aller Ausbildung, Sozialpädagogen usw. sich vor Ort über die Probleme und ihre Lösungen, nicht zuletzt auch die verschiedenen Fördermöglichkeiten (über das Kinder- und Jugendhilfegesetz, das Bundessozialhilfegesetz, die Angebote Freier Träger usw.) informieren können. Es kann nicht erwartet werden, dass Fachlehrer oder gar Eltern sich diese Informationen mühselig individuell zusammenstellen. Das Land (Bildungs- und Sozialministerium) ist im Übrigen aufgerufen, diese *Informationen lesbar* für die Hand der Eltern, Lehrer und anderer Beteiligter zusammenzustellen. Die deutschen Bundesländer glänzen informationstechnisch durch mangelnde Kundenfreundlichkeit.[1]

- Nicht zuletzt sollten Wege entwickelt werden, die die *Berufsorientierung* der Jugendlichen mit Behinderungen und/oder ohne Schulabschluss, ihre individuellen Interessen, ihre Ausbildungsmöglichkeiten, die Gewinnung von Erfahrungen durch angepasste Praktika usw. als Teil des Schulprogramms der Sekundarschulen ansieht und einplant. Gerade behinderte Jugendliche brauchen eine frühzeitige entsprechende Vorbereitung, die jedoch auch für andere Schüler von Nutzen wäre. Selbstverständlich wäre gerade unter diesem Aspekt die Einbeziehung Freier Träger und Vereine in das Schulleben – bis hin zu einer eigenen Bürozeit in der Schule – sinnvoll. Jede Schule muss selbst überlegen, was für Möglichkeiten und Angebote in die Schule einbezogen werden können.

- Was die einzelne Schule nicht selbst betreiben, worauf sie jedoch nachdrücklich aufmerksam machen sollte: *Die schulrechtlichen und bildungspolitischen Rahmenbedingungen für integrative Pädagogik* – etwa die Vorschriften über Klassenarbeiten, für Noten, für Nachteilsausgleich, für Aufsicht, für Frequenzen, für Vertretung usw. müssen aus der Praxis heraus immer wieder über-

1 Eine solche Information in überzeugender Form hat jüngst Österreich für Eltern vorgelegt, deren behinderte Kinder eingeschult werden (KM Österreich 1996). Diese Broschüren herzustellen könnte Aufgabe der Landes-Fortbildungseinrichtungen sein. Im Übrigen wären auch fremdsprachige Fassungen unter Berücksichtigung von kulturellen Problemen und Differenzen zur Struktur der Förderung Behinderter im Herkunftsland herzustellen. Nicht einmal für die größte ethnische Gruppe, die türkisch-kurdische Bevölkerung, gibt es entsprechende Informationsbroschüren.

prüft und gegebenenfalls durch Vorschläge öffentlich diskutiert werden, damit die Landespolitik dies aufgreifen kann. Man kann nicht erwarten, dass solche Initiativen von der Ministerialbürokratie oder den Politikern kommen – sie müssen sich schon aus den Erfahrungen vor Ort entwickeln.

Es war die Absicht dieses Beitrages, der integrativen Sekundarschule – jeder Schulform – mit den Begriffen der »integrativen Pädagogik« und dem »Mehr-Ebenen-System« einen Rahmen zu geben. Dieser Rahmen ist der einer modernisierten Schule, die durch die Art des Unterrichts und des Schullebens demokratische Qualifikationen unterstützt, in der die Vielfalt der Lernvoraussetzungen und -neigungen und die Gemeinsamkeiten sich in einer gegenseitigen Balance halten, ganz im Sinne einer »Pädagogik der Vielfalt in der Gemeinsamkeit« (Preuss-Lausitz 1993). Die Einbeziehung behinderter Jugendlicher in solch eine Jugendschule ist eine Herausforderung, aber auch eine Chance, um bei der inneren Reform der Sekundarstufe einen großen Schritt voranzukommen.

Literatur

Bayliss, P.: Integration and Interpersonal Relations: Interaction between Disabled Children and Their Non-Disabled Peers. In: Br. J. of Special Education 3/1995, p. 131–139.

Begemann, E.: Die Erziehung der sozio-kulturell benachteiligten Schüler. Hannover 1970

Bronfenbrenner, U.: Ökologische Sozialisationsforschung. Stuttgart 1976.

Daschner, P. (Moderator): Evaluation – Schulen erforschen ihre Praxis. Schwerpunktheft 5/1997 von »Pädagogik«, mit Beiträgen zur externen und internen Evaluation.

Daschner, P./Rolff, H.-G./Stryck, T. (Hrsg.): Schulautonomie – Chancen und Grenzen. Weinheim/München 1995.

Delors, J. (Chairman): Learning: The Treasure Within. Report to UNESCO of the International Commission on Education for the Twenty-first Century. Paris 1996.

Dt. Bildungsrat: Empfehlung zur pädgogischen Förderung behinderter und von Behinderung bedrohter Kinder und Jugendlicher. Stuttgart 1973.

Eberwein, H. (Hrsg.): Handbuch Integrationspädagogik. 4. Aufl. von »Behinderte und Nichtbehinderte lernen gemeinsam«, Weinheim 1997.

Gemeinnützige Gesellschaft Gesamtschule (GGG) (Hrsg.): Zur integrativen Förderung von Schülern mit abweichendem Lern- und Sozialverhalten. Teil I: Konzeption, Teil II: Projektberichte. Aurich (GGG) 1/1976 und 5/1976.

Gudjons, H./Köpke, A. (Hrsg.): 25 Jahre Gesamtschule in der Bundesrepublik Deutschland. Bad Heilbrunn 1996.

Häberlin, U. u.a.: Die Integration von Lernbehinderten. Berlin und Stuttgart 1990.

Haug, R.: Schulausgaben im Vergleich. Frankfurt a.M. 1989.

Heiden, H.-G. (Hrsg.): »Niemand darf wegen seiner Behinderung benachteiligt werden. Grundrecht und Alltag – eine Bestandsaufnahme. Reinbek 1966.

Hentig, H.v.: Die Schule neu denken. München 1993.

Herdegen, M.: Der neue Diskriminierungsschutz für Behinderte im Grundgesetz. Hrsg.: Der Beauftragte der Bundesregierung für die Belange der Behinderten. Bonn 1995.

Heyer, P. u.a. (Hrsg.): 10 Jahre wohnortnahe Integration. Frankfurt a.M. 1993.

Heyer, P./Preuss-Lausitz, U./Schöler, J.: »Behinderte sind doch Kinder wie wir!« Gemeinsame Erziehung in einem neuen Bundesland. Berlin 1997.

Heyer, P./Preuss-Lausitz, U./Zielke, G.: Wohnortnahe Integration. Weinheim/München 1990.

Hildeschmidt, A./Sander, A.: Zur Effizienz der Beschulung sogenannter Lernbehinderter in Sonderschulen. In: Eberwein, H. (Hrsg.): Handbuch Lernen und Lern-Behinderungen. Weinheim und Basel 1996, S. 115–134.

Hug, R. (Hrsg.): Integration in der Schule der 10–14jährigen. Innsbruck 1994.

Johnson, R. a.o.: Interaction between Handicapped and Nonhandicapped Teenagers as a Function of Situational Goal Structuring: Implications for Mainstreaming. In: Am. Ed. Research 2/1979, p. 161–167.

Jürgens, G.: Gleichstellung nicht erst in Zukunft, sondern jetzt. Die juristischen Konsequenzen des geänderten Artikels 3 des GG. In: Heiden 1966, a.a.O., S. 181–192.

KMK (Kultusministerkonferenz): Schüler, Klassen, Lehrer und Absolventen der Schulen 1986–1995. Nr. 137, Bonn Jan. 1997.

Kornmann, R./Klingele, C./Iriogbe-Ganninger, J.: Zur Überrepräsentation ausländischer Kinder und Jugendlicher in Schulen für Lernbehinderte: Der alarmierende Trend hält an! In: Z. f. Heilpädagogik 5/1997, S. 203–208.

Kultusministerium Nordrhein-Westfalen: Ref. II A 1: Sonderpädagogische Fördergruppe. Workshop am 5.5.1997. Skript Mai 1997.

Kultusministerium Österreich: Elterninformationsbroschüre zur Integration. Wien 1995.

Landesschulamt Berlin: Das Schuljahr 1996/97 in Zahlen. Berlin 1997.

Maikowski, R. (Hrsg.): Gemeinsame Unterrichtung und Erziehung von behinderten und nichtbehinderten Schülerinnen und Schülern im Sekundarbereich I. Abschlussbericht des Schulversuchs. Berlin (BIL) 1995.

Meißner, K. (Hrsg.): Integration. Schulentwicklung durch integrative Erziehung. Berlin (Ed. Diesterweg c/o GEW) 1997.

Ministerium für Bildung, Jugend und Sport (MBJS) (Hrsg.): Gemeinsamer Unterricht von behinderten und nichtbehinderten Kindern im Land Brandenburg. Veröff. anläßlich der Pressekonferenz der Ministerin für Bildung, Angelika Peter, am 23. 4. 1997 (Skript, 15 S.) Potsdam 1997.

Pieringer, G.: Gemeinsame schulische Erziehung von behinderten und nichtbehinderten Schülerinnen und Schülern in der Sekundarstufe I. Berlin (PZ/BIL) 1990.

Preuss-Lausitz, U.: Die Entwicklung der Integration in Brandenburg als mehrstufige System-Innovation. In: Z. f. Heilpäd. 5/1994, S. 302–309.

Preuss-Lausitz, U.: Die Kinder des Jahrhunderts. Zur Pädagogik der Vielfalt im Jahr 2000. Weinheim und Basel 1993.

Preuss-Lausitz, U.: Integration Behinderter zwischen Humanität und Ökonomie. Zu finanziellen Aspekten sonderpädagogischer Unterrichtung. In: Pädagogik und Schulalltag 51, 1/1996, S. 17–30.

Preuss-Lausitz, U.: Integrationskonzept des Landes Brandenburg. In: Heyer, P. u.a. 1997b, a.a.O. , Kap. 1.

Preuss-Lausitz, U.: Lebenswelt von Kindern und Jugendlichen und schulische Anforderungen. Zu aktuellen Problemlagen von Schuljugendlichen. Potsdam (im Druck) 1997a.

Preuss-Lausitz, U.: Probleme der Integration von Sonderschülern in die Gesamtschule. In: Z. f. Heilpädagogik 3/1971, S. 183–193. Auch in: Weigt, M. (Hrg.): Schulische Integration von Behinderten. Weinheim und Basel 1977, S. 44–54.

Preuss-Lausitz, U.: Zur sozialen Herkunft von Sonderschülern oder Die Chancengleichheit findet nicht statt. In: Gesamtschulen Informationsdienst des PZ Berlin, 1/1970, S. 31–41.

Projektgruppe Integrationsversuch (Hrsg.): Das Fläming-Modell. Weinheim und Basel 1988.

Roeder, P.M.: Binnendifferenzierung im Urteil von Gesamtschullehrern. In: Z. f. Päd. 2/1997, S. 241–260.
Sander, A.: Zum Problem der Klassifikation in der Sonderpädagogik: Ein ökologischer Ansatz. In: Vierteljahresschrift für Heilpädagogik und ihre Nachbargebiete, 54, 1/1985, S. 15–31.
Schley, W./Köbberling, A.: Integrationsklassen in der Sekundarstufe I. Zwischenbericht der Wiss. Begleitung. Hamburg (Beratungszentrum Integration) 1993.
Schubarth, W./Kolbe, F.-U./Willems, H. (Hrsg.): Gewalt an Schulen. Opladen 1996.
Tent, L. u.a.: Ist die Schule für Lernbehinderte überholt? In: Heilpäd. Forschung 1/1991, S. 3–12.
Walter, H.: Ökologische Ansätze in der Sozialisationsforschung. In: Hurrelmann, K./Ulich, D. (Hrsg.): Handbuch der Sozialisationsforschung. Weinheim und Basel 1980, S. 285–298.
Weigt, M. (Hrsg.): Schulische Integration von Behinderten. Weinheim und Basel 1977.
Wilcox, B. et al.: Effective Schools: Implications for Programs Serving High School Students with Moderate and Severe Handicaps: A Primer for Principals. Washington 1987.
Wocken, H./Antor, G./Hinz, A. (Hrsg.): Integrationsklassen in Hamburger Grundschulen. Hamburg 1988.

Rainer Maikowski

Integration in den Sekundarschulen der Bundesländer

Entwicklung und Forschungsergebnisse

Das Konzept der gemeinsamen schulischen Erziehung von Schülerinnen und Schülern mit und ohne Behinderung ist ein Schritt auf dem Weg zu einer Gesellschaft ohne Aussonderung. Die selbstverständliche und frühe Gemeinsamkeit im Handeln ganz unterschiedlicher Menschen soll das Entstehen von Vorurteilen und die häufig daraus resultierenden Formen von Ausgrenzung und Gewalt verhindern, und aus ihrem gemeinsamen Lernen und Handeln soll eine neue Vielfalt von gegenseitigen Anregungen entstehen. In der Heterogenität der Integrationsklassen liegt eine Chance für die Entwicklung individualisierender Lern- und Handlungsangebote, die allen Schülern zugute kommt und ihre unterschiedlichen Möglichkeiten optimal zur Entfaltung bringt.

Wir können in der Bundesrepublik mittlerweile auf einen etwa 20-jährigen Prozess der Entwicklung schulischer Formen gemeinsamer Erziehung zurückblicken.

Am Beispiel der Novellierung des §10a des Schulgesetzes von Berlin soll versucht werden, eine kurze vergleichende Bilanz über die Entwicklung im Bereich der Sekundarstufe I zu ziehen, die auf eine etwa 13-jährige Geschichte zurückblicken kann.

Wo steht Berlin im Verhältnis zur Entwicklung in anderen Bundesländern und welche Tendenzen sind z.Z. feststellbar? Ich werde den Vergleich mit einigen ausgewählten Bundesländern führen, die in ihrer Entwicklung der gemeinsamen Erziehung ganz unterschiedlich sind. Dabei will ich als Prüfsteine fünf Bereiche auswählen und abschließend die Ergebnisse resümieren:

- Die Gesetzgebung und ihre Umsetzung in Verordnungen, Rundschreiben und Ausführungsvorschriften;
- die quantitative Entwicklung;
- die Ausstattung und Finanzierung;
- die Formen der gemeinsamen Erziehung und ihre Organisation;
- einige Forschungsergebnisse und Fragen zur Qualität der pädagogischen Realisierung von gemeinsamer Erziehung;
- Resümee.

Die Gesetzgebung und ihre Umsetzung

Die Novellierung des Schulgesetzes in Berlin

Der 1996 novellierte §10a des Berliner Schulgesetzes hat zu folgenden wesentlichen Veränderungen geführt:

- Im Grundschulbereich ist gemeinsame Erziehung nun Regelpraxis, von der grundsätzlich keine Behinderungsart ausgeschlossen ist. Es gibt hier keine Schulversuche mehr.
- Im Bereich der Sekundarstufe I ist zielgleiche[1] Integration rechtlich Regelpraxis.
- Zieldifferente Integration wird in Integrationsklassen der Sekundarstufe als »abweichende Organisationsform«[2] durchgeführt.
- Alle allgemeinen Schulen sind beteiligt.
- Es gibt – wie auch in allen anderen Bundesländern mit gesetzlichen Regelungen zur gemeinsamen Erziehung – einen Haushaltsvorbehalt:
  »Die Beschulung von Schülern und Schülerinnen mit sonderpädagogischem Förderbedarf in der allgemeinen Schule erfordert eine entsprechende personelle, räumliche und sachliche Ausstattung und steht unter dem Vorbehalt, dass der Haushaltsplan dafür entsprechende Stellen und Mittel vorsieht.«
- Die Elternwahl kann durch die Schulaufsicht dann eingeschränkt werden,
  »... wenn sie nach eingehender Beratung mit dem Förderausschuss zu der Auffassung gelangt, dass der Schüler oder die Schülerin in der allgemeinen Schule nicht hinreichend gefördert werden kann.«

In der Sekundarstufe I werden zwei neue Schulversuche installiert:

- Ein landesweiter Schulversuch zur Integration geistig- und schwermehrfachbehinderter Schülerinnen und Schüler und
- ein landesweiter Schulversuch zur beruflichen Vorbereitung und Eingliederung von Schülerinnen und Schülern mit sonderpädagogischem Förderbedarf.

So deutlich hiermit eine Veränderung in Richtung einer rechtlichen Ausdehnung gemeinsamer Erziehung festzustellen ist, deren praktische Realisierung vehement eingefordert werden muss, so sehr sind auch die Einschränkungen festzustellen.

1 Mit zielgleicher bzw. zieldifferenter Integration ist immer der Bezug zu unterschiedlichen Rahmenplänen mit differenten Lernzielen gemeint. Im Unterricht sollte es *immer* unterschiedliche Lernziele geben.

2 Als »abweichende Organisationsformen« werden – im Vergleich zu Schulversuchen – weniger grundsätzliche organisatorische Abweichungen von der schulischen Regelpraxis definiert. Die Eltern einer Klasse müssen der Einrichtung solcher »abweichender Organisationsformen« nicht zustimmen, wohl aber die Schulkonferenz.

Für Berlin wie für alle anderen Bundesländer muss der *Haushaltsvorbehalt* gerade im Hinblick auf den neuen Gleichstellungsparagraphen im Grundgesetz (Art. 3. Abs. 3 GG) juristisch hinterfragt werden. Wir haben es hier nämlich mit einem auf eine Gruppe, die behinderten Schüler, spezifizierten Haushaltsvorbehalt zu tun, der m.E. nicht grundgesetzkonform ist (vgl. auch Jürgens 1996). Zum Vergleich: Kein Schüler, der auf ein Gymnasium gehen will, kann mit einem Haushaltsvorbehalt abgewiesen werden.

Wie sieht die Gesetzeslage in anderen Bundesländern aus?

In mittlerweile vier Bundesländern, in *Schleswig-Holstein, Brandenburg, Hessen* (seit 15.5.97) und im *Saarland* haben wir gesetzliche Regelungen, die für Grundschule und Oberschule – wenn auch sehr unterschiedlich ausgeprägte – Regelformen gemeinsamer Erziehung, aber keine Schulversuche mehr vorsehen. Keine Behinderungsform ist ausgeschlossen. Die Gesetzgebung ist hier also am weitesten, und es gibt detaillierte Ausführungsvorschriften. *Brandenburg* gibt im Schulgesetz der gemeinsamen Erziehung den Vorrang vor der Sonderbeschulung.

In *Berlin, Bremen, Hamburg, Hessen, Niedersachsen, Nordrhein-Westfalen und Sachsen-Anhalt* gibt es unterschiedlich fortgeschrittene gesetzliche Regelungen der gemeinsamen Erziehung, die aber noch bestimmte Bereiche als Schulversuche vorsehen, etwa für zieldifferente Integration in der Grundschule in Sachsen-Anhalt und in der Sekundarstufe I in *Bremen, Hamburg* und *Nordrhein-Westfalen* und für geistig Behinderte und Schwermehrfachbehinderte in der Sekundarstufe in Berlin. Alle schließen Haushaltsvorbehalte ein.

In den neuen Bundesländern hat neben *Brandenburg* bisher nur *Mecklenburg-Vorpommern* seit 1996 eine gesetzliche Regelung der gemeinsamen Erziehung in Grundschule und Sekundarstufe I sowie eine entsprechende Verordnung zur sonderpädagogischen Förderung. In den anderen neuen Bundesländern gibt es noch keine integrationsspezifische Gesetzgebung für die Sekundarstufe.

Gesetze sind nur so gut wie ihre verwaltungsmäßige und praktische Umsetzung. Die Umsetzung der Integrationsgesetze durch Verordnungen ist unterschiedlich weit. So haben Brandenburg, Hessen, Schleswig-Holstein und das Saarland Ordnungen für sonderpädagogische Förderung erlassen.

Dagegen gibt es in *Berlin* bisher nur Rundschreiben, die z.T. längst überholt sind (etwa zu den Förderausschüssen), und von Fall zu Fall Schreiben und Vermerke der Schulverwaltung, die den eklatantesten Informations- und Regelungsbedarf der Schulen befriedigen sollen. Die bisher ausgebliebene breite öffentliche Information von Eltern, Schülern und Schulen charakterisiert einen fehlenden politischen Willen und ein – von Ausnahmen abgesehen – zu geringes Engagement in der Verwaltung (Landesschulamt, Schulräte, Integrationsbeauftragte usw.).

Die quantitative Entwicklung

Hier findet sich eine weite Palette von Entwicklungen, die auch aufgrund unterschiedlicher Angaben und Informationen Vergleiche nur sehr unvollständig sein lassen.[1] Einige wenige Tendenzen lassen sich erkennen:

Am weitesten in der quantitativen Entwicklung ist *Schleswig-Holstein*. Hier besuchten 1995/96 22% der Schüler mit sonderpädagogischem Förderbedarf allgemeine Schulen der Jahrgänge 1–10. Es werden bei einer Klassenfrequenz von 20 Schülern alle Behinderungsarten integriert, in der Regel drei bis vier behinderte Schüler in einer Integrationsklasse. Die personelle Ausstattung orientiert sich an der Anzahl der Gutachtenschüler. Pro Gutachtenschüler werden zwei bis sechs zusätzliche Stunden für sonderpädagogische Förderung genehmigt. Insgesamt waren 1995/96 ca. 200 Schüler in zieldifferenten Maßnahmen in der Sekundarstufe I integriert.

In *Berlin* werden etwa 22% (ca. 3.000) der Gutachtenschüler in der allgemeinen *Grundschule* gefördert. Während die Schülerzahlen zwischen 1975 und 1990 insgesamt nur um 350 Schüler stiegen, kam es seit 1990 aufgrund des neuen § 10a des Schulgesetzes zu einer starken Zunahme um jährlich rd. 400 bis 500 Schüler.

In der *Sekundarstufe I* sind – neben Formen der meist zielgleichen Einzelintegration, die statistisch nicht genau erfasst ist, aber seit 1996 deutlich ansteigt – im Schuljahr 1996/97 im Rahmen der abweichenden Organisationsform und im landesweiten Schulversuch zur Integration geistig- und schwermehrfachbehinderter Oberschüler[2] 200 Schülerinnen und Schüler mit sonderpädagogischem Förderbedarf in 80 Integrationsklassen von 23 Oberschulen integriert worden. Zum Schuljahr 1996/97 lagen Anträge von weiteren 16 Oberschulen vor. Waren es bisher überwiegend Gesamtschulen, bewarben sich jetzt zunehmend auch Hauptschulen. Fünf Oberschulen haben die Aufnahme in den landesweiten Schulversuch zur Integration geistig- und schwermehrfachbehinderter Schülerinnen und Schüler beantragt.

In *Hamburg* beträgt der Anteil der integrativ beschulten Schüler an allen Gutachtenschülern 1996/97 ca. 20%. Es gibt 356 integrative Regelklassen und 82 Integrationsklassen in der Grundschule und 90 Integrationsklassen in der Sekundarstufe I.

In *Brandenburg* beträgt der Anteil der integrativ Beschulten an der Anzahl aller Schüler mit sonderpädagogischem Förderbedarf der Klassen 1–10 14%. In der sechsjährigen Primarstufe waren dies 1996/97 2.772 Kinder. In 70% aller Grundschulen findet Integration statt.

1 Die Angaben beziehen sich überwiegend auf das Schuljahr 1996/97, in einigen Fällen aber auch noch auf das Jahr 1995/96.

2 Die Begriffe Oberschule und Sekundarschule bzw. -stufen verwenden wir synonym. In den einzelnen Bundesländern herrschen unterschiedliche Begriffe vor.

In der Sekundarstufe I sind 1996/97 482 Schülerinnen und Schüler mit Behinderungen im gemeinsamen Unterricht zu finden, und zwar überwiegend in Gesamtschulen. Während in der Hälfte der Gesamtschulen Schülerinnen und Schüler mit sonderpädagogischem Förderbedarf zu finden sind, sind es in der Realschule 25% und im Gymnasium 17%.

Auch *Hessen* ist schon sehr weit: 1.774 Schüler mit sonderpädagogischem Förderbedarf waren 1995/96 in Grundschulen integriert. Zum Schuljahr 1996/97 erhöhte sich die Zahl der Schulen mit zieldifferentem Unterricht im Sekundarbereich auf 77. In 128 Klassen werden 296 Schüler und Schülerinnen mit Lernhilfebedarf bzw. praktischer Bildbarkeit[1] gemeinsam mit rund 2.300 Schülern und Schülerinnen ohne sonderpädagogischen Förderbedarf unterrichtet. Weitere 250 Schüler mit Behinderungen lernen in der Sekundarstufe I – zielgleich – im gemeinsamen Unterricht.

Im *Saarland* besuchten im Schuljahr 1995/96 505 Schüler mit sonderpädagogischem Förderbedarf eine allgemeine Schule, das sind 13% aller sonderpädagogisch Geförderten. Nach einer Stagnation in den letzten Jahren ist die Genehmigung von 95 Neuanträgen im Jahr 1996 als ein Fortschritt anzusehen.

In *Niedersachsen* gibt es z.Z. 196 Integrationsklassen. Ein Moratorium wegen fehlender Mittel bzw. der fehlenden Bereitschaft, Mittel für Integration einzusetzen, hat in Niedersachsen zu einer allgemeinen Stagnation in Sachen Integration geführt. Lehrerfortbildungen müssen abgesagt werden, und die Eltern müssen wieder von Amt zu Amt gehen, um etwas für ihre Kinder zu erreichen. Es wird ein Konzept zur sonderpädagogischen Förderung in der allgemeinen Schule diskutiert, das alle Lern- und Sprachbehinderten sowie Verhaltensauffällige einbeziehen soll (im Sinne von Hamburgs integrativen Regelklassen). In der Sekundarstufe I tut sich fast nichts.

In *Nordrhein-Westfalen* wurden 1995/96 3.000 Schüler mit sonderpädagogischem Förderbedarf integrativ beschult (3,5%): 2.500 in der Grundschule und ca. 500 in der Sekundarstufe I. In der Grundschule werden ca. 1.330 und in der Sekundarstufe 250 Schüler mit personellem Mehrbedarf unterrichtet. Es gibt drei Schulversuche: integrative Grundschulklassen nach dem Hamburger Modell, gemeinsamer Unterricht für behinderte und nichtbehinderte Schülerinnen und Schüler in der Gesamtschule (zieldifferent) und gemeinsamer Unterricht für behinderte und nichtbehinderte Schülerinnen und Schüler in der Hauptschule (zieldifferent).

In letzter Zeit versucht das Ministerium das Konzept einer »sonderpädagogischen Förderklasse« auch als Lösung für die Integration in der Sekundarstufe I zu propagieren. Im Grundschulbereich werden 1996/97 bereits 56 Schüler nach diesem Modell gefördert. Es handelt sich dabei aber um reine Sonderschulklassen (8–10 Schüler), die nur von Sonderschullehrern nach Rahmenplä-

1 Schüler mit »Lernhilfebedarf« = Schüler mit einer »Lernbehinderung«, Schüler mit »praktischer Bildbarkeit« = Schüler mit einer »geistigen Behinderung«.

nen der Sonderschule in allgemeinen Schulen unterrichtet werden. Die zur Genehmigung einzureichenden Konzepte gemeinsamen Lernens können sich nur auf wenige – meist außerunterrichtliche – Kooperationsformen beziehen. Gedacht ist dieses Konzept besonders für verhaltensschwierige Schüler und vor allem als Sparvariante integrativer Erziehung: Teure Sonderschulen können geschlossen und das Ganze kann mit geringeren Mitteln in der allgemeinen Schule fortgesetzt werden (vgl. Preuss-Lausitz 1997a, S. 19 ff.).

In *Rheinland-Pfalz* sind in letzter Zeit intensivere Anstrengungen zu verzeichnen, die gemeinsame Erziehung in der Sekundarstufe auf den Weg zu bringen. Im Schuljahr 1997/98 gab es 13 Oberschulen (Gesamtschulen, Hauptschulen und Realschulen), in denen 204 Schülerinnen und Schüler mit Beeinträchtigungen (davon 23 mit geistiger Behinderung) im Rahmen eines Schulversuches integriert wurden (Modell 18+3 bzw.17+4).

Mit Ausnahme von Brandenburg entwickelt sich der Prozess gemeinsamer Erziehung in den *neuen Bundesländern* noch sehr langsam. Vor allem in der Sekundarstufe I gibt es abgesehen von einigen wenigen Maßnahmen der Einzelintegration bisher noch sehr wenig Projekte.

Die Entwicklung bzw. Stagnation der gemeinsamen Erziehung in der Sekundarstufe I ist in allen Ländern das Hauptproblem der Integration und ein Prüfstein für die Weiterentwicklung gemeinsamer Erziehung.

Die Ausstattung und Finanzierung

Auch hier gibt es große Unterschiede von 0% bis über 100% Doppelbesetzung in den integrativen Klassen. Teilweise gibt es eine ausschließliche Orientierung am Förderbedarf der Schüler mit Behinderungen (zwischen 2 und 6 Stunden pro Schüler), teilweise werden zusätzlich Stunden zur Differenzierung des Unterrichts für die ganze Klasse vergeben (bei zieldifferenter Integration zwischen 3 und 18 Stunden).

Diejenigen Länder, in denen die Integration schon länger praktiziert wird, versuchen mehr und mehr eine Gleichbehandlung aller Schüler mit sonderpädagogischem Förderbedarf herbeizuführen, das heißt, eine Angleichung der Kosten im Lehrerstellenbereich zwischen sonderschulischer und integrativer Beschulung zu verwirklichen. Konsequente Quotierungsmodelle sind aber bisher kaum realisiert, und der Streit darum, welche Beschulung teurer ist, geht weiter (vgl. Stoellger 1995; Kern 1995; Preuss-Lausitz 1996 und in diesem Band).

Im Zuge des allgemeinen Kürzungswahns – von Sparen ist nirgendwo etwas zu sehen – werden die Mittel für gemeinsame Erziehung noch knapper. Hier zeigen die in den meisten Gesetzen verankerten Haushaltsvorbehalte ihre größte Problematik. Das Sparen sollte alle Schüler und Schulen gleichermaßen treffen. Häufig dienen fehlende Mittel aber als Vorwand, integrative Maßnahmen gar nicht erst einzurichten.

In *Nordrhein-Westfalen* ist die Berechnungsgrundlage für die Schulversuche in der Sekundarstufe I 0,7 Stellen für Doppelbesetzung und Frequenzsenkung in einer Integrationsklasse mit durchschnittlich 4 Schülern[1] mit sonderpädagogischem Förderbedarf und eine Frequenzreduzierung auf 22 Schüler. *Hinzu* kommen die entsprechenden sonderpädagogischen Stunden je nach Behinderungsart.

In *Brandenburg* gibt es eine direkte Förderung des Landes für Schulträger in Form eines dreifach erhöhten Schullastenausgleiches für Kinder mit Behinderungen. Weitere Förderungen sind durch eine gesonderte Richtlinie geregelt: für zusätzliches Personal, Fahrtkosten, behinderungsspezifische Ausstattung etc. Insgesamt muss in Brandenburg mit deutlich höheren Klassenfrequenzen in Integrationsklassen gearbeitet werden als etwa in Berlin. Auch die zusätzliche Stundenzahl für Doppelbesetzung ist geringer.

In *Schleswig-Holstein* ist die Finanzierung im Schulgesetz geregelt. Der Schulträger übernimmt die sächlichen Kosten, wozu auch Hilfspersonal gehört. Die personelle Ausstattung entspricht der der Sonderschulen (in der Regel zwischen 2–6 Stunden sonderpädagogische Förderung pro behindertem Schüler (je nach Schweregrad). Eine Integrationsklasse mit 3 Schülern mit sonderpädagogischem Förderbedarf (incl. geistig Behinderte) erhält ca. 16 Stunden zusätzlich. Frequenz: 16/17 + 3/4.

Hamburg ist bisher noch am besten ausgestattet. In der Grundschule sehen die »Integrativen Regelklassen« 3 Stellen Sonderpädagogik und ein drei viertel Stelle Erzieher für eine zweizügige Grundschule mit Vorklasse vor. Die Integrationsklasse (20er-Frequenz) erhält eine drei viertel Erzieherstelle und 2,5 Stunden Sonderpädagogik pro behindertem Schüler. In der Sekundarstufe I erhalten die Integrationsklassen (17+3) eine drei viertel Stelle Sozialpädagogik und eine halbe Stelle Sonderpädagogik.

In *Hessen* sind bisher insgesamt ca. 1.000 Stellen für Prävention und gemeinsame Erziehung an allgemeinen Schulen zur Verfügung gestellt worden, einschließlich der ambulanten Förderung für Schülerinnen und Schüler mit Sinnes- und Sprachbehinderungen sowie für Erziehungshilfebedürftige (in den ersten Jahren 100, jetzt etwa 50 Stellen pro Jahr). In der Sekundarstufe I gibt es für Integrationsklassen zwischen 8 und 10 Stunden sonderpädagogische Förderung. In Gesamtschulen wird aber oft eine Stelle zusätzlich für eine weitgehende Doppelbesetzung bei einer Frequenz von 17+3 hinzugefügt.

In *Berlin* gibt es in der Grundschule 4 Stunden sonderpädagogische Förderung pro behindertem Schüler. Hinzu kommen 6 Differenzierungsstunden bis zur 3. Klasse, danach nur 3 Stunden. In der Sekundarstufe I gibt es für zieldifferente Integration als abweichende Organisationsfom 12 Stunden sonderpädagogische Förderung und pro Integrationsklasse 6 Differenzierungsstunden.

1 Es gibt auch Klassen mit bis zu 6 Schülern.

Im landesweiten Schulversuch zur Integration von geistig behinderten und schwermehrfachbehinderten Schülerinnen und Schülern gibt es eine Stelle Sonderpädagoge/Fachrichtung Geistigbehinderten-Pädagogik und eine halbe Stelle Sekundarstufen-Lehrer (Frequenz 20+3, Hauptschule 13+3). Unter den drei Gutachtenschülern sollen nicht mehr als jeweils zwei mit geistiger Behinderung bzw. einer mit schwerer Mehrfachbehinderung sein.

Der Vergleich zeigt, dass Berlin bei der Ausstattung nicht schlecht dasteht. Die Zukunft lässt allerdings nichts Gutes hoffen. Aufgrund ständiger Verschlechterungen der allgemeinen Mittel für den Schulbereich wird die Decke für integrative Maßnahmen immer dünner.

Die Formen der gemeinsamen Erziehung und ihre Organisation

Die Formen der gemeinsamen Erziehung unterscheiden sich neben dem Ausmaß ihrer Realisierung, das noch immer stark parteipolitisch geprägt ist, vor allem zwischen den Flächen- und den Stadtstaaten.

Flächenstaaten, wie z.B. *Schleswig-Holstein, Brandenburg* und das *Saarland,* arbeiten weniger nach festen Modellen. Vielmehr werden je nach den Bedingungen vor Ort unterschiedliche Formen ermöglicht wie Bündelung, Kombi-Klassen, Dehnungsklassen, Kooperationsmaßnahmen usw. Solche unterschiedlichen Modelle gibt es auch in Stadtstaaten, aber sie haben in den Flächenstaaten eine größere Bedeutung.

Insgesamt ist die Palette der organisatorischen Realisierung gemeinsamer Erziehung sehr breit.

Es verschwimmen nicht nur die Grenzen zwischen Einzelintegration und Integrationsklassen. Auch bei den Integrationsklassen gibt es breite Streuungen, was die Frequenzen (15–33), die Anzahl der Behinderten (1–6), die Personalausstattung (0 bis über 100% Doppelbesetzung) und die Entwicklung veränderter Unterrichtsformen betrifft.

Das Konzept der »Integrativen Regelklasse« beginnt nur langsam über *Hamburg* hinaus Fuß zu fassen (z.B. in *Nordrhein-Westfalen*, wo es einen Schulversuch zur »Integrativen Regelklasse« in der Grundschule gibt, gleichzeitig aber auch sonderpädagogische Förderklassen für die Sekundarstufe I geplant werden). Mit der »Integrativen Regelklasse« könnten aber eine Reihe organisatorischer und finanzieller Probleme besser gelöst werden als mit den anderen Modellen. Es soll daher kurz erläutert werden. Zur Vermeidung der Aussonderung aller sprach-, lern- oder verhaltensauffälligen Kinder des unmittelbaren Einzugsbereichs erhalten die Grundschulen, die an diesem Schulversuch teilnehmen, bei gleicher Frequenz wie die Regelklassen zusätzliche personelle Ressourcen. Eine zweizügige Grundschule erhält z.B. drei Stellen Sonderpädagogik und eine drei viertel Erzieherstelle. Diese Stellen werden der Schule als

Pool gegeben, gleichgültig wie viele Schüler mit einem entsprechenden sonderpädagogischen Förderbedarf vorhanden sind. Dieses Modell könnte generell für die Finanzierung von integrativer Erziehung – auch in der Sekundarstufe I – Schule machen. Allerdings ist in diesem Konzept das Elternwahlrecht für die *Sonderschule* aufgehoben, da *alle* Schüler des Einzugsbereiches mit Förderbedarf hier unterrichtet werden.

In der Sekundarstufe I ist – dort wo es überhaupt weitergeht – eine vorsichtige Ausweitung in Richtung *anderer Schularten* über die *Gesamtschule* hinaus festzustellen. Neben den Flächenstaaten ist dies auch in *Berlin* und *Hamburg* zu beobachten, wobei sich die Ausdehnung im Wesentlichen auf *Hauptschulen* und kombinierte *Haupt- und Realschulen* beschränkt. *Realschule* und *Gymnasium* bleiben bei der gemeinsamen Erziehung weitgehend außen vor. Lediglich in Schleswig-Holstein sind erste kleine Schritte in diesen beiden Schularten zu beobachten.

In den meisten Ländern, die eine entwickelte Praxis gemeinsamer Erziehung haben, regeln *Förderausschüsse* die Feststellung des sonderpädagogischen Förderbedarfs und sprechen Empfehlungen zu den möglichen Formen schulischer Förderung aus.

In *Hamburg* regelt eine Übergangskommission den Übergang von Gutachtenschülern in die Sekundarstufe I, in *Hessen* werden Förderausschüsse nur in Konfliktfällen einberufen, in *Schleswig-Holstein* ersetzt eine Schülerakte in der Grundschule den Förderausschuss.

Die Entwicklung hin zu *Förder- und Beratungszentren*, die die Koordination und Vernetzung aller schulischen Maßnahmen und Dienste um die Unterstützung von Schülern mit besonderem Förderbedarf vornehmen, geht bisher nur zögerlich voran. Im Interesse des Erhalts von Sonderschulen werden diese in einigen Bundesländern kurzerhand zu »Sonderpädagogischen Förderzentren« erklärt, ohne dass die entsprechende Vernetzung und Koordination mit anderen Trägern, Diensten und Institutionen wirklich erfolgt. Schleswig-Holstein (Pluhar 1996) und Brandenburg (Preuss-Lausitz 1997b) sind dabei am weitesten vorangeschritten.

Einige Forschungsergebnisse zur pädagogischen Realisierung von gemeinsamer Erziehung in der Sekundarstufe

Im Unterschied zum Grundschulbereich, in dem Integrationsprojekte jahrelang wissenschaftlich begleitet wurden, ist dies im Bereich der Sekundarstufe I nur in wenigen Bundesländern der Fall (Berlin, Hamburg, Nordrhein-Westfalen, Saarland). In diesen Ländern ist zudem die wissenschaftliche Begleitung in den meisten Fällen beendet worden. So ist der Stand der Forschung für die Integration in der Sekundarstufe insgesamt unzureichend und lückenhaft.

Neben *Lehrerbefragungen* zur Teamarbeit (Schley 1989) und Längsschnittuntersuchungen zur *Identitätsentwicklung* von Schülerinnen und Schülern in Integrationsklassen (Köbberling 1996 und in diesem Band) liegen eine Untersuchung über die *Lern- und Leistungsentwicklungen* in Regel- und Integrationsklassen (Maikowski 1993) sowie zwei Untersuchungen zur Entwicklung des *Unterrichts* in Integrationsklassen der Sekundarstufe I (Dumke 1991; Maikowski 1995) vor. Die Ergebnisse der drei letzteren Studien sollen hier vorgestellt werden.

Förderung der nichtbehinderten Schüler

Obwohl für den Grundschulbereich längst wissenschaftlich belegt, bestand auch für die Sekundarstufe I ein Klärungsbedarf hinsichtlich der Frage, ob die *nichtbehinderten* Schüler in den Integrationsklassen hinreichend von einem Unterricht profitieren, der auf ein so breites Spektrum unterschiedlicher Lernvoraussetzungen und -fähigkeiten eingehen muss. Die Voraussetzungen dafür sind durch Frequenzreduzierung und weitgehende Doppelbesetzung gut. Wenn dann auch noch der Unterricht hinreichend individualisierend und differenzierend aufgebaut ist, sollte jeder Schüler zu seinem Recht kommen.

Aufgrund einer vergleichenden Untersuchung der wissenschaftlichen Begleitung des überbezirklichen Schulversuchs »Gemeinsame Unterrichtung und Erziehung von behinderten und nichtbehinderten Schülerinnen und Schülern in der Sekundarstufe I in Berlin« wurde der Frage nach der *Leistungsentwicklung in Integrations- und parallelen Regelklassen* nachgegangen. Der Vergleich erstreckte sich von der 7. bis zur 10. Jahrgangsstufe auf die Übergangsempfehlungen der Grundschule und die Noten in den zentralen Kulturfächern Deutsch, Mathematik und Englisch. Bei aller Problematik, die einigen dieser Variablen zugrunde liegen – etwa die geringe Vergleichbarkeit der Übergangsempfehlungen der Grundschulen – waren die Befunde doch eindeutig: *Leistungsentwicklung und Leistungsniveau der nichtbehinderten Schülerinnen und Schüler in den Integrationsklassen waren meist mindestens so hoch wie in den vergleichbaren Regelklassen, häufig sogar etwas besser bzw. etwas höher* (vgl. Maikowski 1993).

Veränderung des Unterrichts

Die meisten konkreten Schwierigkeiten macht naturgemäß die *Realisierung eines handlungsorientierten und binnendifferenzierten Fachunterrichts.*

Er stellt die wesentliche Grundlage des Konzepts gemeinsamen Unterrichts auch in der Sekundarstufe I dar – und ist viel schwieriger zu realisieren.

Dabei geht es nicht um eine Ablösung der herkömmlichen Unterrichtsformen, nicht um eine Alternative etwa zwischen Frontalunterricht und innerer

Differenzierung, sondern um eine Anreicherung und Ergänzung der bisher üblichen und weiter erforderlichen Unterrichtsformen durch stärker schülerzentrierte, individualisierende und binnendifferenzierende Angebote. Es geht um eine größere Methodenvielfalt (vgl. Meyer/Paradies 1993), um einen Unterricht, der lehrgangsmäßige Formen ergänzt durch Projekte, Wochenplanarbeit und die unterschiedlichsten Sozialformen, die selbstständiges Lernen von Schülern auf unterschiedlichen Niveaus und in unterschiedlichen Gruppierungen ermöglichen.

Bisher – dies hier vorweg – gibt es eine Vielzahl von kleinen und größeren Schwierigkeiten sowie strukturelle Probleme im Alltag der Schule, die dieses Unterfangen oft mühsam, aber nicht aussichtslos erscheinen lassen.

So lag es nahe, sich mit diesem zentralen Bestandteil integrativen Unterrichts in der Sekundarstufe I auch empirisch zu befassen.

Als erster hat Dumke 1991 den integrativen Unterricht in fünf verschiedenen Bonner Integrationsklassen sowohl in der Grund- als auch in der Gesamtschule untersucht und den Unterricht mit dem in sieben nichtintegrativen Klassen verglichen. Grundlage der Beobachtungen war ein differenziertes Kategoriensystem. 14 Kategorien wurde mit Hilfe von über 9.000 Beobachtungseinheiten faktorenanalytisch ausgewertet.

Hier sollen nur drei für unseren Zusammenhang interessante Ergebnisse herausgegriffen werden:

- *»Der Klassenunterricht mit Beteiligung aller Schüler ist zugunsten von Einzel-, Partner- und Gruppenarbeit stark reduziert. Damit geht ein beachtlicher Anteil an differenzierten Aufgabenstellungen einschließlich zusätzlicher Differenzierung für behinderte Schüler einher.«* ... *»Der Unterricht in den Integrationsklassen unterscheidet sich in den hier herausgestellten Merkmalen hinsichtlich der quantitativen Ausprägung meistens deutlich von dem der Parallelklassen. Allerdings fallen die Unterschiede in der Sekundarstufe (Gesamtschule) geringer aus.«* (Dumke 1991, S. 152)
- *»In den integrativ geführten Klassen wird – mehr als in den Parallelklassen – der Lehrer zunehmend zum Lernhelfer und zum Berater des Schülers. Er wendet sich einzelnen Schülern oder Schülergruppen für einige Minuten zu, um zu beobachten oder zu helfen. Zum Teil nutzen die Lehrer diese Form der intensiven Betreuung in über 30% der Unterrichtszeit.«* (a.a.O., S. 153)
- Insgesamt scheint eine Unterrichtsorganisation, in der schülerzentrierte Ansätze zur Geltung kommen, für Integrationsklassen ein typisches Muster zu sein. Allerdings konstatiert Dumke hier auch einen Wandel in den Regelklassen: *»Der generelle Wandel zu mehr schülerzentrierten Formen schließt die Möglichkeit ein, den Unterricht für Schüler mit heterogenen Lernvoraussetzungen zu öffnen ... Nicht nur in integrativ geführten Klassen, auch in den Klassen der Vergleichsgruppen spielen schülerzentrierte Organisationsstrukturen eine wesentliche Rolle.«* (a.a.O., S. 153)

Diese Befunde sind umso bemerkenswerter, als sie den Ergebnissen der pädagogischen Forschung zum Methodenrepertoire widersprechen (vgl. Hage 1985; Adl-Amin/Schulze/Terhart 1993), die nach wie vor einen starken Methodenmonismus in den Schulen der Sekundarstufe I feststellen. So darf angenommen werden, dass diese Abweichungen auf den Effekt integrativen Unterrichts zurückzuführen sind. Und in der Tat finden sich in Dumkes Untersuchung einige Belege, die dies möglich erscheinen lassen. Allerdings sind Dumkes Befunde trotz des großen Methodenaufwandes kaum generalisierbar und in der Tendenz zwar begrüßenswert, aber – zumindest nach den Erfahrungen in Berlin und Hamburg – vielleicht etwas zu optimistisch.

Auch in Berlin war es nach vier Jahren überbezirklichem Schulversuch in der Sekundarstufe I an der Zeit, diesem zentralen Punkt im Vorhaben gemeinsamen Unterrichts von behinderten und nichtbehinderten Schülerinnen und Schülern in der Sek I nachzugehen: dem unterrichtlichen Methodenrepertoire, der Art und dem Ausmaß seiner – von allen angestrebten – Veränderung sowie den organisatorischen Bedingungen, unter denen dieser Prozess stattfindet (Maikowski 1995).

Wir haben uns in Berlin – auch aus Gründen beschränkter personeller Kapazität der wissenschaftlichen Begleitung – für qualitative, eher exemplarische und durchaus subjektive Befragungen und Interviews entschieden.

Grundlage der Einschätzung sind Eindrücke aus vier Jahren Unterrichtsbesuchen und Arbeitsgesprächen mit den Kolleginnen und Kollegen über ihre Versuche, Schwierigkeiten und Erfolge bei der Realisierung veränderter, vor allem differenzierterer Unterrichtsformen, und die Dokumentation einer ganzen Reihe gelungener Unterrichtsprojekte. Es ging darum, über die subjektive Reflexion der Kolleginnen und Kollegen einen genaueren Einblick in die Mechanismen und Schwierigkeiten zu erhalten, die bei dem Vorhaben auftreten, den herkömmlichen Unterricht für die Erfordernisse einer noch stärker als sonst üblich heterogenen Lerngruppe zu verändern.

Dazu wurden zunächst an die Integrationsteams von zwei Gesamtschulen Fragebogen zu ihren unterrichtlichen Arbeitsformen verschickt. 18 ausgefüllte Fragebogen bildeten schließlich die Grundlage für die Auswertung. Anschließend wurden mit je zwei Kolleginnen und Kollegen der beiden Schulen vertiefende nicht standardisierte Interviews durchgeführt.

Die sehr positiven Befunde der Untersuchung Dumkes konnten in Berlin so nicht bestätigt werden. Der Prozess hin zu veränderten Unterrichtsmethoden in Integrationsklassen der Sekundarstufe I stellt sich in den Aussagen der beteiligten Lehrerinnen und Lehrer sehr viel differenzierter und problembehafteter dar.

Berücksichtigt man die weiter oben dargestellten mitunter schwierigen organisatorischen Bedingungen, so sind die erreichten Veränderungen im Unterricht dennoch beachtlich. Folgende Tendenzen konnten in der Berliner Untersuchung festgestellt werden:

- Die am breitesten realisierte Veränderung betrifft die *Sozialformen des Unterrichts. Gruppen- und Partnerarbeit* haben deutlich zugenommen und werden auch in den Integrationsklassen häufiger als in den Regelklassen praktiziert.
- Ein *häufigerer Methodenwechsel* ist festzustellen und wird von den Kolleginnen und Kollegen auch als ein Moment der Veränderung benannt.
- *Projekte und projektorientierter Unterricht* sind vor allem im Wahlpflichtbereich der Gesamtschulen anzutreffen. Darüber hinaus wurden eine Reihe gelungener fachübergreifender Projekte durchgeführt.
- *Freie Arbeit* ist zu einem festen, wenn auch nicht durchgehend praktizierten, Bestandteil der Integrationsklassen geworden.
- *Wochenplanarbeit* konnte sich bisher noch nicht in dem erhofften Ausmaß durchsetzen.
- Alles in allem verläuft die Veränderung des Methodenrepertoires in den Integrationsklassen des Schulversuchs zwar *eher partiell, kleinschrittig und stark personenabhängig*, die dabei erzielten Veränderungen können sich aber durchaus sehen lassen. Das wird auch in den vielen Unterrichtsbeispielen deutlich, die in den bisherigen Berichten über den Schulversuch dokumentiert sind (Maikowski 1993, 1995).

Resümee

Die größten Hindernisse für die weitere Ausbreitung gemeinsamer Erziehung bestehen mindestens in drei Bereichen:

- Einmal ist da der *fehlende bildungspolitische Gestaltungswille.* Auf dem Hintergrund eines allgemeinen gesellschaftlichen Strukturwandels, innerhalb dessen sich die Verteilung gesellschaftlichen Reichtums von unten nach oben unter dem Deckmantel des Sparens weiter verschärft und damit Formen der Konkurrenz und des persönlichen Egoismus noch zunehmen, erweist sich der weithin fehlende bildungspolitische Gestaltungswille als besonders fatal. Bildungspolitik und Bildungsressorts sind keine Bereiche, mit denen man gegenwärtig politische Karriere machen kann. Oft werden Missstände nur verwaltet, weil die Bildungspolitiker aufgrund der entsprechenden Einflüsse aus Wirtschaft und Verbänden andere Prioritäten setzen.

- Weiterhin gibt es aber auch *Defizite im Selbstverständnis und in den Ansprüchen an gemeinsame Erziehung:*
  - Zu sehr werden *die Erfahrungen und Arbeitsformen der Grundschule zum Maßstab* gemeinsamer Erziehung in der Sekundarstufe I genommen und unausgesprochen eine Vorstellung beibehalten, nach der alle Schüler einer Klasse von der Vorschule bis zum Schulabschluss alles gemeinsam machen sollten.

- Zu oft glauben Eltern behinderter Schüler, dass *mit dem Besuch einer Integrationsklasse der Schritt zur Normalisierung gemacht* sei und vernachlässigen erforderliche Kontakte zu Einrichtungen, in denen ihre Kinder auch einmal mit anderen zusammenkommen können, die ähnliche Probleme haben.
- So sehr es richtig ist, dass gemeinsame Erziehung nicht zum Nulltarif erfolgen kann, so sehr muss auch gesehen werden, dass der Anspruch der Normalisierung nicht realisiert werden kann, wenn die Differenzen zwischen Regelpraxis und Integration zu groß bleiben. Wenn man sich auch gegen unsinnige Sparpolitik zur Wehr setzen muss, so muss man doch realisieren, dass etwa Schleswig-Holstein seine großen Fortschritte bei der umfassenden Durchsetzung gemeinsamer Erziehung gerade auch der Tatsache verdankt, die Finanzierung an der Regelpraxis zu orientieren. Schulversuche sind manchmal gerade aufgrund der Besonderheiten ihrer Ausstattung ein Hindernis auf dem Weg zur Normalisierung.

- Schließlich macht es die Struktur unseres drei- bzw. viergliedrigen Bildungssystems sehr schwer, den *Gedanken der Vielfalt in der Gemeinsamkeit* zum Tragen kommen zu lassen. Den Spagat zwischen den Ansprüchen gemeinsamer Erziehung und dem gegliederten und separierenden Schulsystem müssen die Kolleginnen und Kollegen tagtäglich in der Schule vollziehen.

Intensive Fortbildungsprogramme, wie sie in einigen Bundesländern wie in Hamburg, Schleswig-Holstein, Hessen und Saarland schon entwickelt werden, vor allem aber die *Veränderung der Lehrerausbildung* sind notwendig, um über eine breitere Qualifizierung der Lehrer Ermüdung und Resignation abzubauen und die Aufgabe des gemeinsamen Unterrichts bewältigbar zu machen.

Gleichzeitig bedarf es einer *langfristigen Schulentwicklungspolitik*, die Schulen in die Lage versetzt, ihre spezifischen Stärken und ihre regionale Bedeutung herauszuarbeiten und in *Schulprogramme* umzusetzen, die auf einem gemeinsamen schulischen Selbstverständnis beruhen – zu dem neben vielem anderen auch die gemeinsame Erziehung gehören sollte.

In der derzeitigen bildungspolitischen Landschaft ist allerdings noch ein langer Atem und vor allem eine größere Anzahl von Bündnispartnern in Politik und Bildung erforderlich, um das Vorhaben gemeinsamer Erziehung auch in allen Schulformen und Schulen der Sekundarstufe zu verwirklichen.

Literatur

Adl-Amini, B./Schulze, T./Terhart, E. (Hrsg.): Unterrichtsmethode in Theorie und Forschung. Weinheim 1993.

Dumke, D. (Hrsg.): Integrativer Unterricht. Gemeinsames Lernen von Behinderten und Nichtbehinderten. Weinheim 1991.

Hage, K. u.a.: Das Methodenrepertoire von Lehrern. Opladen 1985.

Jürgens, G.: Gleichstellung nicht erst in Zukunft, sondern jetzt. Die juristischen Konsequenzen des geänderten Artikels 3 des GG. In: Heiden, H.-G. (Hrsg.): »Niemand darf wegen seiner Behinderung benachteiligt werden«. Grundrecht und Alltag – eine Bestandsaufnahme. Reinbek 1996, S. 181–192.

Kern, H.: Die Kosten der Sonderbeschulung und integrativer Beschulung am Beispiel eines Berliner Stadtbezirkes. In: Die Sonderschule, 40 (1995) 2, S. 146–151.

Köbberling, A.: Längsschnittuntersuchungen zur Entwicklung von Jugendlichen mit geistiger Behinderung in Integrationsklassen der Sekundarstufe I. In: Meißner, Klaus (Hrsg.): Integration. Schulentwicklung durch integrative Erziehung. 3. Integrationspädagogischer Kongress der Diesterweg Hochschule e.V. vom 11. bis 13. September 1996 in Berlin. Berlin 1997, S. 280–301.

Maikowski, R.: Modelle der Integration in der Sekundarstufe I. In: Gehrmann, Petra, Hüwe, Birgit (Hrsg.): Forschungsprofile der Integration von Behinderten. Essen 1993, S. 148–172.

Maikowski, R.: Leistungsentwicklung. Vergleich der Leistungsentwicklung von nichtbehinderten Sachülern aus Integrationsklassen mit Schülern aus Regelklassen der Oberschule. In: Maikowski, R. (Hrsg.): Gemeinsame Unterrichtung und Erziehung von behinderten und nichtbehinderten Schülerinnen und Schülern im Sekundarbereich I in Berlin. Zwischenbericht der wissenschaftlichen Begleitung über das 2. Jahr des überbezirklichen Schulversuchs. Pädagogisches Zentrum. Berlin 1993, S. 72–77.

Maikowski, R.: Die Veränderung des Methodenrepertoires. Anspruch und Realität in den Integrationsklassen der Sekundarstufe I. In: Maikowski, R. (Hrsg.): Gemeinsame Unterrichtung und Erziehung von behinderten und nichtbehinderten Schülerinnen und Schülern in der Sekundarstufe I in Berlin. Bericht der wissenschaftlichen Begleitung über das 5. Jahr des überbezirklichen Schulversuchs, Berliner Institut für Lehrerfort- und -weiterbildung und Schulentwicklung (BIL). Berlin 1995, S. 76–99.

Meyer, H./Paradies, L.: Plädoyer für Methodenvielfalt im Unterricht. Oldenburg 1993.

Pluhar, C.: Auf dem Weg zu verbesserter Kooperation zwischen Schule und Kostenträgern bei der Integration behinderter Schülerinnen und Schüler. In: Recht der Jugend und des Bildungswesens, H. 2/1996, S. 216–222.

Preuss-Lausitz, U.: Integration Behinderter zwischen Humanität und Ökonomie. Zu finanziellen Aspekten sonderpädagogischer Unterrichtung. In: Pädagogik und Schulalltag, 51 (1996) 1, S. 17–30.

Preuss-Lausitz, U.: Gutachten zur Weiterentwicklung der sonderpädagogischen Förderung in Regelschulen der Sekundarstufe in NRW. Berlin 1997a.

Preuss-Lausitz, U.: Integrationskonzept des Landes Brandenburg. In: Heyer, P./Preuss-Lausitz, U./Schöler, J.: »Behinderte sind doch Kinder wie wir!« Gemeinsame Erziehung in einem neuen Bundesland. Berlin 1997, Kap. 1.

Reiser, H./Loeken, H./Dlugosch, A.: Bedingungen der Problemwahrnehmung von Leistungsversagen in der Grundschule am Beispiel zweier hessischer Landkreise. Forschungsbericht des Hessischen Instituts für Bildungsplanung und Schulentwicklung. Wiesbaden o.J.

Schley, W./Boban, I./Hinz, A. (Hrsg.): Integrationsklassen in Hamburger Gesamtschulen. Hamburg 1989.

Schley, W.: Befragung der Integrationsteams in der Sek I. In: Schley, W. u.a. 1989, a.a.O., S. 279–328.

Stoellger, N.: Bericht über sonderpädagogische Entwicklung. In: Zeitschrift für Heilpädagogik, H. 9/1995, S. 420f.

Integration in der Bundesrepublik Deutschland 1997[1]				
	Gesetz	**Quantitativ**	**Ausstattung/ Kosten**	**Organisation**
Baden-Württemberg	Schulversuche i. GS u. Sek I	**127 SS an 5 Standorten** 3x Grundschule 2x Hauptschule		Einzelintegration, integrative Regelklasse, ausgelagerte Klasse, Integrationsklasse
Bayern	zielgleiche I. zieldiff. wird abgelehnt			Kooperationsmodell
Berlin	§10a SchulG, abw. Orgform f. zieldiff I. in Sek I, Schulversuch f. gb u. schwermehrfachbeh. SS in Sek I ab 96/97 (LSV GB)	**22%** (ca. 3.000) in Grundschule, 23 O.-Schulen, 80 I-Klassen, 200 SS in Sek I, zieldifferent Schuljahr 1997/98: 18 neue Sek I-Schulen (6 LSV GB)	**4 Std. sopäd. Fördg./beh. SS + 6 Stunden f. Diff. i. GS** (ab Kl. 3 noch 3 Std.) in I-Klassen Sek I (20 + 3/13 + 3) 18 Std (12 Sopäd/6 Sek I) 2 Stellen für LSV Gb	Einzelintegration, Sopäd. Förderklasse, Ambulanzlehrer, Kooperation, Integrationsklassen
Brandenburg	Schulreformgesetz (25.4.91) Sopäd. Verordnung (30. 11. 92) **uneingeschränkt**	**14%** aller SS mit sopäd. Förderbedarf 2.772 1996/97 Sek I 482 SS 70% Grundschule 50% GesSchule 25% Realschule 17% Gymnasium	Förderung d. Schulträger durch Land: dreifacher Schullastenausgleich f. beh. SS, I-Klasse meist **< als 12 Std.** Frequenz: 16–30 bei ca. 2 Behinderten	ambulante Beratung Teilweise Mitarbeit von Sopäd. in allg. Schule, Zwei-Päd.-System in einigen I-Klassen landesweites Integr.-Berat.-system
Bremen	zieldiff. in Sek als Schulversuch			Koop-Modelle, Förderzentren
Hamburg	Entwurf f. Schulverf.gesetz (Mai 96 beschl., 1.8.97 in Kraft) »GEM in größtmöglichem Ausmaß«, noch Schulversuche i. GS u. Sek I für zieldiff. I.	**ca. 20% SS** m. sopäd.Förderbed. Integr.Reg.kl.=356 I-Klasse GS=82 I-Klasse Sek I=90 s = 528 Klassen	**Integrat.Regelklasse** 3 Stellen Sopäd. + ¾ Erzieher f. zweizüg. GS **I-Klasse** (17+3) ¾ Erzieher + 2.5 Std. pro beh. SS **I-Klasse Sek I** (17+3) ¾ Sozialpäd., ½ Sopädagoge	integrative Regelklasse Integrationsklasse

1 Zur besseren Abschätzung der Entwicklung ist – wo Informationen vorhanden waren – der Grundschulbereich mit aufgenommen worden. Die Versuche und Maßnahmen zur GEM unterliegen allerdings ständiger Veränderung, und die Bundesländer machen unterschiedlich genaue Angaben, so sind die Daten nur als ungefähre Orientierung zu verstehen. In allen Ländern, die gesetzliche Regelungen zur GEM haben, besteht ein Haushaltsvorbehalt.

	Gesetz	Quantitativ	Ausstattung/ Kosten	Organisation
Hessen	§ 51–54 (15.5.97) Hess. SchulG **uneingeschränkt** (bis dato Schulversuche in Sek I zur zieldiff. Förderung)	**1.774 SS** m. sopäd. Förderbedarf in GS 58% lb zum Schuljahr 1996/97 296 SS i. Sek I in zieldiff. Maßnahmen	**8–10 Std**.sopäd. Förderung, in IGS möglichst Doppelsteckung, **1 Stelle, Sek I b. zieldiff.** Frequenz: 17+3	Einzelintegration integrativ arbeitende Klasse Kooperation
Mecklenburg-Vorpommern	§ 34 SchG, Abs.3, vom 15.5.96 und § 5 SoFöVO vom 14.9.96	**267 beh. SS in 152 Klassen,** überwiegend ambulante Förderung		
Niedersachsen	§ 4 nieders. SchulG Beh. in allen Schularten gemeinsam m. Nichtbeh., keine zieldiff. I in Sek I	Moratorium f. 2 Jahre **212 I-Klassen ca. 570 SS**	zz. keine strukturierte Fort- und Weiterbildung für GEM	
Nordrhein-Westfalen	§ 7 Schulpfl. Ges. Gesetz z. Weiterentwicklg. d. sopäd. Förderung (1.8.95) Schulversuche zu integr. GS-Klassen u. in Sek I	**3,5%** m.sopäd. Förderbedarf (2.500 i. GS, 400 Sek I) 15 IGS (+ 2 priv.) 6 HS i. Sek I	kostenneutral + 280 Stellen f. Mehrbedarf 0.7 Stellen pro I-Klasse + flexibel Stunden pro beh. SS Frequenz 22 (18+4,17+5, 16+6!)	sonderpädag. Förderklassen Einzelintegration integr. Regelklassen Integrationsklassen
Rheinland-Pfalz	Schulversuche in Grundschule und Sek-I-Schulen	13 Sek-I-Schulen 204 SS	Frequenzen: 18+3 und 17+4	Kooperationsmodell Integrationsklassen Beratungs- und Begleitsystem
Sachsen	Modellversuch zur Kooperation zw. Sonds. u. GS zielgleiche I	147 SS		
Sachsen-Anhalt		zielgleiche I an **13 Standorten, 700 SS** mit sopäd. Förderbedarf in allg. Schule		

	Gesetz	Quantitativ	Ausstattung/ Kosten	Organisation
Saarland	§ 4 Abs.1 Gesetz z. Ordnung d. Schulwesens (4.1.86) Integr.-Verordnung (4.8.87) **uneingeschränkt**	1995/96 **15%** aller SS mit sopäd. Förderbedarf = 602 von 3901 41 i. K oop. projekten u. Sprachföklassen Sek I ohne Angaben	SS-Lehrer-Relation an Sch. f. Beh. Berechnungsgrundlage f. Integrationsmaßn. keine feste Frequenz	vielfältige Formen viel Ambulanzlehrer 10% Zwei-Päd.-System
Schleswig-Holstein	§ 5 SchulG (2.8.90) Ordg f. Sopäd. (OSP) (1.2.93) **uneingeschränkt**[2]	**22%** aller SS mit sopäd. Förderbedarf der Klassen 1–10, ca. 500 SS in GS und 200 in Sek I zieldifferent, 95/96	Schulträger sächl. Kosten + Hilfspersonal, 2–6 Std. sopäd Fö. **I-Klasse Sek I 16 Std** Frequenz: 17–20 in Sek I	Bündelung, Kombiklassen, Dehnungsklassen, koop. Maßnahmen, I-Klassen ambulante Beratung alle Schularten
Thüringen	Einzelfälle m. zieldiff. Integrat.			

2 uneingeschränkt = keine Schulversuche mehr.

Gesetzliche Regelung gemeinsamer Erziehung in der Sekundarstufe I der Bundesrepublik Deutschland

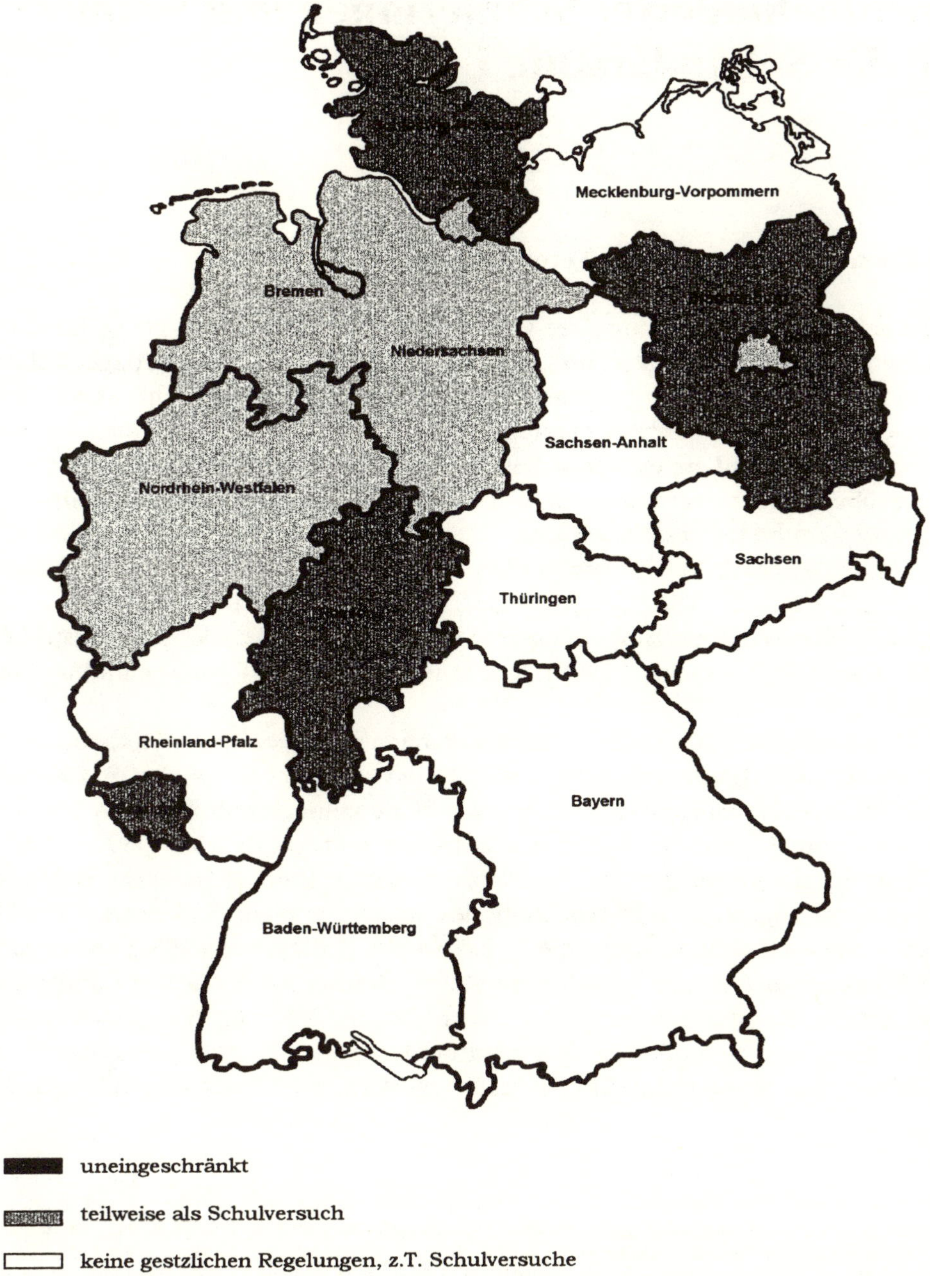

Jutta Schöler

Internationale Entwicklungen bei der gemeinsamen Erziehung behinderter und nichtbehinderter Schülerinnen und Schüler in der Sekundarstufe I

Allgemeine, internationale Vereinbarungen

Die gemeinsame Erziehung aller Kinder ist eine Aufgabe, die in vielen Ländern mit großer Aufmerksamkeit und planerischem Aufwand sowie pädagogischem Engagement in den vergangenen dreißig Jahren vorangebracht wurde. Seit Mitte der sechziger Jahre begannen die Vorreiter dieser Entwicklung mit den Überlegungen und ersten Versuchen, wie die separierende Erziehung von Kindern überwunden werden kann, wenn aus unterschiedlichen Gründen Lernschwierigkeiten festgestellt wurden.

An dieser Stelle möchte ich nur kurz die außereuropäischen Länder benennen, die bereits seit Mitte der 70er-Jahre über gesetzliche Regelungen und eine breite Praxis in diesem Aufgabengebiet verfügen. Diese Länder sind: Australien (Mettauer 1993; Myschker 1995), Kanada (Spudich 1989), Neuseeland und die USA.[1]

Innerhalb Europas sind die Entwicklungen in Italien und in Skandinavien besonders aufschlussreich. Während in Italien seit dem Schuljahr 1977 Kinder mit Behinderungen nicht mehr in Sonderschulen eingeschult, somit die Sonderschulen seit Beginn der 80er-Jahre aufgelöst wurden (Schöler 1987, 1996b), gehört der stetige Ausbau des Normalisierungsprinzips für Kinder mit Behinderungen zur allgemeinen Entwicklung des Schulsystems in Dänemark (Rögilds 1987), Schweden (Rosenquist 1987), Norwegen (Lillestoelen 1987) sowie auch in Finnland und Island.[2] Auch eine Reihe anderer europäischer Länder hat gesetzliche Regelungen getroffen, durch die der Vorrang der gemeinsamen Erziehung von behinderten und nichtbehinderten Kindern gegenüber dem Ausbau eines Sonderschulsystems festgelegt wird; interessant sind in Bezug auf

1 Exemplarisch für die USA ist auf die deutschsprachige Veröffentlichung von Jülich (1996) zu verweisen, die die Entwicklung in den USA seit 1975 anhand der jährlichen Berichte an den amerikanischen Kongress, ergänzt durch eine systematische und sehr differenzierte Analyse der Fachliteratur umfassend dokumentiert.

2 Zu den beiden letzgenannten Ländern sind mir bisher nur mündliche Berichte und keine deutschsprachigen Veröffentlichungen bekannt.

diese Schulreform außerdem Großbritannien und Spanien (Schöler 1993) sowie Österreich.[1]

Bei diesem internationalen Vergleich muss beachtet werden, dass alle hier genannten Länder Kinder mit Lernschwierigkeiten nicht zu »Lernbehinderten« erklären; für diese Kinder gibt es keine Sonderschulen, sondern allenfalls Sonderklassen bzw. zeitweise Formen der äußeren Differenzierung.

Die UNESCO ist eine der wichtigsten internationalen Organisationen, die sich für »Erziehung ohne Ausgrenzung« einsetzen. Bei der UNESCO-Konsultation Sondererziehung wurde 1988 mit einer Erklärung, aus der im Folgenden ein Abschnitt zitiert wird, die »Erziehung ohne Ausgrenzung« als Hauptaufgabe für künftige Aktivitäten festgelegt:

> »*Die Verantwortlichkeit für Sondererziehung liegt beim gesamten Erziehungssystem. Es sollte keine zwei getrennten Erziehungssysteme geben. Ein offeneres Erziehungssystem wird sogar von den notwendigen Veränderungen profitieren können, die es macht, um den Bedürfnissen behinderter Kinder zu entsprechen. Wenn wir innerhalb des Regelschulsystems wirksame Lernsituationen für behinderte Menschen schaffen können, so bereiten wir auch den Boden für eine für alle Schüler ideale Erziehungssituation.*« (Getting there, 1995, S. 4)

Die wichtigste jüngste UNESCO-Aktivität auf dem Gebiet der Erziehung ohne Ausgrenzung auf internationaler Ebene ist die gemeinsam mit dem spanischen Erziehungsministerium durchgeführte »Weltkonferenz Sondererziehung, Zugänglichkeit und Qualität«, die im Juni 1994 in Salamanca (Spanien) stattfand. Mehr als 300 Menschen nahmen als Vertreter von 92 Regierungen und 25 internationalen Organisationen an dieser Konferenz teil und verabschiedeten die »Salamanca-Erklärung zu Prinzipien, Politik und Praxis der Pädagogik für besondere Bedürfnisse« und den so genannten »Aktionsrahmen zur Pädagogik für besondere Bedürfnisse«.

Aus diesen beiden Teilen zitiere ich jeweils nur einen Abschnitt, der mir besonders wichtig erscheint.

> »*Wir glauben und erklären, dass jedes Kind ein grundsätzliches Recht auf Bildung hat, und dass ihm die Möglichkeit gegeben werden muss, ein akzeptables Lernniveau zu erreichen und zu erhalten, (...) dass Regelschulen mit dieser integrativen Orientierung das beste Mittel sind, um diskriminierende Haltungen zu bekämpfen, um Gemeinschaften zu schaffen, die alle willkommen heißen, um eine integrierende Gesellschaft aufzubauen und um Bildung für alle zu erreichen; darüber hinaus gewährleisten integrative Schulen eine*

1 Spezifisch zur Situation der gemeinsamen Erziehung in den Sekundarschulen Österreichs vgl. Hug 1994. Seit dem Schuljahr 1997/98 muss die Integration in der Sekundarstufe in Österreich nicht mehr über Schulversuche beantragt werden, sondern ist gesetzlich als Regelfall festgeschrieben. Allerdings ist es in den verschiedenen Bundesländern Österreichs noch notwendig, die entsprechenden Rahmenbedingungen festzulegen.

effektive Bildung für den Großteil aller Kinder und erhöhen die Effizienz sowie schließlich das Kosten-Nutzen-Verhältnis des gesamten Schulsystems.« (Salamanca-Erklärung, S. 9)

»Das grundlegende Prinzip der integrativen Schule ist es, dass alle Kinder miteinander lernen, wo immer dies möglich, egal, welche Schwierigkeiten oder Unterschiede sie haben. Integrative Schulen müssen die unterschiedlichen Bedürfnisse ihrer Schüler und Schülerinnen anerkennen und auf sie eingehen, indem sie sich auf unterschiedliche Lernstile und Lerngeschwindigkeiten einstellen. Sie müssen durch geeignete Lehrpläne, organisatorische Rahmenbedingungen, Unterrichtsmethoden und Materialeinsatz sowie durch Partnerschaften mit ihren Gemeinden hochwertige Bildung für alle sichern. Es sollte ein Kontinuum an Unterstützung und Dienstleistungen geben, um dem Kontinuum an besonderen Bedürfnissen zu entsprechen, dem man in jeder Schule begegnet.« (Salamanca-Erklärung, S. 16)

Für die Bundesrepublik Deutschland haben Verteter der Kultusministerkonferenz die Salamanca-Erklärung unterschrieben. Wie weit diese Unterschrift eine rechtliche Bedeutung hat, ist schwer einzuschätzen. Auf jeden Fall bieten die Aussagen der Salamanca-Erklärung wichtige Argumente, mit denen politisch argumentiert werden kann.

Rahmenbedingungen integrativen Unterrichts in Dänemark und Italien in der Sekundarstufe

Exemplarisch stelle ich im Folgenden den aktuellen Stand der gemeinsamen Erziehung von behinderten und nichtbehinderten Kindern in Dänemark und in Italien dar.[1]

In beiden Ländern sind die entscheidenden Veränderungen im Schulsystem, die die gemeinsame Erziehung aller Schüler zum Ziel haben, Mitte der 60er- bis Anfang der 70er-Jahre begonnen worden und haben in den Jahren 1975/76 zu gesetzlichen Regelungen geführt.

In Italien gibt es seit Beginn der 80er-Jahre keine Sonderschulen mehr, denn seit dem Schuljahr 1976 wurden alle Kinder in die Grundschule ihres Wohnortes eingeschult, unabhängig davon, ob ein Kind eine Behinderung hat oder nicht. In Dänemark haben nur die Eltern das Entscheidungsrecht zwischen Sondergrup-

1 Bei dem Vergleich der spezifischen Regelungen für die gemeinsame Erziehung von behinderten und nichtbehinderten Kindern beziehe ich mich für Dänemark auf den Gesetzgebungsstand von 1990 (vgl. Lit. Dänemark) und für Italien auf den Stand von 1992 (vgl. Lit. Italien). Für Italien beziehe ich mich außerdem auf zahlreiche eigene Kontakte, insbesondere zu den Kollegen Canevaro und Cuomo (Universität Bologna) und Tassinari (Universität Florenz) und auf eigene Exkursionserfahrungen seit 1980. Für Dänemark beziehe ich mich außerdem auf die Hintergrundinformationen, welche für mich die Dänin Vibeke Johannsen zugänglich gemacht hat. Ihr verdanke ich auch die Übersetzungen aus dem Dänischen und Detailrückfragen beim dänischen Unterrichtsministerium.

pe oder Beteiligung am Regelunterricht. Da nur sehr wenige Eltern eine Sonderbeschulung wünschen, dies auch häufig nur für eine begrenzte Zeit, gibt es in Dänemark derzeit nur noch wenige Sondergruppen, z.B. für hochgradig hörgeschädigte Kinder, die Regelschulen angegliedert sind. Alle diese Regelungen gelten bis zum Ende der zehnjährigen Gesamtschule.

Bevor ich auf die speziellen Regelungen eingehe, die für die Anwesenheit von Kindern mit Behinderungen formuliert wurden, ist es notwendig, jene Merkmale des Schulsystems beider Länder kurz zu skizzieren, die integrative Erziehung generell begünstigen. Diese Merkmale sind *die Rahmenpläne, die Ziffernzensuren, eine nichtselektive Pflichtschulzeit von acht bis zehn Jahren, geringe Klassenfrequenzen, geregelte Ganztagsbetreuung und eine einheitliche Lehrerbildung.*

In Dänemark und in Italien gibt es für die gesamte Pflichtschulzeit für alle Kinder *einen gemeinsamen Rahmenplan,* der durch staatliche Gesetzgebung festgelegt ist und für das ganze Land gilt. Dieser Plan ist sehr weit formuliert und muss von den Lehrerinnen und Lehrern für die einzelnen Klassen den jeweiligen lokalen Rahmenbedingungen und der Zusammensetzung der Lerngruppe entsprechend konkretisiert und mit den Eltern abgestimmt werden.[1]

Dieser Unterschied zum deutschen Schulsystem ist besonders in der Sekundarstufe bedeutsam: Auch nach 25 Jahren Gesamtschulentwicklung in Deutschland ist es nicht gelungen, die Tatsache unterschiedlicher Rahmenpläne für die Hauptschule, die Realschule und für das Gymnasium zu überwinden. Lehrerinnen und Lehrer der Gesamtschulen sind in dieser Schulform immer noch gezwungen, »im ungleichen Wettbewerb« (Hansen/Rolff 1990, S. 63) in Konkurrenz zu den Abschlussorientierungen an Gymnasien und Realschulen zu arbeiten und sich mit diesen Schulformen vergleichen lassen. Mit der Integration von Jugendlichen, die als »Lernbehinderte« oder als »Geistigbehinderte« diagnostiziert wurden, müssen zwei weitere Rahmenpläne berücksichtigt werden. In Staaten, welche mit aller Selbstverständlichkeit einen gemeinsamen Lehrplan für alle Kinder während der Gesamtheit der Pflichtschulzeit als Grundlage für das gemeinsame Lernen haben, gibt es kaum Verständnis für diese fünf verschiedenen deutschen Sonderrahmenpläne.

In den beiden hier genauer betrachteten Ländern gibt es eine *Leistungsbewertung*, die sich *am individuellen Lernfortschritt* des einzelnen Schülers bzw. der einzelnen Schülerin orientiert (vgl. Schöler 1996b, S. 86 ff.). *Klassenwiederholungen* sind nur als absolute Ausnahme möglich, wenn alle Beteiligten, vor allem die Eltern, dies für die Entwicklung des einzelnen Kindes als förderlich einschätzen. Am Ende der Pflichtschulzeit erhalten alle Schülerinnen und Schüler

1 Die ungekürzten italienischen Rahmenplantexte für die Fächer Mathematik und italienische Sprache (pro Fach 13 Druckseiten für die gesamten fünf Schuljahre der Grundschule) sind im Anhang zu dem von mir 1987 veröffentlichten Buch über »Italienische Verhältnisse« abgedruckt.

einen formal gleichwertigen Abschluss. Dieser Abschluss bestätigt die Lernerfolge der zurückliegenden Schulzeit und hat für alle Jugendlichen keine formale Bedeutung für den Zugang zur beruflichen Ausbildung oder als Zugangsberechtigung für die weiterführenden Schulen, welche auf eine spätere universitäre Bildung vorbereitet. Auch in den berufsorientierenden weiterführenden Schulen haben Jugendliche mit Behinderungen das Recht, gemeinsam mit nichtbehinderten Jugendlichen zu lernen. Möglich ist ein solches Vorgehen mit Sicherheit vor allem deshalb, weil das Berufsbildungssystem nicht dual organisiert ist (vgl. Schöler 1996b). Die Selektionsfunktion des Schulwesens beginnt in jenen Ländern erst nach der Pflichtschulzeit. *Abschluss der Pflichtschule und Berechtigungsfunktion* sind also nicht miteinander verbunden. Dies ist ein wesentlicher Unterschied zum deutschen Sekundarschulsystem, auf den ich hier nur kurz verweisen kann (ausführlicher hierzu mein Beitrag in diesem Band).

Die *Pflichtschulzeit* umfasst in Italien acht Jahre, die Ausdehnung auf zehn gemeinsame Jahre für alle ist bereits gesetzlich beschlossen, aber noch nicht umgesetzt. In Dänemark umfasst die Pflichtschulzeit zehn Jahre, wobei einige Schülerinnen und Schüler bereits nach neun Jahren in das weiterführende Schulsystem wechseln dürfen, wenn sie dies wünschen. Anderen Jugendlichen wird angeboten, dass sie in besonderen Einrichtungen, die stark praxis- und projektorientiertes Lernen durchführen, während eines Schuljahres in ihrer Berufswegentscheidung sicherer werden können. Auf Details kann ich hier wiederum nicht eingehen. Aber es ist wichtig, sich bewusst zu machen, dass in beiden Ländern das Sortieren nach unterschiedlicher Leistung auch in der Sekundarstufe nicht als die Aufgabe der staatlichen Schule angesehen wird. Sondern: Ähnlich wie in den USA wird als Erziehungsauftrag der Schule – neben der fachlichen Qualifizierung – sehr großer Wert auf die »Förderung eines positiven Selbstbildes und der sozialen Fähigkeiten sowie die Anleitung zum verantwortlichen und selbstständigen Arbeiten« gelegt (Jülich 1996, S. 32).

Die Tatsache, dass im deutschen Schulsystem nach nur vier gemeinsamen Schuljahren alle Kinder nach ihren Leistungen selektiert werden, hatte bereits 1946 bei den Allierten großes Unverständnis ausgelöst. Wolfgang Klafki zitiert 1971 als Beleg den Bericht einer amerikanischen Expertengruppe von 1946, welche die frühe Aufgliederung des Schulsystems nach dem vierten Schuljahr als entscheidenden Strukturmangel festgestellt hatte. »Dieses System hat bei einer kleinen Gruppe eine überlegene Haltung und bei der Mehrzahl der Deutschen ein Minderwertigkeitsgefühl entwickelt, das jene Unterwürfigkeit und jenen Mangel an Selbstbestimmung möglich machte, auf denen das autoritäre Führerprinzip gedieh« (zitiert nach Klafki 1971, S. 150).

Auch wenn seit Mitte der 60er-Jahre der Anteil von Schülern und darüber hinaus besonders von Schüler*innen* erheblich angestiegen ist, welche einen höheren Schulabschluss erreichen (vgl. Gaude 1996), so bleibt die Tatsache bestehen, welche die Integration von Kindern mit Behinderungen in der Sekundarstufe I in Deutschland im Vergleich zu anderen Ländern erheblich erschwert: Die Selektionsfunktion von Schule wird in Deutschland prinzipiell gesellschaftlich akzeptiert (ausführlicher Schöler 1997).

Die fehlende Ganztagsbetreuung ist in Deutschland ein weiterer genereller Mangel des Schulsystems, auf den die Amerikaner 1946 ebenfalls bereits verwiesen hatten (vgl. Klafki 1971, S. 148). Im Zusammenhang mit der heutigen Diskussion um die Integration von Kindern und Jugendlichen mit Behinderungen stehen sehr viele Eltern vor der Alternative: Sonderschule mit Ganztagsbetreuung oder Regelschule mit unzuverlässiger Halbtagsbetreuung? Während der Grundschulzeit können die Familien – zumeist die Mütter – die Strukturmängel des Schulsystems noch ausgleichen, wenn sie Nachmittagskontakte für ihre Kinder organisieren. Für *Jugendliche* mit Behinderungen sind Nachmittagskontakte schwerer herstellbar. Eltern und Pädagogen nehmen diese Kontaktprobleme bei den Jugendlichen mit Behinderungen als Problem wahr. Mir erscheint es darüber hinaus wichtig, darauf zu verweisen, dass die Jugendlichen, welche nicht als »Behinderte« bezeichnet werden, im Alltag kaum Gelegenheiten haben, *verantwortungsvolle Beziehungen* zu Menschen zu entwickeln. Im selektiven Halbtagsschulsystem besteht noch heute der Mangel an Erfahrungsmöglichkeiten, welche von der amerikanischen Kommission 1946 festgestellt worden war: »Nirgends besteht die Möglichkeit eines gemeinsamen Schullebens *noch eine andere Stelle für eine breite Grundlage einer gemeinsamen kulturellen und sozialen Erfahrung wenigstens für diejenigen, die zu akademischer Spezialisierung und zu höheren Berufen übergehen*. Es ist augenscheinlich, dass das Erziehungssystem eines Landes die Grundlagen des Klassengeistes verstärken oder auch eine kulturelle Gemeinschaft aller Bürger aufbauen kann. Für eine demokratische Gesellschaft kommt nur die zweite Möglichkeit in Frage« (zitiert nach Klafki 1971, S. 151, Hervorhebung J. Sch.).

In Dänemark und in Italien ist *Ganztagsbetreuung* für die Dauer der Pflichtschulzeit als staatliches Angebot für alle Schülerinnen und Schüler gesichert. In Dänemark kann eine durchgängige Ganztagsbetreuung in der Schule als Regelfall angesehen werden. In Italien haben die Eltern ein Wahlrecht zwischen der Halbtagsklasse bis ca. 13 Uhr (»tempo normale«), einer »verlängerten Zeit« bis ca. 14.30 Uhr (»tempo prolungato«) oder einer vollen Ganztagsbetreuung bis ca. 16 Uhr (»tempo pieno«). Es ist durchaus möglich, dass an einer Schule Klassen mit diesen unterschiedlichen Organisationsformen anzutreffen sind. Wie viele Klassen welcher Organisationsform eingerichtet werden, wird Jahr für Jahr in Abhängigkeit von den Wünschen der Eltern festgelegt.

In der Sekundarstufe I wird die Ganztagsbetreuung in Italien zumeist in der Form organisiert, dass die Jugendlichen aus einem vielfältigen Angebot von unterrichtsbezogenen Kursen und Freizeitaktivitäten wählen können. Diese Nachmittagskurse haben eine geringere Frequenz – mit in der Regel acht bis 15 Schülern – als die Klassen am Vormittag. In Dänemark erfolgt die Organisation des Nachmittagsangebotes für Jugendliche zumeist in eigenen »Jugendschulen«. Grundlage der zuverlässigen Ganztagsbetreuung ist ein zuverlässiges Vertretungslehrersystem.[1]

Geringe *Klassenfrequenzen* als Regelfall, bereits unabhängig von der Tatsache der Anwesenheit eines Kindes mit besonderem Förderbedarf, ist eine wesentliche Voraussetzung für die gemeinsame Erziehung von behinderten und nichtbehinderten Kindern. Oder anders formuliert: Allein die Tatsache, dass in der Bundesrepublik Deutschland relativ hohe Klassenfrequenzen der Regelfall sind, lässt die Frequenzsenkung im Zusammenhang mit integrativem Unterricht als relativ kostenaufwändig erscheinen.

In Italien ist die Klassenfrequenz für die gesamte Pflichtschulzeit *gesetzlich* auf 25, in Dänemark auf 28 Schülerinnen und Schüler begrenzt. Bei höherer Schüleranzahl *muss* die Klasse geteilt werden. Die Durchschnittsfrequenzen liegen in beiden Ländern bei ca. 17 Schülerinnen und Schülern.[2] Aus Gesprächen mit Kollegen aus Universitäten und den Bildungsministerien sowie mit Eltern aus beiden Ländern weiß ich, dass es bei kurzfristig notwendig erscheinenden Einsparmaßnahmen politisch sehr schwer durchzusetzen wäre, die Erhöhung der *gesetzlich festgelegten* Klassenfrequenzen in den Schulen als kostensenkenden Faktor anzuwenden. Dies sei – trotz angespannter Finanzlage – in den vergangenen zwanzig Jahren nicht versucht worden. Der Kollege Gastone Tassinari, Professor für vergleichende Erziehungswissenschaft an der Universität Florenz, antwortete auf meine Frage nach möglichen Klassenfrequenzerhöhungen in Italien: »Die Politiker in Italien wissen genau, wenn sie bei den Kindern anfangen wollen zu sparen, dass dann ihre Karriere als Politiker hochgradig gefährdet wäre«[3].

Die *Lehrerbildung* ist in beiden Ländern sehr unterschiedlich und unterscheidet sich auch in wesentlichen Faktoren von der Ausbildung in Deutschland. In unserem hier interessierenden Zusammenhang ist wichtig, dass es eine grundständige Sonderschullehrerausbildung nicht gibt. Die notwendigen Qualifikationen für den Unterricht mit Behinderten werden durch Zusatzausbildungen erworben. Alle Lehrerinnen und Lehrer müssen sich darauf einstellen, auch Kinder und Jugendliche mit Behinderungen zu unterrichten. *Zusatzausbildungen für das Unterrichten von Kindern mit besonderem Förderbedarf führen nicht zu höherer Bezahlung oder geringerer Unterrichtsverpflichtung.*

1 Zur Organisation des Vertretungssystems vgl. Kauermann 1996.

2 Diese geringen Klassenfrenquenzen galten in beiden Ländern bereits in den 70er-Jahren; für Italien vgl. Arnold 1981, für Dänemark beziehe ich mich auf mündliche Informationen von Dänen.

3 Äußerung in einem Gespräch im September 1996. Insgesamt muss beachtet werden, dass die öffentlichen Ausgaben für Erziehung in Italien ca. 12% über denen in Deutschland liegen (bei deutlich geringeren Lehrergehältern in Italien), und in Dänemark – bei mit Deutschland vergleichbarer Lehrerbesoldung – um 60% höher. (Vgl. OECD-Statistik von 1992, S. 41, eigene vergleichende Berechnung.)

Zusammenfassend ist festzustellen, dass aufgrund der allgemeinen Rahmenbedingungen der schulischen Erziehung in Dänemark und Italien nur relativ wenige zusätzliche Maßnahmen bedacht werden müssen, wenn Kinder besondere Lernbedürfnisse haben.

Wer im Zusammenhang mit der Einrichtung von Integrationsklassen in der Sekundarstufe I die Diskussionen in Deutschland über die Absenkung der Klassenfrequenzen, die Zuweisung von Lehrerstunden, die Ganztagsbetreuung, die Ziffernzensuren oder die Berücksichtigung unterschiedlicher Rahmenpläne kennt, dem wird im Vergleich zu den hier dargestellten Ländern bewusst: *Die meisten Probleme gehen nicht von den Kindern mit Behinderungen aus. Vielmehr liegen die größten Behinderungen für die gemeinsame Erziehung aller Kinder in der nichtdemokratischen Struktur des deutschen Schulsystems.* (Ausführlicher siehe hierzu Evers 1993.)

Spezielle Regelungen zur gemeinsamen Erziehung in Dänemark und Italien

Spezielle Regelungen für Kinder und Jugendliche mit besonderen Lernbedürfnissen sind bei den oben skizzierten allgemeinen Rahmenbedingungen nur noch in einem sehr geringen Maße notwendig. In beiden Ländern sind diese aufgrund der knapp zwanzigjährigen Erfahrungen in jeweils einem umfassenden Gesetz zusammengefasst worden: für Dänemark 1990 und für Italien 1992. Auf die Details dieser gesetzlichen Regelungen gehe ich hier nicht ein (vgl. ausführlicher Schöler 1996a).

Beim Vergleich der Gesetzgebungen dieser beiden Länder muss beachtet werden: Italien hat 1992 ein umfassendes Gesetz formuliert, welches die besonderen Ansprüche von Menschen mit Behinderungen in allen Lebenslagen und auf allen Altersstufen in 42 Artikeln regelt; hierbei ist der Bereich der schulischen Integration ein Aspekt, dem insgesamt fünf Artikel gewidmet sind.[1]

Das dänische Gesetz von 1992 regelt nur für den Bereich der Schule alle Aspekte, welche für Schüler beachtet werden müssen, *deren Entwicklung einer besonderen Rücksichtnahme oder Unterstützung bedarf.* Der Begriff *Behinderung* ist in diesem Text nicht zu finden; ausdrücklich werden »Formen der Kategorisierung« – auch durch den Sprachgebrauch – abgelehnt.

Ich gehe im Folgenden nur auf vier Bereiche ein, die bei Anwesenheit eines Kindes mit besonderen Bedürfnissen in der Schule in Dänemark und in Italien geregelt werden:

1 Daneben wurden Ansprüche für Menschen mit Behinderungen festgelegt, z.B. für die Finanzierung von Kuren, die Berufsausbildung, die Arbeitsplatzsicherung oder die Beseitigung von architektonischen Hindernissen.

- auf die Entscheidungskompetenzen und die Bewilligungspraxis von zusätzlichem Betreuungs- und Lehrpersonal;
- auf die Senkung der Klassenfrequenzen;
- auf die Finanzierung und
- auf den Übergang in die weiterführenden Schulen oder die Arbeitswelt.

Daneben hat für die Sekundarstufe I die Praxis der Leistungsbewertung eine besondere Bedeutung (vgl. mein Beitrag in diesem Band).

Zu den Entscheidungskompetenzen und der Bewilligungspraxis von zusätzlichem Betreuungs- und Lehrpersonal

In *Dänemark* wird auf Antrag der Eltern oder der unterrichtenden Lehrerinnen und Lehrer von einem »Pädagogisch-psychologischen Beratungsbüro« der Vorschlag für die staatliche zu finanzierende »Spezialpädagogische Unterstützung« ausgearbeitet und anschließend den Eltern und dem Schulleiter vorgelegt. Gegen den Willen der Eltern darf nur in seltenen Ausnahmefällen und nur auf eine begrenzte Zeit ein Spezialunterricht durchgeführt werden. In dem Pädagogisch-psychologischen Beratungsbüro arbeiten Lehrerinnen und Lehrer mit Unterrichtserfahrungen und einem Zusatzstudium in Psychologie. Die formalen Entscheidungen über die zu treffenden Maßnahmen trifft der Schulleiter bzw. die Schulleiterin. Der so genannte »Spezialpädagogische Beistand« wird häufig nur für eine begrenzte Zeit beschlossen. Berechnet auf die gesamte Pflichtschulzeit erhielten 12,8% aller Schülerinnen und Schüler im Schuljahr 1991/92 eine solche Unterstützung; der größte Anteil liegt zwischen dem 3. und 7. Schuljahr.[1]

In Italien wird von den »Ambulatorien« der staatlichen Sozial-Medizinischen Dienste (»Unità Sanitarie Locale«) das Gutachten darüber ausgestellt, ob Kinder als »bambini con certificato« anerkannt werden.[2] Dieses Gutachten (»certificato«) berechtigt die Schule, bei der staatlichen Schulverwaltung zusätzliche Ressourcen zu beantragen. Alle Entscheidungskompetenzen liegen danach bei der Schulleitung. *Lern- und Verhaltensschwierigkeiten führen in der Regel in Italien nicht dazu, dass ein Schüler oder eine Schülerin den »Gutachtenstatus« erhält.*

1 Für die Einschätzung derartiger statistischer Vergleiche ist es unabdingbar, die konkreten Grundlagen für derartige Erhebungen zu kennen. Während in Dänemark der spezialpädagogische Beistand statistisch erfasst wird, auch wenn er nur vorübergehender Art ist, wird in Schweden – ähnlich wie in Italien – nur der langfristige besondere Bedarf statistisch erhoben. Deshalb gibt die OECD-Statistik für Schweden einen Wert von 1,6% und für Dänemark von knapp 13% an (OECD 1995, S. 42 und 44).

2 Zum Verfahren dieser Begutachtung vgl. Schumann 1987.

Senkung der Klassenfrequenz

Sie ist in *Italien* rechtlich sehr formal festgelegt: Sobald ein Kind mit Behinderung in der Klasse ist, darf die Klassenfrequenz nicht höher als 20 Kinder pro Klasse sein. Nach dem Gesetz dürfen nicht mehr als vier Kinder mit Behinderungen in der Klasse sein, faktisch sind es meist nicht mehr als zwei.

Vergleichbare formale Regelungen gibt es in *Dänemark* nicht. Jeder Einzelfall muss in seinen spezifischen Bedürfnissen berücksichtigt werden. Im Gesetz von 1990 wird ausdrücklich darauf verwiesen, dass jegliche Form der Kategorisierung vermieden werden soll. Das pädagogisch-psychologische Beratungsbüro bezieht in seinen Vorschlag auch ein, wie hoch die Klassenfrequenz für die Unterrichtung des einzelnen Kindes sein sollte, über dessen schulische Förderung entschieden wird.

Finanzierung

In beiden Ländern ist es keine Frage, dass die für die gemeinsame Erziehung notwendigen finanziellen Mittel zur Verfügung gestellt werden müssen. Interessant ist, mit welchen Regelungen eine Art Finanzausgleich bereits bei der gesetzlichen Regelung bedacht wurde.

In Dänemark muss für die notwendige Finanzierung die Kommune sorgen. Das Gesetz des Unterrichts- und Forschungsministeriums von 1990 legt sogar fest, dass für eine *möglicherweise* notwendig werdende Finanzierung von Spezialunterricht finanzielle Reserven geschaffen werden müssen: »Im Laufe des Schuljahres kann ein Bedarf an Spezialunterrichtsstunden entstehen, der über das Maß hinausgeht, das die einzelnen Schulen im Voraus erkennen konnten. Dies kann z.B. dadurch entstehen, dass im Laufe des Jahres zugezogene Schüler aufgenommen werden, die einen Bedarf an einer großen Anzahl von Spezialunterrichtsstunden haben. Da es auch in dieser Situation gesichert sein muss, dass Schüler mit einem dokumentierten Bedarf an Spezialunterricht in jedem Falle ihren Bedarf in erforderlichem Maße gedeckt bekommen, ist zu empfehlen, dass die Gemeinden bei der dezentralen Regelung eine besondere Bewilligung festlegen, um solchen außergewöhnlichen Situationen gewachsen zu sein« (Dänemark, Anleitung ..., § 3, Abs. 9).

Wenn in besonderen Fällen wegen der Schwere oder der Art der Behinderung überdurchschnittlich hohe Kosten über einen langen Zeitraum zu erwarten sind, dann wendet sich die Kommune an den Kreisrat und kann von dort zusätzliche finanzielle Mittel beantragen.

In Italien muss die staatliche Schulverwaltung (das heißt die Zentralverwaltung in Rom) sämtliche Mehrkosten tragen, die sich aus der Frequenzsenkung ergeben und daraus, dass für die Phase der Integration in der Sekundarschule (6.–8. Klasse) in der Regel neun Lehrerstunden zusätzlich für ein Kind mit einem »certificato« als notwendig angesehen werden. Dies bedeutet bei der Lehrverpflichtung italienischer Mittelschullehrer eine halbe Lehrerstelle.

Wenn der Vorschlag der »Sanitätsdienste« und die Planungen der Lehrer nachweisen, dass diese Lehrerstunden nicht ausreichen, dann muss die Kommune zusätzliches Lehr- oder Betreuungspersonal finanzieren. Für schwerer behinderte Kinder steht in der Sekundarstufe in der Regel zusätzlich zu der Regel-Personalausstattung eine volle zusätzliche »kommunale Lehrerstelle« (im Allgemeinen mit 24 Wochenstunden)[1] und eine halbe »staatliche Lehrerstelle« mit neun Wochenstunden zur Verfügung. Reichen diese Stunden bei Ganztagsbetreuung und für notwendige Begleitung auf dem Schulweg oder für gemeinsame Wochenendaktivitäten nicht aus, kann auf die »freiwilligen sozialen Dienste« zurückgegriffen werden (vgl. Martinelli 1996).

Übergang in die weiterführenden Schulen und in die Arbeitswelt

Die beiden *entscheidenden Unterschiede* in Bezug auf die gemeinsame Erziehung von behinderten und nichtbehinderten Jugendlichen *in der Sekundarstufe I* zwischen Deutschland einerseits und Italien und den skandinavischen Ländern andererseits sind nach meiner Einschätzung die Tatsachen, dass

- der Abschluss der Pflichtschule in jenen Ländern *nicht mit unterschiedlichen Berechtigungsfunktionen* verbunden ist und
- während der Pflichtschulzeit keine Formen äußerer Differenzierung vorgesehen sind, die mit unserem deutschen Fachleistungssystem der Gesamtschulen oder mit abschlussrelevanten Fächerwahlen im Wahlpflichtbereich vergleichbar wären.

Die meisten Schülerinnen und Schüler in Dänemark und in Italien besuchen nach der Pflichtschulzeit eine weiterführende Schule, in der eine Berufsqualifikation erworben wird. Ein duales Berufsausbildungssystem gibt es in diesen Ländern nicht.

Insbesondere für Jugendliche mit Behinderungen ist wichtig: *Nicht ein privater Arbeitgeber entscheidet* über die Möglichkeiten eines weitergehenden Schulbesuchs und einer Zusatzqualifikation, die für eine Arbeitstätigkeit geeignet ist, sondern *allein das staatliche Schulsystem.* In Italien sind die weiterführenden Schulen seit 1992 verpflichtet, Jugendliche mit Behinderungen aufzunehmen und dort auch nach abweichenden Lernzielen zu unterrichten.[2]

1 Die Lehrverpflichtung beträgt für alle staatlichen Lehrkräfte der Sekundarstufe (6.–13. Schuljahr) 18 Wochenstunden, für Grundschullehrer/innen (1.–5. Schuljahr) und für die kommunal angestellten Lehrkräfte 24 Wochenstunden. Hieraus ergibt sich, dass im Zusammenhang mit der Integration von Schülern mit schweren Behinderungen in der Sekundarstufe Lehrkräfte zusammenarbeiten, die sehr unterschiedliche Arbeitsbelastung und verschiedene Arbeitgeber haben. Dies gilt allerdings nur für diejenigen Jugendlichen, die einen hohen Pflegebedarf haben.

2 Vgl. Beispiele in Schöler 1996b, S. 147–161.

In beiden Ländern gibt es vielfältige Erfahrungen mit der begleitenden Unterstützung von Jugendlichen mit Behinderungen an normalen Arbeitsplätzen.

Zusammenfassend und abschließend soll betont werden, dass die Akzeptanz von Verschiedenheiten innerhalb des staatlichen Pflichtschulsystems in denjenigen Ländern groß ist, die im Gegensatz zu Deutschland *allen* Kindern eine relativ lange Bildungsphase ohne Selektion gewähren.

Literatur

Arnold, E.: Unterricht und Erziehung im italienischen Bildungswesen. Weinheim und Basel 1981.

Dänemark: Das Unterrichts- und Forschungsministerium: »Bekanntmachung zum Spezialunterricht« vom 16. Juli 1990 und »Anleitung zum Beitrag der Regelschule für Schüler, deren Entwicklung eine besondere Rücksichtnahme oder Unterstützung bedarf«, vom 16. Juli 1990.

Evers, C.-H.: »Wir sind das Volk« – Deutschlands nichtdemokratische Schulstrukturen. In: Jahrbuch für Pädagogik 1993. Öffentliche Pädagogik vor der Jahrhundertwende: Herausforderungen, Widersprüche, Perspektiven. Frankfurt a.M. u.a. 1993, S. 15–27.

Gaude, P.: Hat die Gesamtschule das traditionelle Schulsystem verändert? In: Gudjons, H./Köpke, A. (Hrsg.): 25 Jahre Gesamtschule in der Bundesrepublik Deutschland. Bad Heilbrunn 1996, S. 84–100.

»Getting there«, Zeitschrift der Internationalen Liga von Gesellschaften für Menschen mit geistiger Behinderung, Heft 5, 1995.

Hansen, R./Rolff, H.-G.: Abgeschwächte Auslese und verschärfter Wettbewerb – Neuere Entwicklungen in den Sekundarschulen. In: Rolff, H.-G./Bauer, K.-O./Klemm, K./Pfeiffer, H. (Hrsg.): Jahrbuch der Schulentwicklung, Band 6. Weinheim/München 1990, S. 45–79.

Hug, R. (Hrsg.): Integration in der Schule der 10- bis 14jährigen. Innsbruck 1994.

Italien: Der Präsident der Republik: »Rahmengesetz über die Betreuung, die soziale Integration und die Rechte der Behinderten« vom 5. Februar 1992. (Übersetzung: Gertrud Zöschg; hrsg. vom Landesverband Lebenshilfe. Bozen o.J.).

Jülich, M.: Schulische Integration in den USA. Bisherige Erfahrungen bei der Umsetzung des Bundesgesetzes »Public Law 94–142« – dargestellt anhand einer Analyse der »Annual Reports to Congress«. Bad Heilbrunn 1996.

Kauermann, N.: »Il sistema delle supplenze« – Warum fällt der Unterricht (nicht) aus? In: Schöler, J. (Hrsg.): »Italienische Verhältnisse« Teil II. Menschen mit Behinderungen auf dem Weg von der Schule in die Arbeitswelt. Berlin 1996, S. 103–108.

Klafki, W.: Restaurative Schulpolitik 1945–1950 in Westdeutschland. Das Beispiel Bayern. In: Oppolzer, S. unter Mitwirkung von Lassahn, R. (Hrsg.): Erziehungswissenschaft zwischen Herkunft und Zukunft der Gesellschaft. Wuppertal/Ratingen 1971.

Lillestoelen, R.: Integration in der norwegischen Schule. In: Hinz, A./Wocken, H. (Hrsg.): Gemeinsam leben – gemeinsam lernen beim Hamburger Integrationszirkus. Hamburg 1987, S. 142–147.

Martinelli, C.: »Volontariato« – Freiwillige Tätigkeit. In: Schöler, J. (Hrsg.) 1996b, S. 96–102.

Mettauer, B.: Die Integrationspolitik im australischen Staat Victoria: Fördernde Lernbedingungen für Kinder mit und ohne Schulschwierigkeiten. In: Vierteljahresschrift für Heilpädagogik und ihre Nachbargebiete. 62. Jg., Heft 2, 1993, S. 171–188.

Myschker, Norbert: Integration in Australien. In: Sonderpädagogik in Berlin, Heft 4, 1995, S. 9–18.
OECD (Organisation for Economic Cooperation and Development): Education at a Glance, OECD-Indicators. Paris 1992.
OECD: Integrating Students with special Needs into Mainstream Schools. Paris 1995.
Rögilds, J.: Integration in Dänemark – eine Schule für alle. In: Hinz, A./Wocken, H. (Hrsg.), 1987, a.a.O., S. 148–154.
Rosenquist, Jerry: Integration Behinderter in Schweden. In: Hinz, A./Wocken, H. 1987, a.a.O., S. 155–162.
Salamanca-Erklärung: Pädagogik für besondere Bedürfnisse. Verabschiedet in Salamanca/Spanien am 10. Juni 1994. Hrsg. von der Österreichischen UNESCO-Kommission. Wien 1996.
Schöler, J. (Hrsg.): »Italienische Verhältnisse« – insbesondere in den Schulen von Florenz. Berlin 1987.
Schöler, J.: Gemeinsame Erziehung und gemeinsamer Unterricht in anderen Ländern. In: Heyer, P. u.a. (Hrsg.): Zehn Jahre wohnortnahe Integration. Behinderte und nichtbehinderte Kinder gemeinsam an ihrer Grundschule. Frankfurt a.M. 1993, S. 21–29.
Schöler, J.: Die schulische Integration von behinderten Kindern in Dänemark und Italien. In: Recht der Jugend und des Bildungswesens, Heft 2, 1996a, S. 207–216.
Schöler, J. (Hrsg.): »Italienische Verhältnisse« Teil II. Menschen mit Behinderungen auf dem Weg von der Schule in die Arbeitswelt. Berlin 1996b.
Schöler, J.: Integrative Förderung bei Kindern und Jugendlichen mit besonderen Bedürfnissen – ein Beitrag zu einem Bildungssystem ohne Selektion. In: Die neue Sonderschule, Heft 3, 1997, S. 225–233.
Schumann, M.: Die »Unità Sanitaria Locale« (USL) in Italien – orientiert an Bologna/Emilia Romagna. In: Schöler, J. (Hrsg.) 1987, a.a.O., S. 81–98.
Spudich, H.: Die Integration von Kindern mit Behinderungen an kanadischen Schulen. In: Der Sprachheilpädagoge. Vierteljahresschrift für Sprachgeschädigten- und Schwerhörigenpädagogik der österreichischen Gesellschaft für Sprachheilpädagogik. Heft 4, 1989, S. 35–50.

Manfred Claudi

Integrative Erfahrungen an einer Berliner Gesamtschule

Zum Verhältnis von äußerer und innerer Schulreform

Schulentwicklung vollzieht sich generell sowohl auf der Ebene der inneren als auch der äußeren Reformen. Zum einen schreibt die Gesellschaft, die das Bildungswesen eingerichtet hat, also der parlamentarisch verfasste Staat, per Gesetz oder Verordnung vor, wie Schule zu organisieren sei. Diese Strukturfestlegung umfasst die äußere Gliederung der Schule. Dabei wird festgelegt, welche Schultypen es gibt und welches Verhältnis diese zueinander haben. Entscheidungsträger sind im Wesentlichen die Parteien. Zur inneren Verfasstheit von Schule, die in den letzen Jahren stärker in den Vordergrund getreten ist, gehören die pädagogischen und didaktisch-methodischen Veränderungen von Schule. Die Träger dieser Reformen sind weniger Bildungspolitiker, sondern in erster Linie die Lehrerinnen und Lehrer und das weitere pädagogische Personal. Dazu gehören an Ganztagseinrichtungen die Erzieherinnen oder die Sozialpädagogen bzw. Sozialpädagoginnen. Eltern oder gar die Schüler haben dagegen wenig Einfluss. Werden sie einbezogen, haben sie sich diese Mitwirkung in aller Regel erkämpft – und das gilt ganz sicher bei der gemeinsamen Erziehung von Kindern mit und ohne Behinderungen.

Natürlich kann man innere und äußere Schulreformen nicht wirklich hart trennen. Es besteht ein dialektischer Zusammenhang, der an dieser Stelle nicht näher beleuchtet werden kann, der aber bei der integrativen Pädagogik ganz deutlich wird: Ohne Engagement der Lehrer[1] geht es nicht, ohne Vorgaben von Politik und Administration auch nicht – beide Seiten sind aufeinander angewiesen. Ich will mich zunächst äußeren Aspekten widmen, die für die integrative Gesamtschule von großer Bedeutung sind.

Äußere Struktur und Integration in einer Gesamtschule

Die KMK hat in ihrer 266. Sitzung im Dezember 1993 eine »Vereinbarung über die Schularten und Bildungsgänge im Sekundarbereich I« verabschiedet. Damit

1 Im Plural verzichte ich auf die sonst notwendige doppelte geschlechterbezogene Schreibweise.

wurden die Beschlüsse von 1982 ersetzt, die zur bundesweiten Anerkennung der Gesamtschulabschlüsse und zur Veränderung der Gesamtschulen geführt haben. Die damalige generelle Verpflichtung auf die äußere Fachleistungsdifferenzierung wurde von vielen als das Ende der genuinen Gesamtschulentwicklung beklagt; andere feierten sie als unverzichtbare Sicherung der Gesamtschule gegenüber dem herkömmlichen Schulsystem.

Mit dem neuen Orientierungsrahmen von 1993 sind einige frühere Beschränkungen gelockert worden. So sind z.B. nur zwei Leistungsniveaus zwingend vorgeschrieben, und auch die können in flexibler Form verwirklicht werden. Für die Integration Behinderter kann daher dieser neue »Orientierungsrahmen« eine bedeutende Rolle spielen. Er lässt ausdrücklich Ausnahmen »zur Erprobung besonderer pädagogischer Konzepte« zu. Wer wollte bestreiten, dass die gemeinsame Erziehung besonderer pädagogischer Konzepte bedarf? Leider macht in meinem Bundesland, in Berlin, die dortige neue Gesamtschulordnung wenig Gebrauch von solcher Flexiblität.

Die Differenzierung an der Gesamtschule zwischen Kernkurs, Wahlpflichtkurs und Leistungskursen ist ein sehr ausgeklügeltes System, das zu hohen Mobilitätsanforderungen aufseiten der Schüler führt. Deshalb ist die Stärkung des Klassenverbandes bei der Gesamtschulreform eine wichtige Forderung. Davon profitiert die gemeinsame Erziehung ungemein.

Die Forderung, möglichst wenige Fachlehrer in einer Integrationsklasse unterrichten zu lassen, damit personelle Beständigkeit für die Jugendlichen mit sonderpädagogischem Förderbedarf erreicht wird, ist eine weitere notwendige Forderung. Sie richtet sich an die Stundenplangestaltung. Deshalb zahlt es sich aus, wenn man die Kollegen, die den Stundenplan machen, für Integration gewinnt und überzeugt! Auch aus anderen Gründen ist es unbedingt wichtig, die Planbauer für gemeinsame Erziehung behinderter und nichtbehinderter Schüler zu gewinnen: Sonst kann die Doppelbesetzung bei hohem Krankenstand leicht als »Steinbruch« für Vertretungsmittel herhalten.

Für die gemeinsame Erziehung sind nun einige Grundüberlegungen vorzunehmen, wie mit der Differenzierung umzugehen ist.

Es ist nicht zwingend, dass »zieldifferent« unterrichtete Kinder in die unteren (GA-)Kurse müssen. Denn auch dort werden sie nach einem abweichenden Lehrplan unterrichtet – ebenso wie in den höheren (FE-)Kursen[1]. Vielleicht sind die FE-Kurse personell sogar eher günstiger für den Jugendlichen mit sonderpädagogischem Förderbedarf zusammengesetzt, sodass eine Beschulung an diesem pädagogischen Ort sinnvoller ist. Das muss im Einzelfall geklärt werden, sollte aber möglich sein.

1 FE und GA sind die Berliner Bezeichnungen für die vier ursprünglichen Leistungsniveaus innerhalb der äußeren Differenzierung in Gesamtschulen. Inzwischen werden F und G bzw. G und A oft häufig zum »höheren« bzw. niedrigeren« Leistungsniveau zusammengefasst. Es kann jedoch auch drei oder gar vier Leistungsniveaus geben.

Wählt ein Schüler oder eine Schülerin mit sonderpädagogischem Förderbedarf sein oder ihr Neigungsfach im Wahlpflichtbereich, so verliert es vielleicht die vertraute Gruppe und den vertrauten Lehrer. Hier muss bei der Wahl also mehr als nur die Neigung entscheiden. Eine generelle Lösung kann es dabei nicht geben; jeder Einzelfall ist zwischen Lehrern, Jugendlichen und ihren Eltern auszuhandeln.

Die gemeinsame Erziehung braucht *kleine, überschaubare Handlungseinheiten*. Sie lassen sich auch an großen Schulen verwirklichen, weil die »Mammut«-Jahrgänge in »Halbjahrgänge« unterteilt werden können, wie dies an unserer Schule geschieht. Dort ist dann die pädagogische Heimat zu entwickeln. Dies geht umso leichter, wenn auch räumliche Voraussetzungen dafür geschaffen werden. Für uns ist es heute selbstverständlich, dass die Klassen oder Kerngruppen eigene Räume haben. Dies war nicht immer so: Früher gingen die Schüler zu den Lehrern in den Fachräumen. Heute kommen in der Regel die Lehrer zu den Schülern in die Klassenräume.

Ist *Ganztagsbetreuung* für die gemeinsame Erziehung zwingend? In Berlin ist die integrierte Gesamtschule zum überwiegenden Teil als Ganztagsschule konzipiert. Allerdings ist dies teilweise eingeschränkt worden, weil dieses Modell für die Berliner Haushaltslage zu teuer geworden ist. Heute werden nur noch Schulen nach dem Modell des »offenen Ganztags«[1] zugelassen. In aller Regel sind die Mitarbeiterinnen und Mitarbeiter des Ganztagsbetriebes schon jetzt an den Grenzen ihrer Belastung angelangt, sodass man durch sie nicht unbedingt eine Entlastung für die gemeinsame Erziehung erwarten kann. In manchen Fällen ist das Verhältnis zwischen den Berufsgruppen der Lehrer und Sozialpädagogen gespannt; auch das wirkt sich nicht positiv auf gemeinsame Erziehung aus. Der Ganztagsbetrieb bringt also oft nur punktuell eine Erleichterung für die gemeinsame Erziehung.

Innere Entwicklung

Im Folgenden sollen jene Formen der inneren Strukturen, Organisationsformen und pädagogischen Ansätze der Gesamtschule erörtert werden, die für die gemeinsame Erziehung von Bedeutung sind.

- *Klassenführung und Schulsozialarbeit*
  Klassenführung bedeutet mehr als nur das Ausfüllen von Listen und die Verabredung des Treffpunktes für den nächsten Wandertag. Von den Klassenlehrern wird ein Stück Schulsozialarbeit erwartet. Dies war auch immer

1 »Offener Ganztagsbetrieb« bedeutet Halbierung des Ganztagszuschlags an Lehrerstunden und Halbierung des Personals im Freizeitbereich. Für den »gebundenen Ganztagsbetrieb« gibt es dagegen eine Erzieherstelle für je 100 Schüler und 5 Lehrerstunden pro Woche und Klasse.

die Rollendefinition von Klassenlehrern in reformorientierten pädagogischen Schulen, egal in welcher Schulart. Klassenlehrer sind im gegliederten System am deutlichsten in der Hauptschule vertreten. In der Gesamtschule wurden sie in den letzten Jahren wieder entdeckt. Nur wenn die Klassenführung sozialpädagogisch begriffen wird, kann man die Kinder mit sonderpädagogischem Förderbedarf wirklich integrieren. Es reicht auf keinen Fall, die Arbeitsbögen so differenziert zu haben, dass alle Binnenniveaus der Leistung erreicht werden. Das ist notwendig, aber nicht hinreichend! Der ganze Bereich des außerunterrichtlichen Kontaktes, und das sind im Ganztagsbetrieb eine ganze Reihe von Stunden in der Schule, muss von den Lehrerteams mit berücksichtigt werden – ohne alle Jugendlichen permanent »pädagogisieren« zu wollen. Gut, wenn dann noch ausgebildete Sozialpädagogen – und zwar, hier ist es besonders wichtig zu betonen, sowohl Frauen wie Männer – dabei sind. Auch das Leben vor und nach der Schule (also außerhalb) hat in vielen Fällen seinen Bezug in der Schule. So zum Beispiel die Frage, wer kommt zum nächsten Geburtstag nach Hause? Welche meiner Mitschülerinnen und Mitschüler ist bei Freizeitaktivitäten dabei? Auch später, am Ende des Weges durch die Oberschule, ist mit den Eltern und anderen Institutionen (z.B. Arbeitsamt) ein Weg in Ausbildung oder Beruf zu finden. Auch hier sind die Klassenlehrer gefragt.

- *Binnendifferenzierung*
  Ein entscheidenden Punkt bei der inneren Reform der Schule und der Durchführung von gemeinsamer Erziehung ist die *Binnendifferenzierung*. In der Grundschule ist diese Unterrichtsform weit verbreitet, auch wenn sie nicht flächendeckend anzutreffen ist. In der Oberschule trifft man sie eher selten. Selbst mancher Schulrat glaubt, dass diese Methode an der Oberschule gar nicht funktionieren *kann* und dort nichts zu suchen hat. Dennoch müssen didaktische Strukturen geschaffen werden, die es nicht der »Nettigkeit« einer Lehrkraft überlassen, ob der Unterricht »gut« oder weniger gut differenziert ist. »Manche Lehrer haben auf manche Kinder glücklicherweise einen guten Einfluss. Aber daraus kann ich doch keine Theorie des Lehrerseins machen!« (Giesecke 1996, S. 15) Und in der Tat: Von alleine setzt sich die binnendifferenzierende Methode im Fachunterricht nicht durch; da sie anfangs mit erheblichem Mehraufwand an Vorbereitungsarbeit verbunden ist, steht dies für viele Kollegen im Vordergrund. Dabei wird oft ihr Erfolg bei der Schulzufriedenheit und den Leistungen der Schüler gar nicht mehr wahrgenommen.
  Wie also lässt sich Binnendifferenzierung umsetzen? Es gibt unterschiedliche Möglichkeiten:

- *Das Team-Kleingruppen-Modell (TKM)*
  Es schien lange Zeit das Wundermittel der Gesamtschulreform zu sein. Gleichzeitig war der Begriff ideologisch stark besetzt: Reformwillige Kolle-

gien schwärmten in den 70er- und frühen 80er-Jahren in den integrierten Gesamtschulen davon: Wenn man sie doch endlich ließe!
TKM bedeutet (vgl. Ratzki 1996), dass konstante Teams von Lehrern den Jahrgang unterrichten und betreuen, und zwar von Klasse 7 bis 10. Erzieherische Kontinuität ist also ein wichtiges Prinzip. Die Schüler sind zwar auch in Klassen organisiert, aber hervorragendes Merkmal sind die leistungsgemischten Kleingruppen (Tischgruppen), in denen das Lernen organisiert ist. Diese Organisation erleichtert gegenseitige Hilfe und die Durchführung von Projekten, die dann in sich wieder binnendifferenziert durchgeführt werden können.

- *Handlungsorientierter Unterricht*
  Gemeint ist hier, die Mädchen und Jungen so in das Unterrichtsgeschehen einzubeziehen, dass sie selbst tätig werden. Sie sollen also nicht passiv rezipieren und dann auswendig lernen, sondern »selbst entdeckend lernen« (»learning by doing«), um das so erworbenen Wissen auch wieder in ihrem Handeln innerhalb und außerhalb der Schule anwenden zu können.

- *Projektorientierter Unterricht*
  Er wird in der Regel als Gruppenunterricht organisiert. Man erkennt dies leicht an der Gestaltung des Klassenraums: Die Tische sind in Gruppen aufgestellt. Bei der Einführung entsteht oft ein »Kampf« zwischen den verschiedenen Konzepten von Tischgruppenarbeit, der sich gelegentlich sogar in stundenweisem Wechsel der Tischordnung niederschlägt. Die Unterrichtsinhalte werden im projektorientierten Unterricht global auf ein Projekt hin organisiert und nicht in einzelne 45-Minuten-Fächer aufgeteilt. Der Unterrichtsgegenstand wird – wie in der realen Welt – in seiner verwirrenden Ganzheit den Schüler/innen zur Bearbeitung geöffnet und aus unterschiedlichen Gesichtspunkten bearbeitet. Schüler mit Behinderungen können *ihre* Fragen und *ihre* Lernwege genauso einbringen wie die Schnelllerner und Nichtbehinderten.
  Von Kritikern wird gerne eingewandt, dass dabei strukturiertes Lernen verloren geht. Die (gemeinsamen) Lernergebnisse müssen daher gemeinsam gesichert werden.

- *Der Frontalunterricht*
  Er ist theoretisch sehr verpönt, in der Praxis aber am häufigsten anzutreffen. Er muss genauso differenziert betrachtet werden wie die übrigen Lernformen. Wird Frontalunterricht zum *alleinigen Weg* , ist er nicht effektiv. Als einer von mehreren Wegen hat er aber auch Vorteile: Inhalte können schnell und zielgleich erarbeitet werden. Die »Disziplin« ist leichter zu gewährleisten. Die Lehrkraft hat alle Fäden kontrollierend in der Hand. Wenn dies nicht »missbraucht« wird, kann es manchmal Vorteile bringen. Kinder und Jugendliche können sich schnell an für sie übersichtliche Strukturen gewöh-

nen; das kann in bestimmten Situationen Entlastung bringen, z.B. wenn sonst in einer Gruppe erst lange Rangordnungskämpfe ausgetragen werden müssen. Auch kann bei einer Doppelbesetzung ein Teil der Lerngruppe frontal unterrichtet werden, ein anderer Teil kann zugleich in einer anderen Lernform arbeiten.
Wenn eine Unterrichtsform absolut genommen wird, kommt es sehr leicht zu dogmatischen Verformungen, wobei die anderen Unterrichtsformen dann leicht als »minderwertig« klassifiziert werden.
Deswegen plädiere ich für eine Mischung der Unterrichtsformen, die den Lehrpersonen und den Schülern angemessen ist; Mischungen haben vermutlich den größten Lernzuwachs für alle.

- *Auf dem Weg zur Teamarbeit*
  Bei einem Teil des Unterrichts in Integrationsklassen wird immer auch in der Sekundarschule im Zweilehrersystem gearbeitet. Dabei handelt sich bei einer der beiden Lehrpersonen meist um eine sonderpädagogisch ausgebildete Kraft. Zuweilen werden diese Lehrer aber nicht für den allgemeinen Unterricht eingesetzt, sondern für besondere Aufgaben und Kleingruppenarbeit außerhalb des Unterrichts, zuweilen auf Wunsch der Sonderpädagogen selbst. Zwar ist der Wunsch, nicht mit Unterricht »behelligt« zu werden, verständlich, aber etwa der Einsatz nur für Diagnostik und Beratung bringt nicht genügend Effizienz für die gemeinsame Erziehung. Von den unterrichtenden Lehrern wird dies darüber hinaus als nicht gerecht angesehen und belastet die notwendige Kooperation. Daher sollte meines Erachtens bei der Doppelbesetzung darauf geachtet werden, dass im Rahmen der Fachkompetenz der Unterricht von beiden Teamern gleichberechtigt vorbereitet und durchgeführt wird. Beide Lehrerkräfte sollten für *alle* Kinder verantwortlich sein, wenn auch nicht immer gleichzeitig. Um dabei Unterricht in seiner wie oben beschriebenen Methodenvielfalt binnendifferenziert zu planen und durchzuführen, kommt man an Teamarbeit nicht vorbei, schon weil die Kinder verlässliche und überschaubare Strukturen im Unterricht benötigen – dies umso mehr, desto stärker das Lerntempo auseinander fällt.
  Damit die Teams auch über Jahre hin arbeitsfähig sind, muss auf die Teamstruktur geachtet werden – und das ist oft ohne Hilfe von außen nicht möglich. Eine solche Hilfe kann die Schulleitung, auch wenn sie gruppendynamisch erfahren ist, nur begrenzt sein. Die Rolle der Schulpsychologie wäre an dieser Stelle neu zu überdenken. Auch externe Fortbildungsmöglichkeiten sollten verstärkt organisiert (und nicht nur angeboten) werden. *Supervision und Evaluation* müssen Eingang in den – nicht nur integrationspädagogischen – Schulalltag finden.

- *Beratung von Außen für die Teamarbeit*
  Eine Gruppe von Lehrerinnen und Lehrern, auch wenn sie einen engen Arbeitszusammenhang hat, ist erst einmal eine Ansammlung von »Einzel-

kämpfern«. Dazu werden Lehrer von der Ausbildung an konsequent erzogen. Einzelkämpfertum wird von den meisten so verinnerlicht, dass es gar nicht mehr bemerkt wird. Aus solchen Vorerfahrungen und Einstellungen Teams zu entwickeln ist eine große Aufgabe, die nicht immer ohne Hilfe gelingt.

»Vor allem brauchen (die Lehrer) Teamarbeit, damit sie nicht mehr als Einzelkämpfer alles, was sie erleben, für sich behalten und ihre Probleme verleugnen müssen!« (Ratzki in Giseke u.a. 1996, S. 10) Beginnt man in einer Schule auf freiwilliger Angebotsbasis, kann es passieren, dass die Angebote zur Gruppenarbeit nicht angenommen werden. Beginnt man »per Dienstanweisung«, hat man auch wenig Chancen, weil dann hierarchische Strukturen der Schule in gruppendynamische Prozesse eingreifen und diese blockieren können.

Am Besten gehen einzelne Kollegen mit überzeugendem Beispiel voran; sie könnten gleichsam Inseln bilden, die dann, wenn sie erfolgreich sind, »vernetzt« werden und andere motivieren. Erfolgreich sind sie aber in den Augen skeptischer Kollegen nur, wenn *auf zwei Ebenen Erfolg sichtbar* wird: Lernerfolg auch bei »schwierigen« Schülern und Gruppen und in der persönlichen Input-output-Bilanz. Das heißt, dass die Lehrer subjektiv eine Erleichterung durch das Team verspüren müssen, sonst wird Kooperation als zusätzliches Problem erfahren und nicht als Problemlösungsstrategie!

Binnendifferenzierung, Teamarbeit und externe Beratung (z.B. Supervision) bzw. Fortbildung sind also die wichtigsten Voraussetzungen erfolgreicher integrativer innerer Reform.

Die Lina-Morgenstern-Oberschule in Berlin-Kreuzberg, die es mit gemeinsamer Erziehung versucht

Im Folgenden stelle ich eine Schule dar, die versucht, sich auf den beschriebenen Weg zu machen.

Die Gesamtschule ist 1994 nach zehnjährigem Ringen zwischen dem Stadtbezirk Kreuzberg und der Landesregierung gegründet worden. Sie ist eine Gesamtschule ohne gymnasiale Oberstufe, umfasst also die Jahrgänge 7 bis 10. Sie ist im Prinzip nach den Regeln der offiziellen »Ausführungsvorschrift Gesamtschule« organisiert. Es ist also keine »Orchideenschule«, wie dies mitunter abfällig in der Sprache der Schulverwaltung heißt. Entwicklung und Probleme sollen im Folgenden knapp geschildert werden.

- *Das Profil der Schule*
  Die Schule hat drei Schwerpunkte: die Integration Behinderter, PCs im Fachunterricht bzw. verstärkte informationstechnische Grundbildung (ITG) und Ganztagsbetrieb. Sie ist zurzeit vierzügig; sie hat pro Jahrgang zwei

Klassen mit und zwei Klassen ohne Integration. Im 7. Jahrgang wird ITG verstärkt unterrichtet. In diesem Zusammenhang beteiligt sich die Schule am Bund-Länder-Kommissions-Schulversuch »Schule in erweiterter Verantwortung«, der vom Deutschen Institut für Pädagogische Forschung (DIPF) betreut wird. Im Wahlpflicht-Bereich »Zweite Fremdsprache« bietet die Schule »Türkisch« an, auch für deutsche Kinder.

- *Der Integrationsschwerpunkt*
  Schulgremien, Eltern, Bezirk – alle wollen gemeinsame Erziehung – und dennoch gibt es auch Probleme. Alle Gremien der Schule haben diesem Konzept mit überwältigender Mehrheit zugestimmt. Neue Lehrerkräfte, die in der Gründungsphase zur Schule kamen, haben dieses Konzept zur Kenntnis genommen und zugestimmt. Trotzdem ergeben sich im Alltag Widersprüche: Nicht alle Kollegen haben sich innerlich mit der Problematik der Integration wirklich beschäftigt, einige sind in erster Linie wegen der anderen Schwerpunkte gekommen. Nun stellt sich heraus, dass doch nicht alles widerspruchsfrei abläuft. Die Integrationsklassen haben geringere Frequenzen und sind personell besser ausgestattet – das erzeugt Neid. In den anderen Klassen sind doch auch Kinder, die starke Förderung benötigen, die aber keinen Förderstatus haben!
  Diese Probleme beginnen sich jetzt, drei Jahre nach Aufbau der Schule, deutlich herauszukristallisieren. Die Schule muss darauf reagieren, hat aber noch keine Antworten auf alle damit verbundenen Fragen.

- *Können Lehrer Teamarbeit? Wollen Lehrer Teamarbeit?*
  Nur wenige Lehrerinnen und Lehrer haben in ihrer Ausbildung gruppenspezifisches Handwerkszeug mit auf ihren Weg bekommen. Auch ist die Ausbildung je nach Laufbahn sehr unterschiedlich. Weiterqualifizierung geschieht bisher freiwillig, individuell und eher zufällig (»hobbymäßig«). Dem entspricht das staatliche Fortbildungsangebot, das eher einem Gemischtwarenladen gleicht als einer curricular durchdachten Fortbildung, die den Lehrern planmäßig Hilfsmittel für die Alltagsarbeit an die Hand gibt. So ist festzuhalten, dass die meisten Lehrer bisher nicht auf Teamarbeit vorbereitet sind und sie auch nur lernen wollen, wenn für sie etwas für die Alltagsarbeit dabei herausspringt.

- *Personalauswahl durch die Schule – oder durch wen?*
  Bisher konnte die Schule (vor allem die Schulleitung) maßgeblichen Anteil an der Auswahl der neu aufzunehmenden Lehrkräfte nehmen. Es hängt von dem Engagement des zuständigen Schulrates ab, wie gut oder schlecht die Schule personell versorgt wird. Bisher haben wir es mit überdurchschnittlich engagierten Schulräten zu tun! Allerdings leidet die Lina-Morgenstern-Oberschule wie alle Schulen mit besonderem Profil daran, dass der Personaleinsatz zentral für ganz Berlin weit weg im so genannten »Landesschulamt« geregelt wird.

- *Soziale und ethnische Zusammensetzung*
  Die Gründung der Lina-Morgenstern-Oberschule wurde von der Senatsschulverwaltung lange skeptisch betrachtet, weil manche fürchteten, dass die Schülerpopulation nicht gesamtschulmäßig werden würde. Man befürchtete, es würden sich überwiegend Kinder mit Hauptschulempfehlung und überwiegend ausländische Kinder anmelden. Beide »Befürchtungen« haben sich als wenig begründet erwiesen: Die »Quotelung« sieht mit knapp 70% Realschul- und Gymnasialempfehlungen sehr gut aus für eine Berliner Gesamtschule ohne Sekundarstufe II. Und der Ausländeranteil im neuen 7. Jahrgang 1996/97 liegt unter 30% – für Kreuzberg ein eher geringer Anteil. Ein Grund mag sein, dass – neben anderen Faktoren – die gemeinsame Erziehung als Filter wirkt, die besonders einen Teil türkischer Familien »abschreckt« (vgl. Merz-Atalik in diesem Buch).

- *Handlungskompetenz und Schulprogramm*
  Bisher haben sich fast alle Lehrerinnen und Lehrer, die an dieser Schule arbeiten, freiwillig gemeldet. Wir hoffen, dass das auch in den nächsten Jahren so bleiben wird. Dadurch haben sich viele Kollegen bei uns eingefunden, die über Engagement und soziale Handlungskompetenz verfügen.
  Die anderen müssen sich darum bemühen. Dieser Prozess ist aber auf freiwilliger Basis zu organisieren. Dienstanweisungen helfen dabei nicht weiter, und auch die Lektüre von Fachliteratur genügt nicht, kann man Handlungskompetenz doch nur durch Handeln erlernen. Eine Voraussetzung ist allerdings die *Bereitschaft* zum handelnden Lernen, und dies setzt die Erkenntnis über eigene Mängel auf diesem Gebiet voraus. Ein angstfreies, auch unter Kollegen stützendes Schulklima kann dabei helfen. Es ist geplant, mit Hilfe des oben genannten Schulversuches (»Schule in erweiterter Verantwortung«) und der Schulpsychologie eine Form der Selbstevaluation zu finden, die diese Entwicklung fördert. Am Ende des Weges soll so etwas wie ein *unverwechselbares Schulprogramm* unserer Gesamtschule stehen.

- *Sozialpädagogische Kompetenz – Wie erarbeiten sich Lehrer diese Kompetenz?*
  Neben der allgemeinen Handlungskompetenz, die sich nicht nur auf das Handeln mit Schülern bezieht, bedarf es auch einer sozialpädagogischen Kompetenz. Die Jugendlichen – nicht nur aus Kreuzberg – brauchen heute vielfältige Unterstützung zur Bewältigung ihrer Probleme, und zwar in erster Linie in ihrer Schule. Der Ganztagsbereich, zurzeit mit zwei Erzieherinnen für die ganze Schule besetzt, ist nur punktuell in der Lage, diese Unterstützung allein zu leisten. Die Hauptarbeit bleibt an den Klassenlehrern hängen – sie werden in der integrativen Jugendschule so etwas wie eine Mischung aus Fachlehrer und Berater, Zuhörer und Mahner, Tippgeber und Widerpart.

- *Sonderpädagogische Kompetenz – Spezialist/innen müssen her – oder?*
  Für die Integrationsklassen kommt ein Weiteres hinzu. Zwar steht ein »Spezialist« in Form eines Sonderschullehrers zur Verfügung. Jedoch kann dieser Kollege bzw. diese Kollegin nicht als »Spezialist für alle Fälle« jedes Mal »eingeflogen« werden. Sein oder ihr Einsatz ist notwendig und hilfreich, aber die unterrichtenden Lehrerinnen müssen trotzdem einige grundlegende »sonderpädagogische« Kompetenzen erwerben, um eigenständig Probleme lösen zu können. Die Schule benötigt also qualifizierte sonderpädagogische Kompetenz und die Bereitschaft aller Lehrer, Kompetenzen zu erwerben. Da nur ein Studientag pro Jahr genehmigt wird, muss diese Qualifizierung in der unterrichtsfreien Zeit durchgeführt werden. Dafür Motivation und Bereitschaft zu wecken ist nicht immer einfach: gerade jetzt, wo viele Lehrer/innen durch die Verknappung der Mittel besonders belastet sind.

- *Gesprächskompetenz (mit Eltern, Schulleitung etc.)*
  Die Führung einer Integrationsklasse bedarf immer besonderer Aufmerksamkeit, steht man doch als Klassenlehrer im Schnittpunkt vielfältiger Interessen. Die Schulleitung will ständig wissen, wie es läuft. Die Eltern wollen die Fortschritte ihrer Kinder dokumentiert haben. Die Schulaufsicht besteht mit Terminen auf der Berichtspflicht im Schulversuch (bzw. der abweichenden Organisationsform). Über den normalen Verwaltungsaufwand einer Klassenführung hinaus bestehen vielfältige Gesprächsanlässe, die sachkundig bewältigt werden müssen. Dabei hilft das Wissen um Gesprächsstrukturierung, Gesprächsführung usw. sehr. Da diese Kompetenz in der Regel in der Ausbildung nicht vermittelt wird, müssen die Kollegen dafür selbst ihre Fortbildung organisieren.

- *Kompetenz zum Schreiben von Berichten – Abschreckung durch Arbeit oder Mittel zur Selbstreflexion?*
  Solange die gemeinsame Erziehung behinderter und nichtbehinderter Jugendlicher in den Sekundarschulen noch nicht der Normalfall ist, wird es immer wieder zu Berichtspflichten kommen. So will die Schulaufsicht zum Beispiel genau wissen, wie sich ein Junge entwickelt, der über eine einstweilige Anordnung eines Gerichtes *gegen den Willen der Schulverwaltung* – aber auf unseren Wunsch – bei uns unterrichtet wird. Diese notwendigen Berichte sollten gar nicht ausschließlich als Belastung empfunden werden. Sie können genutzt werden als (un)willkommene Anlässe, das eigene Unterrichtsgeschehen zu reflektieren. Nicht immer hat man dazu in der Hektik des Alltags die Muße.

- *Gesamtschul-Strukturen und konkrete Umsetzung von gemeinsamer Erziehung*
  Viele fürchten, dass die komplizierte Struktur der Gesamtschule eine flexible, integrationsfreundliche Pädagogik unmöglich macht. Will ich zum Bei-

spiel in einem Projekt nach zwei Stunden Gesellschaftskunde in zwei weiteren Stunden, in denen ich als Fachlehrer in der gleichen Klasse eingesetzt bin, weiter arbeiten, weil es sachlogisch und situationsbedingt sinnvoll wäre, so geht das nicht (selbst bei rechtzeitiger Planung), weil dank der äußeren Differenzierung einige Kinder aus meiner Klasse in anderen Kursen sind; dafür habe ich aber »fremde« Kinder dazubekommen. Auch die Verlegung des Unterrichts aus der Schule heraus wird aus gleichen Gründen erschwert. Und die Vorbereitung von Projekttagen wird aus Gründen dieser Stundenplanprobleme zum riesigen Stress. Gleiches gilt für die Organisation von Unterricht mit »Fachleuten« aus dem Umfeld der Schule ... Die Gesamtschule kommt mir deshalb manchmal wie ein großer Tanker vor, der, einmal auf Kurs, immer geradeaus schwimmt. Flexible, kurzfristige Kursabweichungen, Kreuzungsmanöver, halbe Umdrehungen oder gar Pirouetten sind kaum möglich. Oftmals ist aber, gerade bei Kindern mit Behinderungen, der gerade Weg nicht unbedingt der kürzeste!

Deshalb sollten alle Möglichkeiten genutzt werden, die äußere Differenzierung so spät wie möglich und die innere Differenzierung so früh wie möglich einzuführen. Tutoren- und Schularbeitsstunden können so gelegt werden, dass sie mit Klassenunterricht gekoppelt eine Einheit ergeben, um im Bedarfsfall epochal zu arbeiten. Zu diesem Bereich, der eine gewisse Verfügungsmasse bildet, können auch noch AG-Stunden hinzukommen und evtl. Betreuungszeiten aus dem Ganztagsbereich. Das verlangt natürlich, wie an jeder Schule, die nicht in eingefahrenen Schienen laufen will, etwas mehr Organisationsaufwand.

- *Konflikte zwischen Klassen mit und ohne Integration*
  Ein Problem ist die unterschiedliche Ausstattung der Klassen. Ob Klasse mit oder ohne Integration, es sind unterschiedliche Standards verwirklicht, weil auch unterschiedliche Anforderungen vorhanden sind. Das wird allerdings von den Lehrkräften nicht immer gesehen. So finden manche Lehrer in den Klassen ohne Integration, dass dort durchaus Kinder mit hohem Betreuungsbedarf sind. Eine Erhöhung der Ressourcen, die subjektiv gerechtfertigt wäre, erfolgt aber nicht. »Wieso die – wieso nicht ich?«, fragt sich da mancher Kollege. Die ungleiche Ausstattung wird leicht als Ungerechtigkeit empfunden. Objektiv kann man nicht immer etwas dagegen sagen, weil bei Betrachtung der Einzelfälle in der Tat nicht immer nachvollziehbar ist, warum der eine Jugendliche einen »Förderstatus« hat, der andere nicht.

- *Zusammenarbeit mit Grundschulen*
  Ein wichtiger Bestandteil unseres Schulkonzeptes ist der Austausch von Informationen vor und nach der Gesamtschulzeit, also mit den Grundschulen und mit den Berufsschulen und Ausbildungsorten. Das bedeutet, dass wir die Schüler mit sonderpädagogischem Förderbedarf schon möglichst früh – also in der Grundschule – kennen lernen wollen. Wir haben vor, diesen

Kontakt auch über die 10. Klasse hinaus zu pflegen. Bisher sind dies noch Absichten, da noch kein Jahrgang das 10. Schuljahr absolviert hat. Kontakte sollen entwickelt werden zu einem Oberstufenzentrum, anderen Bildungseinrichtungen und zur Arbeitswelt. Vielleicht können wir dabei einen Schulversuch realisieren oder mit einem Schülerclub zusammenarbeiten.
Konkrete Erfahrungen haben wir aber mit Grundschulen. Hier wurden fast alle Übergänge mit gegenseitigen Hospitationen vorbereitet. Die Grundschulen werden zu unserem »Tag der offenen Tür« eingeladen. Einzelne Grundschulklassen oder Teile davon kommen, um sich ganz normalen, alltäglichen Unterricht anzusehen. Eine solche Kontaktpflege ist sehr aufwändig, zahlt sich aber aus. Die Kinder und die Eltern haben nicht mehr das Gefühl, dass sie mit Eintritt in die Oberschule einen fremden Planeten betreten. Räume und Gesichter werden bekannt. Auch wir besuchen bestimmte Grundschulen, sodass durch unsere Besuche uns Kindergesichter bekannt werden. Fremdheit wird so gegenseitig abgebaut. In der Oberschule ist so vieles anders für die Kinder; Angst und Fremdheit sollen so weit verringert werden, wie es nur irgend geht.
Leichter haben es Kinder, die in Gruppen von der Grund- in die Oberschule wechseln. Deshalb ist es wichtig, dass Schüler mit sonderpädagogischem Förderbedarf von solchen Gruppen aus ihren Klassen begleitet werden – und Eltern dafür geworben werden. Hinweise auf und Vorbereitungen für einen solchen Gruppenwechsel können die Grundschulpädagogen leisten. Dies geschieht in der Grundschule aber nur, wenn Vertrauen zur aufnehmenden Schule besteht. Um dieses Vertrauen müssen sich daher beide Schulen bemühen.

- *Förderausschüsse beim Übergang in die Sekundarschule*
  Schon vor dem Ende der Grundschulzeit – in Berlin also im 6. Schuljahr, möglichst gleich nach dem letzten Halbjahrzeugnis im Januar – müssen die Grundschulpädagogen zusammen mit den Sonderpädagogen feststellen, ob ein Kind weiterhin den Status eines Schülers »mit sonderpädagogischem Förderbedarf« haben soll. Darin steckt ein Dilemma: Wird sonderpädagogischer Förderbedarf schriftlich festgestellt und es lässt sich keine Sekundarschule finden, die diesen Schüler aufnimmt, muss er in die Sonderschule. Beseitigt man den »Förderstatus«, dann entfällt vielleicht die nötige Förderung ab Klasse 7. Außerdem werden dann die Schüler behandelt wie alle anderen, etwa beim Kampf um besonders begehrte Schulen. Der Ausweg kann nur darin liegen, dass die Politik den Jugendlichen mit Förderbedarf *garantiert*, dass bei festgestelltem sonderpädagogischem Förderbedarf in jedem Fall eine allgemeine Sekundarschule gefunden wird.

- *Beratung von außen – Hilfe oder Belastung?*
  Seit Gründung der Schule konnten wir mit zwei Psychologinnen des Schulpsychologischen Dienstes ein enges Beratungsverhältnis aufbauen. Die

Schulpsychologinnen sollten Teams beraten und der Schulleitung helfen, ein Team zu werden. Feste Termine helfen hier, schnelle Beratung zu sichern. Jedoch wurden die Schulpsychologinnen nicht von allen Kollegen begrüßt, ihre feste Einbindung wurde manchmal eher wie ein Fremdkörper empfunden, Chancen der Beratung auf der Teamebene werden so vertan. Das hat sicher damit zu tun, dass es viele Lehrer nicht gelernt haben, Beziehungen am Arbeitsplatz zu klären oder Probleme in diesem Bereich überhaupt zu erkennen. Ein Hinweis für diese Vermutung ist, dass sich noch sehr wenige Lehrerinnen und Lehrer zur Supervision anmelden.

- *Schulhelfer, Einzelfallhelfer ... Wer noch? Schon zu viel?*
  Je mehr Betreuung im Unterricht vorhanden ist, desto leichter ist die Arbeit in Integrationsklassen. So könnte man aus Lehrersicht denken. Aus der Sicht der Kinder gibt es aber möglicherweise eine andere Perspektive. Dort bedeutet jeder Helfer ein neues Gesicht, eine neue Beziehung, auf die man sich einstellen muss, und vor allem verstärkte soziale Kontrolle – noch ein Erwachsener. Die Struktur des Unterrichts wird möglicherweise verschwommen und ist für die Schüler nicht mehr klar. Es kann also zu einer Erhöhung des Stresses für die Jugendlichen kommen.
  Beim Einsatz diverser Helfer ist also genau zu beachten, ob nicht ein gegenteiliger Effekt als der gewünschte erzielt wird. Auch die Koordination zu vieler Helfer kann Schwierigkeiten bereiten, sodass die notwendige Einheitlichkeit des pädagogischen Handelns gefährdet ist. Der Einsatz ist daher genau abzusprechen; eine koordinierende Stelle in der Schule sollte den Überblick behalten. Bei uns macht das die *Pädagogische Koordinatorin* als Mitglied der Schulleitung. Auch regelmäßige Treffen im Sinne eines informellen »Fachbereiches gemeinsame Erziehung« werden dabei organisiert.

Ich habe viel über Probleme gesprochen. Aber ich denke, bei allen Schwierigkeiten ist gemeinsame Erziehung in der Gesamtschule machbar. Wir tun es jedenfalls. Und es gibt auch genügend »Lustgewinn« bei dieser Arbeit. Sie kann, wenn sie erfolgreich ist, sehr zur eigenen Zufriedenheit beitragen. Aber gegenüber vielen Unterrichts- und Schultraditionen in der Sekundarstufe müssen Veränderungen stattfinden, um zu diesem Erfolg zu kommen. Veränderung ist heute schon möglich, vorausgesetzt man will sie!

Innere und äußere integrationspädagogische Reformen an Gesamtschulen und anderen Schulformen

Ich habe versucht, möglichst konkret diejenigen Probleme zu beschreiben, die wir an unserer Gesamtschule lösen mussten, um eine moderene Gesamtschule aufzubauen, die ein »Haus des Lernens« für alle Jugendlichen werden will, also auch für Jugendliche mit Behinderungen. Dabei wurde deutlich, dass die äußeren Vorgaben von Politik und Verwaltung – Modelle der Differenzierung, Stundendeputate, Art der Lehreraus- und -fortbildung, Vorgaben im Bereich der Klassenarbeiten usw. – oftmals Hindernisse aufwerfen, die jedoch, je selbstständiger die Einzelschule sein kann, vor Ort flexibler gehandhabt und vielleicht sogar durch Initiativen aus der Einzelschule heraus verändert werden können. Aber auch die schon jetzt bestehenden pädagogischen Möglichkeiten der inneren Struktur werden oftmals nicht erkannt oder nicht genügend ausgenutzt. Aus beiden Gründen steht für eine gute, integrationspädagogisch orientierte Schule die regelmäßige Weiterentwicklung aller Lehrerinnen und Lehrer im Zentrum – durch Supervision, durch didaktische, sonderpädagogische und psychologische Fortbildung, aber auch durch die allgemeine Bereitschaft, sich als Person (und nicht nur als Lehrkraft) weiter zu entwickeln. Wir entwickeln uns professionell und persönlich am Besten weiter, wenn wir dies in der Kooperation mit anderen tun, die an den gleichen Problemen an sich arbeiten.

Integrationspädagogik wurde im Hinblick auf die Gesamtschulen insgesamt am Beispiel unserer Schule diskutiert. Aber selbstverständlich richtet sich die Forderung, sich für Kinder mit Behinderungen zu öffnen, an alle Schulformen der Sekundarstufe, also auch an die Gymnasien, Realschulen und Hauptschulen. Da muss mit mancher überkommenen Schultraditionen gebrochen werden: Warum zum Beispiel kann ein Gymnasium, das neben einer Blindenanstalt liegt, zwar Schüler mit Gymnasialempfehlung aufnehmen, nicht jedoch solche mit Realschulempfehlung? Und warum praktiziert ein Schleswig-Holsteinisches Gymnasium in Segeberg die Aufnahme lern- und geistig behinderter Schüler, während andere dies als geradezu systemwidrig ansehen (vgl. Metzner 1997)? Warum können Schüler mit starken Verhaltensstörungen nach dem Ordnungskatalog des (Berliner) Schulgesetzes der Klasse oder der Schule verwiesen werden, während die gleichen Schüler, hätten sie einen »sonderpädagogischen Förderstatus«, das Recht hätten, auf der Schule zu bleiben? Das alles sind Fragen, die alle Schulformen betreffen. Der Verantwortung für die integrative Pädagogik kann sich keine entziehen.

Dazu kann beitragen, dass einzelne Schulen schon heute zeigen, dass gemeinsame Erziehung in der Sekundarstufe I möglich ist. Ich vertraue darauf, dass es immer mehr werden.

Literatur

Gieseke, H./Ratzki, A./Daschner, P.: Kinder mögen und neugierig bleiben. In: Erziehung und Wissenschaft, H. 5, 1996, S. 6–16.

Gudjons, H./Köpke, A. (Hrsg.): 25 Jahre Gesamtschule in der Bundesrepublik Deutschland. Eine bildungspolitische und pädagogische Bilanz. Bad Heilbrunn 1996.

Ratzki, A.: Team-Kleingruppen-Modell Köln-Holweide. Bern 1996.

Metzner, M.: Der gymnasiale Elfenbeinturm öffnet seine Tore. In: Frankfurter Rundschau v. 7. 8. 1997.

Jutta Schöler

Flexibler Umgang mit Zensuren

Eine notwendige Voraussetzung für Integration in der Sekundarstufe I

Bereits bei Beginn des Vorhabens, ein Kind mit besonderem Förderbedarf in eine Klasse der Sekundarstufe I aufzunehmen, wird sehr häufig die Frage gestellt: Wie sollen wir die Leistungen dieses Kindes bewerten?

Was in der Grundschule noch für möglich eingeschätzt wird, nämlich flexible Formen der Leistungsbewertung zu praktizieren, vor allem die Abkehr von den Ziffernzensuren, das erscheint im Zusammenhang des mehrgliedrigen Schulsystems vielen Menschen noch als undenkbar.

Der folgende Beitrag will daher anhand der konkreten Situation einzelner Jugendlicher Anregungen geben, wie die Leistungsbewertung konkret zu bewältigen ist.

Zur Darstellung der Leistungsbewertung in Integrationsklassen der Sekundarstufe I in der Literatur

Bei einer Durchsicht der Literatur zur Integration von Jugendlichen mit Behinderungen in der Sekundarstufe I ergab sich, dass die speziellen Fragen der Leistungsbewertung bisher in den Veröffentlichungen – mit einer Ausnahme – nicht systematisch thematisiert wurden.[1] Über die Problematik, am Ende der gemeinsamen Schulzeit in einer Integrationsklasse fünf verschiedene Schulabschlüsse vergeben zu müssen, sind mir keine Veröffentlichungen bekannt.

Allenfalls am Rande und sehr beiläufig wird von wenigen Autorinnen und Autoren auf die Zensurenproblematik eingegangen. So schreibt Harth: »Ein schwieriges Thema für jede Gesamtschule ist die Leistungsbewertung, verbunden mit den Abschlüssen. Auch für unsere Schule besteht hier weiterer Diskussionsbedarf, vor allem über die Notwendigkeit zu einer differenzierten Leis-

1 Die eine Ausnahme ist bei Schley/Köbberling 1994, S. 179–192 zu finden. Durch eine Literaturrecherche, die von Thorsten Duus (Arbeitsstelle Integration der Technischen Universität Berlin) angefertigt wurde, konnten für den Zeitraum 1986 bis 1996 insgesamt 92 Titel zum Thema Integration in der Sekundarstufe I erfasst werden. Hiervon erscheinen in keinem einzigen die Themen: Zensuren, Klassenarbeiten oder Abschlüsse im Titel.

tungsbeurteilung durch Lernberichte für alle Kinder. Heute erhalten nur behinderte Kinder Lernberichte, alle anderen die vorgeschriebenen Ziffernzeugnisse.« (1996, S. 280)[1]

Maikowski stellt fest: »Die individualisierte Förderung unterschiedlicher Schüler im gemeinsamen Unterricht sollte einhergehen mit einer entsprechenden Beurteilungspraxis. Hier schlagen aber die Leistungs- und Bewertungskriterien einer abschlussorientierten Sekundarstufe besonders stark durch.« (1997, S. 199) Auch in den Dokumentationen der Bundeselterntreffen und in Erfahrungsberichten von Eltern finden sich keine Hinweise zu den Themen Zensierung und Abschlüsse (vgl. Boban u.a. 1997; Roebke 1996).

Dieser Mangel der Literaturlage erklärt sich wohl so: In der bisher vorliegenden deutschsprachigen Literatur zum Thema Leistungsbewertung wird die Fragwürdigkeit von Zensurengebung generell hervorgehoben (Ingenkamp 1976 oder Becker/von Hentig 1983). Konkrete Vorschläge für die Formulierung von Berichtszeugnissen wurden in der Regel nur für die Grundschule entwikkelt (Bambach 1994; Bartnitzky/Christiani 1994).[2]

Im Zusammenhang mit der Gesamtschuldiskussion wurden Formen zusätzlicher Informationsgewinnung durch standardisierte Testverfahren angeboten (z.B. Barth 1996) bzw. Beobachtungshinweise entwickelt, die im Wesentlichen die Beratungskompetenz von Lehrerinnen und Lehrern verbessern sollen (Gaude 1989). Für den integrativen Unterricht können diese Veröffentlichungen nur in sehr begrenztem Maße hilfreich sein, denn die Probleme des zieldifferenten Unterrichts oder gar das Infragestellen unterschiedlicher Schulabschlüsse sind in Deutschland bisher nicht systematisch bearbeitet worden.

Andererseits klammert der größte Teil der Literatur zu den Themen Offenes Lernen, Wochenplanarbeit und Freiarbeit die Frage der Zensurengebung völlig aus (wie z.B. Wallrabenstein 1991) oder beschränkt sich auf einige wenige, diese Frage problematisierende Hinweise (Goetsch 1992; Jürgens 1994).

1 In dem differenzierten und ca. 300 Seiten umfassenden Bericht über das Team-Kleingruppenmodell der Gesamtschule Köln-Holweide sind keine weiteren Überlegungen zu Klassenarbeiten, Zensuren oder Abschlüssen zu finden. In dem Buch »25 Jahre Gesamtschule in der Bundesrepublik Deutschland» befindet sich unter 27 Beiträgen kein einziger zur Leistungsbewertung oder zur Aufgabe der gemeinsamen Erziehung von behinderten und nichtbehinderten Kindern. Selbst unter der Überschrift: »Integrierende Schulen für alle Kinder» ist – wie bereits bei den meisten Gesamtschulplanungen in den 60er-Jahren – an Kinder mit Behinderungen nicht gedacht worden (Gudjons/Köpke 1996; Schlömerkemper 1996). Auch die vom Bundesministerium Österreichs 1997 herausgegebene Broschüre: »Integrativer Unterricht – Beiträge zur Lehrerfortbildung für die Sekundarstufe I» enthält keinen Beitrag zu den Themen Klassenarbeiten, Zensuren oder Abschlüsse.

2 Die grundsätzlichen praxisbezogenen Ausführungen von Mahnke 1996 zur Leistungsbewertung in Integrationsklassen beziehen sich nicht explizit auf die Sekundarstufe, sind aber gut übertragbar. In dem Themenschwerpunktheft »Prüfen und Beurteilen – zwischen Fördern und Zensuren» (hrsg. von Bambach u.a. 1996) sind mehrere empfehlenswerte Beiträge zu finden, die sich direkt auf die Sekundarstufe beziehen. Nicht angesprochen wird, wie in Integrationsklassen die Vorschriften über Klassenarbeiten, Versetzungs- und Abschlussregelungen bei integrativem Unterricht unter Berücksichtigung verschiedener Lehrpläne anzuwenden sind.

Mit dem alltäglichen Dilemma zwischen individueller, differenzierender Förderung (nicht nur in Integrationsklassen) und der Verpflichtung, Ziffernzensuren vergeben zu müssen, sind die Lehrerinnen und Lehrer in der Praxis allein gelassen. Für Selektionsprozesse liefern sie so, oft gegen ihre Absicht, die Argumentationshilfen durch die Vergabe von Zensuren und das Schreiben von Zeugnissen.

Es können jedoch die Erfahrungen zur Leistungsbewertung genutzt werden, die in Schulen besonderer Prägung gesammelt wurden. Diese konnten die Ziffernzensierung für alle Schülerinnen und Schüler durch Berichtszeugnisse ersetzen, wie z.B. in den Schulversuchen zur Integration in Hamburg bis einschließlich zur 7. Klasse (vgl. Schley/Köbberling 1994, S. 181) oder bis zum Ende der 9. Klasse in der Laborschule Bielefeld (vgl. Hentig 1983; Thurn 1996; Werning 1996, S. 465).[1] Die Abschlussregelungen des dreigliedrigen Schul- systems gelten jedoch weiterhin auch für diese Schulen.[2]

Kurzer Exkurs zur Relativierung der Zensurengebung

Hellmuth Becker verweist auf »(...) eine bibliothekenfüllende Literatur über den relativen Unwert von Zensuren« (1983, S. 11). Auf diese allgemeinen Aspekte, die alle Schülerinnen und Schüler betreffen, will ich hier nicht weiter eingehen. Nur ein kurzes Zitat, auf das ich später am Beispiel eines Schülers eingehen werde:

> *»Von der Grundschule an ist die in Zahlen zu messende und mit anderen konkurrierende Leistung dem Einzelnen so eingepaukt, er ist auf Zensuren hin derart sozialisiert, dass er schließlich im Alter glaubt, ohne Zensuren nicht mehr arbeiten zu können.*
> *Man muss allerdings zugeben, dass auch das Willkürliche in der Zensurengebung in sich einen Lerneffekt hat. Der Schüler, der Jugendliche wie der Erwachsene muss lernen, sich mit der Willkür gesetzter Normen auseinander zu setzen. Er muss auch die Kritisierbarkeit solcher Normen erfahren, und er muss lernen, durch willkürlich gesetzte Normen nicht seine Identität zu verlieren. Dass gerade das Fehlerhafte an der Zensur ein Stück Lebenserfahrung*

1 Die Tatsache, dass es an der Laborschule Bielefeld bereits seit 1980 Berichtszeugnisse gibt, also lange bevor (zum Schuljahr 1995/96 zum ersten Mal mit einem Schulversuch) die erste Integrationsklasse an dieser Schule eingeführt wurde, könnte eine der entscheidenden Voraussetzungen dafür sein, dass an dieser Schule ein umfassendes didaktisches Modell der gemeinsamen Erziehung, insbesondere auch für Kinder mit großen Lernschwierigkeiten, entwickelt werden konnte (siehe Werning 1996).

2 Zur Unterrichtsorganisation und äußeren Differenzierung an Gesamtschulen vgl. Arbeitsgruppe Bildungsbericht 1990, S. 303–327. Die Problematik der unterschiedlichen Schulabschlüsse wird allerdings auch in dieser 460 Seiten umfassenden Publikation nicht thematisiert.

> *vermittelt, ist jedem Lehrer geläufig, wenn er es sich auch im Augenblick der Zensurengebung ungern eingesteht. Es wäre wichtig, dass schon der Jugendliche lernt, die Problematik der Zensur selbst zu erfassen und sich mit ihr auseinander zu setzen. Dann wird er im Alter auch besser mit der Zensur umgehen können.«* (Becker 1983, S. 29f.)

Die Tatsache, Zensuren schreiben zu müssen, stellt ein nicht zu unterschätzendes Moment von qualitativer Belastung des Lehrerberufes dar. Combe und Buchen verweisen darauf, dass selbst dort, wo die Ziffernzensuren offiziell abgeschafft sind (z.B. in den unteren Klassen der Grundschulen einiger Bundesländer) »ein mehr oder weniger offen eingestandenes Selektionsklima das Geschehen bestimmt« (Combe/Buchen 1996, S. 26). Die Tatsache, dass viele andere Länder, z.B. Dänemark oder Italien, für die Dauer der Pflichtschulzeit der Schule keine Selektionsfunktion zuschreiben und deshalb auf Ziffernzensuren verzichten und einheitliche Schulabschlüsse nach zehn bzw. acht Jahren vergeben können, ist in Deutschland – selbst unter Lehrern – wenig bekannt (vgl. Schöler 1996, S. 86ff.).

Lehrerinnen und Lehrer müssen selbst die Notengebung relativieren. Das ist ein sehr hoher Anspruch, besonders in der Sekundarstufe: Einerseits wird von ihnen verlangt, dass sie mit Noten alle Schülerinnen und Schüler »gerecht« bewerten, worunter zumeist verstanden wird, dass sie nach einheitlichen Maßstäben beurteilen und andererseits sollen sie die individuellen Lernbedürfnisse und Lernentwicklungen berücksichtigen.

Aus der Praxis der Leistungsbewertung im Rahmen des Schulversuches der Integrationsklassen in Hamburg wird berichtet: »In manchen Klassen wurden für alle IntegrationsschülerInnen Berichte beibehalten; in den ›Mischgruppen‹ erleben die SchülerInnen, dass manche von ihnen Zensuren, andere Berichte erhalten; die PädagogInnen müssen sich in ein und demselben Kurs auf unterschiedliche Ansätze der Leistungsbeurteilung einstellen und einlassen. (...) Dazu gibt es Mischformen, etwa dass die Fächer im gemeinsamen Klassenverband weiterhin verbal beurteilt werden, dass nur im Wahlpflichtbereich Zensuren erteilt werden oder dass Zensuren für alle SchülerInnen nur im Zeugnis, sonst aber Punkte und Kommentare erteilt werden.« (Schley/Köbberling 1994, S. 181)

Dem Fazit von Schley/Köbberling schließe ich mich an: »So lange wie möglich sollte den SchülerInnen die entwicklungsfördernde Form der Berichtszeugnisse erhalten bleiben. (...) Die verschiedenen Mischformen (Zensuren zunächst nur in manchen Fächern und ergänzt durch Kommentare) ermöglichen einen gleitenden Übergang zum Ziffernzeugnis; dieser sollte jedenfalls in Jahrgang 8 vorbereitet werden. Zu diesem Zeitpunkt sind vermutlich die Jugendlichen auch besser in der Lage, mit Zensuren relativ distanziert umzugehen, so wie sie umgekehrt nun auch zu realistischen Selbsteinschätzungen in Bezug auf mögliche Schulabschlüsse finden müssen.« (a.a.O., S. 185)

Gegenwärtig ist die Praxis der Leistungsbewertung in Integrationsklassen formal wenig geregelt.[1] Dies kann zu Unsicherheiten führen, aber auch Freiheitsgrade öffnen. Es stellt sich also die Frage, wie die Lehrerinnen und Lehrer mit diesen Spielräumen umgehen. Selbstbewusste Lehrerinnen und Lehrer, vor allem Schulleiter und Schulleiterinnen, welche ja die Zeugnisse unterschreiben müssen, werden den Entscheidungsspielraum ausnutzen. Dies sollte nicht nur für Gesamtschulen gelten. Im Zusammenhang mit integrativer Förderung in der Sekundarstufe I sollte es möglich sein, dass z.B. ein blinder Schüler in einem Regelgymnasium »zieldifferent« nach dem Lehrplan der Realschule unterrichtet wird; oder dass eine Schülerin mit einer Körperbehinderung, die wegen einer bestimmten Sprachenkombination keine Gesamtschule sondern eine Realschule besucht, z.T. nach dem Lehrplan der Hauptschule unterrichtet wird. Praxis ist dies meines Wissens in Deutschland bisher nicht.

Ich schätze die Mehrheit der Lehrerinnen und Lehrer sowie der Schulleiterinnen und Schulleiter in Deutschland so ein, dass sie derzeit auch bei Jugendlichen mit eindeutigen Behinderungen nicht bereit sind, von den allgemeinen Vorschriften über Probehalbjahr, Versetzungen und Ziffernzensuren abzuweichen. Die Forderung nach eindeutigen Regelungen »von oben« kann dann häufig als Abwehr dagegen gesehen werden, sich selbst mit der Aufgabe der Leistungsmessung flexibel auseinander setzen zu müssen.

Wir müssen uns bewusst machen: Die deutsche Schule als Institution ist bereits in der Grundschule und insbesondere zum Ende der Pflichtschulzeit *abschlussorientiert*. Mit dem Abschlusszeugnis werden *Berechtigungen vergeben, die ein Leben lang Bedeutung* haben. Erst durch die Abschlüsse, die bei uns in Deutschland in einem zertifikatsorientierten Bildungssystem vergeben werden, bekommt die einzelne Zensur eine große Bedeutung (vgl. Böhnel 1996; Schöler 1996; Weiss 1989). Das beginnt nicht erst mit dem Abitur und bei den Regelungen des Numerus clausus. Viele Menschen, die – mit welchen Mühen und Nachhilfestunden auch immer – das Abitur erreicht haben, können kaum abschätzen, welch große subjektive Bedeutung für andere Menschen der Realschul- oder Hauptschulabschluss haben kann.

Drei Kategorien der Besonderheiten bei der Zensierung von Schülerinnen und Schülern mit Behinderungen

Nach meiner Einschätzung sollten bei der Leistungsbewertung von Jugendlichen mit Behinderungen in der Sekundarstufe I drei Gruppen unterschieden werden:

1 In einem Genehmigungsschreiben des Landesschulamtes Berlin für die »Abweichende Organisationsform« einer Gesamtschule zum Schuljahr 1996/97 ist lediglich festgelegt worden: »Wir weisen vorsorglich darauf hin, dass die lernbehinderten Schülerinnen und Schüler in den Fächern, in denen sie nach dem Rahmenplan für Lernbehinderte unterrichtet werden, auf ihren Zeugnissen Noten mit einem besonderen Hinweis erhalten.«

1) *Schülerinnen und Schüler, die »zielgleich«, aber mit »Nachteilsausgleich« unterrichtet werden.*
2) *Jugendliche, die als »Geistigbehinderte« oder »Schwermehrfachbehinderte« bezeichnet werden und für die von den Eltern in der Regel ein Schulabschluss mit formalen Berechtigungen nicht angestrebt wird.*
3) *Jugendliche im Grenzbereich zwischen Hauptschulabschluss und bloßem Abgangszeugnis.*

Zur Vorbereitung meines Vortrages innerhalb der Ringvorlesung an der Technischen Universität Berlin habe ich mich mit zwei Expertinnen und zwei Experten unterhalten: Alle vier sind junge Erwachsene im Alter zwischen 23 und 26 Jahren, die trotz ihrer körperlichen oder intellektuellen Beeinträchtigungen in Berlin eine Gesamtschule besucht haben. Mit ihnen führte ich ausführliche Gespräche über ihre Erfahrungen mit der Leistungsbewertung im 7.–10. Schuljahr. Bei der Vorlesung berichteten sie persönlich und beantworteten Fragen der Zuhörerinnen und Zuhörer.

Silke Hecker[1] hat nach der Primarschulzeit in einer Körperbehinderten-Sonderschule vom 7.–10. Schuljahr eine Gesamtschule besucht. Wegen ihrer schweren Spastik ist sie auf einen Rollstuhl angewiesen. Sie schreibt mit einem Computer und benötigt dafür etwas mehr Zeit als die Mitschülerinnen und Mitschüler. Auf ihre Aussprache müssen sich Gesprächspartner einlassen und sich eingewöhnen. Silke Hecker hat während ihrer Gesamtschulzeit ihre Klassenarbeiten unter besonderen Bedingungen geschrieben, die von den sie unterrichtenden Lehrerinnen und Lehrern aufgrund der »Ausführungsvorschriften über schriftliche Klassenarbeiten« vom 2. April 1990 festgelegt wurden.[2] Silke Hecker hat den Realschulabschluss erreicht.

Thorsten Duus, dem wegen seiner körperlichen Beeinträchtigungen dieser Nachteilsausgleich auch angeboten wurde, hat diese Möglichkeit nicht in Anspruch genommen. Er schrieb mit dem Computer etwas langsamer und weniger als seine Mitschülerinnen und Mitschüler. Mit seiner langsamen Zuverlässigkeit hat er den Realschulabschluss erreicht. Silke Hecker und Thorsten Duus gehören zur ersten der oben genannten Gruppen.

Jennifer Lau gehört zur zweiten Gruppe. Sie wurde während der Grundschulzeit (1.–6. Schuljahr) in der Berliner Fläming-Grundschule integrativ unterrichtet. Der Wechsel in die Sophie-Scholl-Gesamtschule wurde ihr wegen der Diagnose Down-Syndrom verweigert. Aufgrund der guten Lernfortschritte, die sie gemacht hatte, konnte sie zwar nicht mehr als »Geistigbehinderte« bezeichnet werden, die damalige Schulverwaltung bestand aber auf der Einweisung in

1 Die Namen sind mit Einverständnis der Befragten nicht geändert.
2 Vgl. Berliner AV-Klassenarbeiten vom 2. April 1990, geändert am 18. August 1994. Über Silke Hecker und die möglichen Konflikte mit abweichenden Formen der Leistungsbewertung habe ich in Schöler 1993, S. 310–315, berichtet.

eine Schule für Lernbehinderte.[1] Erst nachdem die CDU nicht mehr die politische Mehrheit in Berlin hatte, wurde es möglich, dass Jennifer ihre Schulzeit an einer Hauptschule beendete. Sie erhielt keinen formalen Abschluss.

Ali gehört zur dritten der oben genannten Gruppen, nämlich den Schülerinnen und Schülern im Grenzbereich zwischen Lernbehindertenschule und Hauptschulabschluss. Er war in der Ringvorlesung nicht persönlich anwesend. Das Vorbereitungsgespräch übernahm seine langjährige Einzelfallhelferin.[2] Diese Jugendlichen können sich selbst zumeist nicht in der Öffentlichkeit vertreten.[3] Auch deren Eltern sind sehr häufig nicht in der Lage, für die schulischen Interessen ihrer Kinder einzutreten. Hierin liegt mit Sicherheit die Ursache, dass auch im Zusammenhang mit der Intergrationsdiskussion über diese Jugendlichen nur sehr selten berichtet wird.[4] Mit Ali ist abgesprochen worden, was über seine Lebenssituation öffentlich berichtet werden darf.

Ergänzend soll über einen weiteren Jugendlichen berichtet werden.

Sebastian Lengert hat seine gesamte Schulzeit in Integrationsklassen verbracht.[5] Bei seiner Einschulung wurde er wegen der Folgen seiner Epilepsie als »Grenzfall zur geistigen Behinderung« eingestuft. Der Wechsel von der sechsjährigen Grundschule zur Gesamtschule wurde möglich, weil ihm die Lehrerinnen der Grundschule eine »bedingte Hauptschulempfehlung« aussprachen. Mit dem Status »lernbehindert« wäre zum Schuljahr 1989/90 der Wechsel in die Gesamtschule nicht möglich gewesen. Vier Jahre später beendete Sebastian die Gesamtschule mit einem Realschulabschluss, nachdem er während der Gesamtschulzeit gelegentlich bei Klassenarbeiten einen »Nachteilsausgleich« in Anspruch nehmen konnte. Sebastian ist somit ein »Grenzfall« zwischen den oben genannten Gruppen eins und drei. Während der Vorlesung an der Technischen Universität Berlin stellte er seine Erfahrungen ausführlich selbst dar und stand für ergänzende Fragen zur Verfügung.

Zu 1): *Schülerinnen und Schüler, die »zielgleich«, aber mit »Nachteilsausgleich« unterrichtet werden:*

In den Ausführungsvorschriften über schriftliche Klassenarbeiten gilt für Berlin seit April 1990: »Bei körperbehinderten Schülern und Schülerinnen sind zur Herstellung der Chancengleichheit die äußeren Bedingungen (insbesondere Dauer, etwaige Pausen und zusätzliche Hilfsmittel) so zu gestalten, dass

1 Die Auseinandersetzungen um die Fortführung der Integration von Jennifer sind von ihren Eltern dokumentiert worden (vgl. Lau 1987).

2 Zur Tätigkeit von Einzelfallhelfern in Integrationsklassen vgl. Schöler 1994.

3 Der autobiographische Bericht von Wilfried Kriese (1994) ist eine der wenigen mir bekannten Ausnahmen.

4 Das bedeutet nicht, dass Jugendliche, welche als Lernbehinderte bezeichnet werden, in Integrationsklassen der Sekundarstufe I nicht vertreten wären. So wird. z.B. im Jahresbericht 1995 der Berliner Wissenschaftlichen Begleitung berichtet, dass von insgesamt 118 Schülerinnen und Schülern, die im Schuljahr 1995/96 in Berlin am überbezirklichen Schulversuch zur Integration in der Sekundarstufe I beteiligt waren, siebzig den Status »lernbehindert« hatten (Maikowski 1995, S. 124).

5 Über Sebastians Entwicklung hat seine Mutter berichtet (vgl. Lengert 1996).

Nachteile aufgrund der Behinderung ausgeglichen werden. Die Leistungsanforderungen haben jedoch denen der anderen Schüler und Schülerinnen zu entsprechen.« (Schulrechtssammlung für Berlin, Ergänzungslieferung, Januar 1995, S. 103)

Diese Regelungen gelten für die gesamte Schulzeit, das heißt auch für die Sekundarstufe I und II – und somit auch für Gymnasien und Berufsschulen. In dieser Ausführungsvorschrift wird nur von körperbehinderten Schülerinnen und Schülern gesprochen; man kann jedoch unterstellen, dass damit zugleich auch seh- und hörgeschädigte Schülerinnen und Schüler gemeint sind.

In dieser Ausführungsvorschrift ist nichts darüber ausgesagt, wer die Berechtigung hat, über den Nachteilsausgleich zu entscheiden. Wir können davon ausgehen, dass der einzelne Lehrer bzw. die einzelne Lehrerin immer dann, wenn ein besonderer Regelungsbedarf nicht in besonderem Maße formalisiert ist, allein die Entscheidungskompetenz hat.

Ich habe es jedoch in den vergangenen Jahren häufig erlebt, dass manche Lehrerinnen und Lehrer diese Entscheidungskompetenz nicht auf sich nehmen wollen. Dann sollte ein Schulrat, ein Amtsarzt oder der Schularzt oder sogar der Landesarzt für Behinderte entscheiden, z.B. welches Ausmaß an Zeitverlängerung bei einem Jugendlichen mit einer spastischen Behinderung für das Schreiben von Klassenarbeiten angemessen sei.

Manche andere Regelungsfälle für Klassenarbeiten sind in der genannten Ausführungsverordnung dem Beschluss der Gesamtkonferenz, nach Vorschlag der Fachkonferenzen, übertragen worden (z.B. über die Frage, welche Hilfsmittel bei Klassenarbeiten zugelassen werden). Es erscheint am sinnvollsten, wenn die Beschlüsse über den Nachteilsausgleich an die jeweilige Klassenkonferenz delegiert werden. Dann würde die Gruppe der Lehrerinnen und Lehrer, die in einem Schuljahr körperbehinderte oder sinnesbehinderte Schülerinnen oder Schüler unterrichtet, beschließen, welche Abweichungen von den allgemeinen Bedingungen der Klassenarbeiten für die betreffende Schülerin oder den Schüler gelten sollen.

Dies wäre für manche Lehrerinnen und Lehrer ein Problem, für andere nicht. Nach meinen Erfahrungen haben die Fachlehrerinnen und Fachlehrer, die nur die »Zwei-Stunden-Fächer« in einer Klasse unterrichten, mit den abweichenden Regelungen über Klassenarbeiten die größten Probleme. Konflikte in diesem Zusammenhang können oft als ein Signal verstanden werden, dass die Beziehung zwischen Lehrkraft und Klasse nicht stimmen. Der oder die Jugendliche mit Behinderungen kann der äußere Anlass sein, um den Konflikt öffentlich zu machen. Bei einer Aussprache stellt sich vielleicht heraus: Nicht nur die Schülerinnen und Schüler mit Behinderungen haben Mühe mit dem schnellen Sprechen der Lehrerin, den vielen Fachwörtern, die nicht erklärt werden, den unklaren Arbeitsanweisungen oder der sehr knappen Arbeitszeit.

Silke Hecker hat bei Klassenarbeiten, die sie selbst mit dem Computer schreiben konnte, Zeitverlängerungen erhalten. Dies wurde zumeist so organisiert, dass sie unter Aufsicht ihrer Einzelfallhelferin in einem Nebenraum länger schreiben durfte. Dass eine solche Entscheidung alleine nicht ausreicht, sondern weitere mögliche Probleme bedacht werden müssen, soll an den folgenden Erfahrungen verdeutlicht werden:

Bei Arbeiten für den Mathematikunterricht war das Schreiben mit dem Computer nicht möglich; hierfür hat Silke die gesamte Arbeit in einem Nebenraum ihrer Einzelfallhelferin diktiert. Als einzelne Schüler den Verdacht äußerten, im Nebenraum würden Silke eventuell zusätzliche Hilfen für die Arbeit gegeben, wurde allen Schülerinnen und Schülern angeboten, dass jeweils einzelne unter denselben Bedingungen ihre Arbeit schreiben dürften. Dies ist dann nicht genutzt worden. Die Schülerinnen und Schüler nannten auch ihre Begründung: »Da können wir nicht so gut abschreiben.«

Nach einer Englischarbeit, die Silke in einem Nebenraum geschrieben hatte, machten Mitschülerinnen darauf aufmerksam, dass die Englischlehrerin während der Arbeit nachträglich zusätzliche nützliche Hinweise gegeben habe, die Silke nicht hatte. Gemeinsam mit allen Mitschülerinnen und Mitschülern wurde eine Lösung gefunden: Bei dieser Englischlehrerin wurden die Klassenarbeiten zukünftig bei offener Klassentür geschrieben; Silke saß mit ihrer Einzelfallhelferin auf dem Flur in Sichtkontakt zu einigen Mitschülerinnen und Mitschülern, aber weit genug entfernt, damit das Reden nicht störte. Sobald der Lehrerin etwas einfiel, was sie allen Jugendlichen zusätzlich zu dem vorher zwischen ihr und der Einzelfallhelferin Verabredeten sagen wollte, übermittelte ein Schüler diese Nachricht oder die Einzelfallhelferin wurde kurz in die Klasse gerufen, damit sie die Informationen anschließend an Silke weitergeben konnte.

Die Mitschülerinnen und Mitschüler haben auf dieses Verfahren fast ausnahmslos mit Verständnis reagiert; es ist als »gerecht« empfunden worden. Unmutsäußerungen aus der Klasse, die z.T. von den Lehrerinnen und Lehrern (nach meiner Einschätzung meist berechtigterweise) als »Rechthaberei ums Prinzip« auf Seiten der 14- bis 16-Jährigen gewertet wurden, sind jedoch zumeist durch gemeinsame Problemlösungsversuche bearbeitet worden. Über einen derartigen Konflikt in Silkes Klasse im Zusammenhang mit dem Schreiben einer Musikarbeit habe ich an anderer Stelle berichtet (Schöler 1993, S. 310–315).

Allerdings muss beachtet werden, dass an der Gesamtschule, welche Silke Hecker besuchte, alle Schülerinnen und Schüler mit flexiblen Umgangsformen beim Schreiben von Klassenarbeiten rechnen konnten.

Es gibt an allen Schulen Lehrerinnen und Lehrer, die auch bei Klassenarbeiten mit den äußeren Rahmenbedingungen für alle Schülerinnen und Schüler flexibel umgehen; und es gibt andere, bei denen mit der Stoppuhr und auf einheitliches Kommando mit dem Schreiben begonnen und geendet werden muss. Dort, wo alle Schülerinnen und Schüler unter einem starren Konkurrenzdruck arbeiten müssen, ist es sicherlich schwierig, einem wegen seiner Behinderung langsam arbeitenden Schüler zu gestatten, eine Klassenarbeit in der Pause oder gar zu Hause zu beenden; um einer Lehrerkraft eine solche Flexibilität ausdrücklich zu verbieten, dafür fehlt nach meiner Einschätzung eine klare rechtliche Basis. Allerdings ist mir bewusst, dass Mehrheitsbeschlüsse innerhalb eines Kollegiums oder Anordnungen eines Schulleiters häufig einzelne Lehrkräfte massiv unter Druck setzen können und die Methodenfreiheit des Einzelnen einengen.[1]

Eine besondere Aufgabe, der sich meines Wissens auch in Berlin noch kein Gymnasium und keine Realschule gestellt hat, wäre es, die »Zieldifferenz« an Gymnasien und Realschulen für Jugendliche mit sonderpädagogischem Förderbedarf durchzusetzen. Hierbei denke ich nicht nur an Schülerinnen und Schüler, die als lern- oder geistigbehindert bezeichnet werden, sondern vor allem an seh- und hörgeschädigte sowie körperbehinderte Jugendliche, die dem jeweiligen Anspruch des dreigliedrigen Schulsystems nicht entsprechen und deshalb derzeit noch nach dem Probehalbjahr der jeweiligen Schule verwiesen werden.

Was spricht dagegen, durch Einzelfallentscheidungen für Jugendliche mit Behinderungen den Verbleib in einer Schulform zu ermöglichen, die aus pädagogischen Gründen für die einzelnen Jugendlichen als geeigneter eingeschätzt wird als eine Gesamtschule?

Zu 2): *Jugendliche, für die ein Abschluss mit Berechtigungsfunktion nicht angestrebt wird, das heißt Jugendliche, die als Geistigbehinderte oder Schwermehrfachbehinderte bezeichnet werden.*

Für diese Jugendlichen erscheint die Aufgabe der Leistungsbewertung zunächst relativ einfach lösbar zu sein: Sie erhalten – genauso wie an der Schule für Geistigbehinderte – bis zum Ende der Schulbesuchszeit ihre Leistungsbewertung in verbaler Form. Häufig wird offensichtlich davon ausgegangen, dass Zensuren und Zeugnisse für diese Jugendlichen selbst keine oder nur geringfügige Bedeutung hätten.

Nach meinen Erfahrungen ist es jedoch für die Jugendlichen, die eine Schule besuchen, in der Zensuren für alle wichtig sind, sehr wohl von Bedeutung, durch die Lehrerinnen und Lehrer auch eine Rückmeldung in Form von Zensuren zu erhalten.[2]

Als Beispiel möchte ich auf die Zeugnisse von Jennifer eingehen. Eine Besonderheit bei der Einschätzung ihrer Zeugnisse besteht darin, dass sie aufgrund der guten Förderung und ihrer guten Lernergebnisse, die sie im integrativen Unterricht der Fläming-Grundschule erreicht hatte, und dank der Flexibilität der Lehrerinnen und Lehrer beim Übergang in die 7. Klasse, als »Lernbehinderte« eingestuft wurde, obwohl in Deutschland viele Menschen immer noch mit der Diagnose »Down-Syndrom« die Zuschreibung »geistig

1 Bartnitzky (1996) beschreibt Alternativen für die Grundschule, die auch auf die Sekundarstufe übertragbar sind.

2 Zu Auswirkungen der Leistungsrückmeldung auf das Selbstbild siehe u.a. Helmke 1992; Neubauer 1991; Persy 1996; Reimers 1991; Standop 1996.

behindert« verbinden. Ihr offizielles Abgangszeugnis aus der 10. Klasse der Hauptschule bescheinigt ihr für alle Fächer, die sämtlich auf einem Formular aufgeführt werden: o. B. = »ohne Befund«. Was ist mit einem solchen Zeugnis anzufangen!?

Jennifer hat von der Schule ein zweites Abgangszeugnis erhalten; diese Zensuren geben die Einschätzungen der Lehrerinnen und Lehrer in Bezug auf die Lernent*wicklung* und die *Fähigkeiten* von Jennifer wieder. Aus dem ergänzenden Text zitiere ich die Aussagen über den Deutschunterricht:

»Jennifer nahm in allen Stunden am Unterricht der gesamten Lerngruppe teil. Sie konnte Texte fehlerfrei und sinnentnehmend vorlesen. Sie nahm Schreibanlässe (z.B. Wochentexte zu eigenen Erlebnissen) bereitwillig auf, um kleine Texte zu verfassen. Bei Erörterungen oder Inhaltsangaben war sie auf Hilfen angewiesen. Die Hausaufgaben wurden fleißig und zuverlässig angefertigt. Beim Schreiben von Diktaten wurde der Text um ca. die Hälfte reduziert und das Tempo verlangsamt, aufgrund ihrer geringen Schreibgeschwindigkeit. Allgemein können ihre Leistungen in diesem Fach als befriedigend bis teilweise gut bezeichnet werden.«

Ich möchte es der Einschätzung der Leserinnen und Leser überlassen, welche Art von Zeugnis geeignet erscheint als Rückmeldung für die Leistungen einer Schülerin am Ende der 10. Klasse. Das zweite Zeugnis enthält nicht das Dienstsiegel der Schule, und damit ist es mit keinerlei Berechtigungen im Ausbildungssystem verbunden.

Zu 3): *Jugendliche im Grenzbereich zwischen Hauptschulabschluss und Abgangszeugnis*

Die größten pädagogischen Herausforderungen und die größten Schwierigkeiten ergeben sich im deutschen Schulsystem bei der Leistungsbewertung in Integrationsklassen der Sekundarstufe I für die so genannten Lernbehinderten (vgl. zur Kritik dieses Begriffs Eberwein 1996). Wenn diese Jugendlichen trotz großer Lernschwierigkeiten mit anderen Schülerinnen und Schülern gemeinsam lernen dürfen, sprechen wir in Deutschland von Integration. Diese Schülerinnen und Schüler werden erst vom System Schule mit Aussonderung bedroht, um dann (eventuell) wieder integriert zu werden. In den skandinavischen Ländern oder in Italien würden sie nicht als »Behinderte« klassifiziert.

In diesem Zusammenhang sollten wir aber zugleich auch an die ca 8% aller Jugendlichen denken, die ohne eine Zuschreibung als »Behinderte« die Schulpflicht in Deutschland ohne einen Abschluss beenden (Arbeitsgruppe Bildungswesen 1990, S. 149). Dabei stellt Berlin einen traurigen Rekord auf: 12% aller Jugendlichen bleiben hier ohne Schulabschluss. Im ehemaligen Ost- wie im Westteil der Stadt sind diese Zahlen in etwa gleich (vgl. Berliner Schulstatistik 1995/96).

Die problematische Situation der formalen Regelungen zum Schulabschluss von Schülerinnen und Schülern, die als »Lernbehinderte« integriert wurden und mit diesem Status keinen Abschluss in der allgemeinbildenden Schule erwerben können, ist nach meiner Kenntnis in der deutschsprachigen Literatur noch an keiner Stelle ausführlich thematisiert worden. Lediglich im Zwischenbericht der Wissenschaftlichen Begleitung von 1993 zum Berliner Schulversuch Gemeinsame Erziehung in der Sekundarstufe I habe ich einen Hinweis gefunden: »Nachdem sich im 1. Halbjahr des 9. Schuljahres abgezeichnet hatte, dass sich die Schüler S. und K. in ihrer Persönlichkeits- und Leistungsentwicklung weiterhin stabilisierten, begannen zu Beginn des 2. Halbjahres informelle Gespräche zwischen den Lehrern und den Schülern einerseits und den Lehrern, Eltern, der Schulleitung und der Schulaufsicht andererseits über die Möglichkeit einer Entlassung der Schüler aus dem Gutachtenstatus.« (Maikowski 1993, S. 43)

Für diese beiden Schüler ist am Ende des 9. Schuljahres die Aufhebung des so genannten Gutachtenstatus beschlossen worden; einer hat am Ende der 10. Klasse den Realschulabschluss erzielt, der andere den erweiterten Hauptschulabschluss (a.a.O. S. 43–45). Welche Möglichkeiten der weiteren integrativen Förderung und der Leistungsbeurteilung bestanden hätten, wenn die Beibehaltung des Status »lernbehindert« beschlossen worden wäre, wird in dem Bericht nicht angesprochen.

Ali ist ein Schüler, der bis zum Ende seiner Schulzeit als »Lernbehinderter« eingestuft blieb. Er hatte bereits am Ende des 1. Schuljahres in einer normalen Grundschulklasse große Probleme, die im Wesentlichen auf seine geringen deutschen Sprachkenntnisse zurückzuführen waren. Seine Eltern schickten ihn zu Verwandten in die Türkei. Im Laufe des 4. Schuljahres kam er zurück und wurde in eine Integrationsklasse aufgenommen. Im 5. Schuljahr erhielt er den Status »lernbehindert«. In den Hauptfächern erhielt er daraufhin »Sternchenzensuren« mit dem Hinweis auf die Orientierung am Rahmenplan der Schule für Lernbehinderte, in den Nebenfächern erhielt er »normale« Vieren. Zu Hause stand er ständig unter dem moralischen Druck, seinem Vater in der Bäckerei zu helfen, und kam deshalb häufig müde zur Schule.

Er wünschte, dass der Name der Frau, die ihn während der integrativen Schulzeit begleitet hatte und die in ihrer Diplomarbeit über ihn berichtete, nicht genannt werden solle. Diese Studentin schrieb in ihrer Diplomarbeit:

> *»In den Zeugnissen der Sekundarstufe I steht jedes Mal extra ausgeführt, dass Ali am Schulversuch ›Gemeinsame Erziehung behinderter und nichtbehinderter Kinder‹ teilnimmt. Mit * gekennzeichnete Noten entsprechen nicht den Anforderungen der Rahmenpläne der Gesamtschule. Die zusätzliche verbale Beurteilung für jedes Fach hat auch für Ali angesichts der Dominanz der Ziffernzensuren kaum Gewicht, die Sternchennoten dagegen umso mehr. Sie steigern sich von einem Sternchen auf Sternchen in allen Fächern bis auf Sport und Arbeitslehre in der 9. Klasse. Hier wird per Klassenkonferenz darüber befunden, ob sein Gutachtenstatus bleibt oder nicht. In seinem Fall war dies negativ entschieden worden, was zur Folge hatte, dass er sich nun, in der 10.*

Klasse, zwar ›wohlfühlen und weiterentwickeln‹ hätte können, wenn ihn die Perspektive – als Einziger in der Klasse – keinen Hauptschulabschluss zu bekommen, den die anderen bereits automatisch mit dem Übergang zur 10. Klasse erhalten hatten, nicht permanent belastet hätte. Sein letzter, eigenständig unternommener Vorstoß, beim Rektor nach den Winterferien nachzuhaken, ob er tatsächlich keinen Hauptschulabschluss machen könne und warum nicht, war negativ entschieden worden. Alis Sozialverhalten wird fast durchgehend als einwandfrei beschrieben, sein Arbeitsverhalten als zufrieden stellend.«

Während der Gesamtschulzeit war ein türkischer Mitschüler, der nach der 10. Klasse die gymnasiale Oberstufe besuchte, eine wesentliche Unterstützung. Die Studentin schreibt:

»Kemal war es auch, der Ali den Zugang zum Rechnen erleichterte, weil er z.B. die unterschiedliche Benennung der Zahlen im Türkischen und Deutschen Ali richtig erklärte. Nach Alis Selbstverständnis fühlte er sich gut in der Klasse integriert.«

Die derzeit in Berlin für die Gesamtschulen gültige Gesamtschulordnung lässt formal keine andere Regelung für die Schülerinnen und Schüler zu, die zur Zeit der Versetzung in die 10. Klasse als im Grenzbereich zwischen den Niveaus »Lernbehindertenschule« und »Hauptschule« liegend eingeschätzt werden.[1] Dies stellt eine Ungleichbehandlung gegenüber allen anderen Schülerinnen und Schülern dar, die sich mit ihren Leistungen im Grenzbereich zwischen den *anderen* möglichen Schulabschlüssen befinden: In Abschnitt 17, Absatz 3 der Gesamtschulordnung ist geregelt, dass Schülerinnen und Schüler auf Antrag bei der Versetzung von der 9. in die 10. Klasse auch an einem höheren Leistungskurs teilnehmen dürfen, als dies ihrem derzeitigen Leistungsstand entspricht. Die Entscheidung über derartige Ausnahmeregelungen trifft der Jahrgangsausschuss der Schule. Es ist eine Erfahrungstatsache, dass viele Schülerinnen und Schüler erst im Laufe des 10. Schuljahres die Motivation entwickeln und die notwendigen Anstrengungen erbringen, um sich vom Hauptschul- zum Realschulniveau oder vom Realschulniveau zum Gymnasialniveau zu entwickeln. Bei Schülerinnen und Schülern, die als Lernbehinderte eingestuft wurden, sind jedoch vergleichbare Ausnahmeregelungen, welche die endgültige Entscheidung über den Abschluss um ein Schulbesuchsjahr hinausschieben, in der Gesamtschulordnung nicht vorgesehen.

Auch *Sebastian Lengert* ist ein Schüler im Grenzbereich zwischen Hauptschul- und Lernbehindertenniveau gewesen. Neben der Tatsache, dass seine Mutter in großem Maße seine Interessen vertreten konnte, bevor er dies selbst übernahm, ist für seine Entwicklung maßgeblich, dass er immer flexible Lehre-

1 Vgl. hierzu das Rundschreiben II Nr. 17/1996 vom 10. 06.1996: Gesamtschulordnung.

rinnen und Lehrer hatte. Im Vorgespräch und auch während der Vorlesung in der Technischen Universität betonte er mehrmals seine Forderung: »Die Lehrerinnen und Lehrer müssen flexibel sein!«

Über *Sebastian Lengert* haben mir seine Mutter und seine ehemalige Klassenlehrerin gesagt, dass er die großen Schwierigkeiten, die auch er mit den Zensuren im Verlauf der Sekundarstufe I hatte, deshalb psychisch so stabil überstand, weil er die Relativität der Zensurengebung erkannt hatte.

An der Grundschule ist er bis zum 6. Schuljahr verbal beurteilt worden und ging zum Schuljahr 1989/90 mit einer Hauptschulempfehlung auf die Gesamtschule über.

Die beiden Auszüge aus dem Übergangszeugnis der 6. Klasse sollen deutlich machen, welche Aussagekraft verbale Beurteilungen haben können, die sich tatsächlich an den *Voraussetzungen und Fähigkeiten* der Schüler orientieren:

> Deutsch: *»Sebastian konnte im letzten Halbjahr aufgrund seines schwankenden Gesundheitszustandes nicht gleich bleibend aufmerksam mitarbeiten. Aber es gelang ihm sowohl in seinen Aufsätzen als auch in seinen vorgeübten Diktaten, die inzwischen über 20 Wörter enthalten, kleine Verbesserungen zu erzielen. Die Aufsatzentwürfe fertigte er – nach vorgegebenem Gerüst – selbstständig an und erreichte befriedigende Ergebnisse.«*

> Mathematik: *»Sebastian setzt seine Kenntnisse der mathematischen Operationen und Gesetze in den erarbeitenden Gesprächen sinnvoll und mit gutem Gedächtnis ein. Neue Inhalte nimmt er auf, wenn sie ihm wiederholt und möglichst mit Anschauungshilfen erklärt werden. In den Übungsphasen arbeitet er meist sehr konzentriert. Wenn Sebastian regelmäßig am Unterricht teilnehmen kann*[1] *und seine Hausaufgaben nicht vernachlässigt, erfüllte er die Regelanforderungen bei erhöhtem Zeitaufwand mit ausreichenden Ergebnissen: Zurzeit sind seine Leistungen insgesamt nur knapp ausreichend.«*

Vom 7. Schuljahr an wurde Sebastian nach den Vorschriften der Gesamtschule mit Ziffernzensuren bewertet. Er wurde mit einem Hauptschulniveau-Zeugnis von der 9. in die 10. Klasse versetzt und steigerte im Laufe des 10. Schuljahres seine Leistungen so, dass er einen Realschulabschluss erreichte.

Entscheidend für eine solche Entwicklungsmöglichkeit ist aber immer wieder, *dass die Lehrer flexibel sind:* Z. B. durfte Sebastian Klassenarbeiten teilweise zu Hause beenden. Aus seiner Sicht war das nur möglich, weil in seiner Klasse eine so gute Klassengemeinschaft bestand. Aus der Sicht der Lehrer kam ihm zugute, dass sein stetiges Bemühen zu erkennen war und dass er – nach Aussagen seiner Mutter und seiner ehemaligen Klassenlehrerin – eine gewisse »Sturheit« hatte, das heißt hier, dass er sich auch durch schlechte Zensuren nicht so schnell irritieren ließ.

1 Dieser Hinweis wurde ins Zeugnis aufgenommen, weil Sebastian zu jener Zeit wegen heftiger epileptischer Anfälle häufig nicht am Unterricht teilnehmen konnte.

Nach meinen eigenen Erfahrungen als Mutter von zwei Töchtern, die die Mittelstufe einer Gesamtschule besucht haben, und wiederum bestätigt durch mein Gespräch mit Sebastian, habe ich die Überzeugung gewonnen, dass die meisten Jugendlichen sehr clever sind, um für sich den jeweils richtigen Weg des Punktesammelns an einer Gesamtschule zu finden. Sebastians Schulabschluss lag zur Zeit des Vortrages bereits drei Jahre zurück, doch er wusste noch genau, welche Kurskombinationen und welche Punkte am Ende der 10. Klasse notwendig sind und konnte dies den Zuhörerinnen und Zuhörern der Vorlesung für *alle* Abschlussformen der Gesamtschule gut erkären.

In der gegenwärtigen schulpolitischen Situation ist es schwer einzuschätzen, welcher Weg der günstigere ist: Wollen wir uns weiter darauf verlassen, dass flexible Lehrerinnen und Lehrer ihre jeweils individuellen flexiblen Regelungen finden? Einzelnen Schülerinnen und Schülern wird es dann gestattet, nach Abschluss der Schulpflicht in Ausbildungsgänge einzutreten, für die es formale Zugangsregelungen gibt, anderen wird dieser Weg verschlossen. Sebastian ist dafür ein positives, Ali ein negatives Beispiel. Oder ist die Zeit gekommen, dass umfassende Veränderungen des Berechtigungssystems am Ende der Schulpflicht bedacht und gefordert werden müssen?

Beide Wege müssen parallel gegangen werden: individuelle Regelungen suchen und zugleich grundsätzliche Veränderungen anstreben!

Es sollte zumindest versucht werden, für die Schülerinnen und Schüler, die über ein Förderausschussverfahren als »Schüler mit einem sonderpädagogischen Förderbedarf« eingestuft wurden, auch besondere Regelungen bei der Zensierung und vor allem bei den Abschlüssen zu fordern.

Meine Zukunftsvorstellungen gehen über die Forderung nach Flexibilität der Lehrerinnen und Lehrer hinaus. Mir ist nicht bekannt, dass im Zusammenhang mit der gemeinsamen Erziehung von behinderten und nichtbehinderten Schülerinnen und Schülern die Forderung erhoben wurde, für *alle* Schülerinnen und Schüler der betreffenden Klassen in der Sekundarstufe I Abweichungen von den bisherigen Vorschriften über Klassenarbeiten zu fordern. Außerdem sollte auch die Beurteilung von Projektunterricht in die Leistungsbewertung *aller* Schülerinnen und Schüler einbezogen werden.[1]

Lehrerinnen und Lehrer, denen es mühsam gelungen ist, von den Fachlehrern Stunden für die Durchführung von Projektunterricht abzuhandeln, betonen immer wieder, wie viel die Schülerinnen und Schüler dabei lernen. Andererseits: Die vorgeschriebenen Klassenarbeiten müssen trotzdem ausnahmslos geschrieben werden. Dies ist mit Sicherheit eine der wesentlichen Ursachen, weshalb Projekte oft zu Sonderveranstaltungen verkommen, die jeweils nur dann durchgeführt werden, wenn am Ende des Schulhalbjahres alle Klassenarbeiten geschrieben sind.

1 Siehe hierzu auch Goetsch 1992.

Zukunftsperspektiven und Forderungen:

Ich konzentriere mich auf wenige hier wichtige Vorschläge.

- Schülerinnen und Schüler, die eine Sekundarstufenschule besuchen und teilweise nach Lehrplänen unterrichtet werden, die vom Plan der Mehrheit der Mitschülerinnen und Mitschüler abweichen, erhalten »Sternchenzensuren« mit den entsprechenden Hinweisen und eventuellen inhaltlichen Ergänzungen.
- Im Laufe des 9. Schuljahres tritt eine Klassenkonferenz zusammen, die gemeinsam mit dem Schüler bzw. der Schülerin und den Eltern berät,
  - ob die Versetzung in die 10. Klasse in der bisher besuchten Klasse angestrebt wird,
  - ob eine freiwillige Wiederholung des 9. Schuljahres vorgesehen wird, um die Möglichkeiten eines höherwertigen Schulabschlusses zu verbessern,
  - oder ob der Wechsel in die Sekundarstufenschule, die den individuellen Leistungen eher entspricht, für die weitere Schullaufbahn günstiger ist.

  Ein solches Verfahren setzt voraus, dass Lehrerinnen und Lehrer bereit sind, sich tatsächlich mit Kolleginnen und Kollegen der jeweils anderen Schulformen über ihre Leistungsanforderungen und die darauf aufbauenden Berechtigungen zu unterhalten (z.B. Gymnasial- mit Realschullehrern, Hauptschul- und Gesamtschullehrer mit Sonderschullehrern der Schule für Lernbehinderte usw.).
- Die Entscheidung über den weiteren Ort des Lernens nach der 9. Klasse sollte bei den Jugendlichen selbst und ihren Eltern liegen. Diese Entscheidung muss nicht unbedingt mit dem Niveau der tatsächlich besuchten Schulform übereinstimmen. Das kann z.B. bedeuten, dass einer blinden Schülerin, die ein mit der Integration von sehgeschädigten Schülern erfahrenes Gymnasium besucht, aber in einzelnen Fächern lediglich Realschulniveau erreicht, dieses jeweils fachspezifisch bestätigt wird.
- Die Entscheidung über den tatsächlichen Schulabschluss wird für Jugendliche mit einem »Förderstatus« erst im Verlauf des 2. Halbjahres der 10. Klasse getroffen.
- Die Abschlusszeugnisse sollten Informationen über die Fächer enthalten, die schulformentsprechend bzw. schulformabweichend unterrichtet wurden. Den jungen Erwachsenen könnte es dadurch eher möglich gemacht werden, nach weiterer Qualifikation in einzelnen Fächern Prüfungen zu absolvieren und dadurch auch später einen höheren Schulabschluss zu erwerben.

Es bleibt die Frage offen, wie mit diesen Zeugnissen im Arbeits- und Berufsausbildungssystem umgegangen wird. Für eine mögliche Regelung zu dieser Frage könnten wir uns an Italien orientieren. In ganz Italien erhalten *alle* Schülerinnen und Schüler die Gelegenheit, nach Abschluss des 8. Pflichtschuljahres einen Schulabschluss zu erwerben, der für den Besuch *jeder* weiterführenden Schule berechtigt. Die Leistungsbewertungen und die Abschlussprüfungen müssen den individuellen Lernmöglichkeiten der einzelnen Schülerinnen und Schüler angepasst werden (vgl. Schöler 1996, S. 86–95).

Die meisten Jugendlichen besuchen im Anschluss an die Pflichtschule eine Vollzeit-Oberschule, die zu einem Berufsabschluss oder zur Zugangsberechtigung für die Universitäten führt. In dem Fall, dass eine Berufsausbildung gewählt wurde, wird von der entsprechenden berufsqualifizierenden Oberschule aus organisiert, in welchen Formen die Praktika in der Wirtschaft durchgeführt werden. Erst diese Abschlüsse – also nach 13 Schulbesuchsjahren – sind mit Berechtigungen verbunden.

Da es in Italien kein duales Berufsausbildungssystem gibt, ist auch der Zugang zu möglichen Ausbildungsplätzen nicht im selben Maße von der Privatwirtschaft abhängig wie in Deutschland.

Südtirol hat in Bezug auf die Fragen der beruflichen Ausbildung einen Sonderstatus. Seit 1992 gelten auch in der autonomen Provinz Südtirol in den *deutschsprachigen* Schulen die italienischen Schulgesetze in Bezug auf die Integration von Schülerinnen und Schülern mit Behinderungen uneingeschränkt. Zugleich orientiert sich die Berufsausbildung am deutschen System; es gibt in der autonomen Provinz Südtirol parallel die staatliche Berufsschule und die duale Berufsausbildung mit Lehrverträgen, die die privaten Arbeitgeber abschließen.

Jugendliche mit Behinderungen, die nach Beendigung ihrer Schulbesuchszeit (das heißt nach der 8. Klasse oder später) eine Arbeitstätigkeit suchen, haben die Gelegenheit, verschiedene Lehrgänge zu besuchen. Von dort aus werden sie in Südtirol mit Unterstützung von so genannten Arbeitsvermittlern an Praktikumsplätze in der Privatwirtschaft oder in öffentlichen Einrichtungen (z.B. in Krankenhäusern) vermittelt. Dort beginnt die so genannte »formacione in situatione«. Entscheidet sich der Arbeitgeber, dass z.B. eine Jugendliche wie Jennifer geeignet wäre, um in seinem Gaststättenbetrieb eine Anstellung zu übernehmen, dann kann er mit der Jugendlichen einen Ausbildungsvertrag abschließen. Dadurch wird zugleich die entsprechende Berufsschule verpflichtet, in ihren Strukturen den theoretischen Teil der Ausbildung so durchzuführen, dass dieser den Lernmöglichkeiten der Auszubildenden entspricht.

Ich schließe mit der Einschätzung, dass wir es bei den bisherigen Regelungen für die Leistungsbewertung in der Sekundarstufe I nicht belassen können.

Am stärksten beeinträchtigt durch das feststehende Regelwerk der Noten und Zeugnisse werden diejenigen Jugendlichen, die durch das Schulsystem als Lernbehinderte bezeichnet werden. Aber auch für alle anderen gilt: *Da, wo wir selbst noch keine befriedigenden Lösungen gefunden haben, sollten wir zumindest den Mut haben, dies auch gegenüber den Schülerinnen und Schülern einzugestehen.*

Literatur

Arbeitsgruppe Bildungsbericht am Max Planck Institut für Bildungsforschung: Das Bildungswesen in der Bundesrepublik Deutschland. Reinbek 1990.

Bambach, H.: Ermutigungen. Nicht Zensuren. Lengwil am Bodensee 1994.

Bambach, H./Bartnitzky, H./Ilsemann, C.v./Otto, G.: Prüfen und Beurteilen. Zwischen Fördern und Zensieren. Friedrich Jahresheft XIV. Seelze 1996.

Bartnitzky, H./Christiani, R.: Zeugnisschreiben in der Grundschule. Heinsberg 1994.

Bartnitzky, H.: Verkehrte Welt im Schulalltag. Alternativen zum Klassenaufsatz und Klassendiktat. In: Bambach, H., 1996, a.a.O., S. 66–69.

Barth, N.: Zensuren und logisches Denken – Zur Übereinstimmungsgültigkeit zwischen Schulzensuren und der Leistung im Frankfurter Analogietest. In: Zeitschrift für internationale erziehungs- und sozialwissenschaftliche Forschung, 13. Jahrg. 1996, S. 139–156.

Baumert, J./Lehmann, R. u.a.: TIMSS – Mathematisch-naturwissenschaftlicher Unterricht im internationalen Vergleich. Opladen 1997.

Becker, H./Hentig, H.v. (Hrsg.): Zensuren. Lüge – Notwendigkeit – Alternativen. Frankfurt a.M. 1983.

Becker, H.: Zensuren als Lebenslüge und Notwendigkeit. In: Becker, H./Hentig, H.v., 1983, a.a.O., S. 11–32.

Boban, I./Goldbach, B./Hinz, A./Wibrow, R.: Aus Schritten wurden Wege. Rückblicke auf die Entwicklung von Kindern mit geistiger Behinderung in Integrationsklassen. In: Landesarbeitsgemeinschaft Eltern für Integration Hamburg (Hrsg.): Integration in Hamburg. Hamburg 1997, S. 68–81.

Böhnel, E.: Die Frage der Prognostizierbarkeit von Schulerfolg in der Sekundarstufe I aufgrund der Benotung in der Primarstufe. In: Unterrichtswissenschaft, 24. Jg., H. 4, 1996, S. 343–358.

Bundesministerium für Unterricht und kulturelle Angelegenheiten (Österreich) (Hrsg.): Integrativer Unterricht. Beiträge zur Lehrerfortbildung für die Sekundarstufe I. Wien 1997.

Combe, A./Buchen, S.: Belastung von Lehrerinnen und Lehrern. Fallstudien zur Bedeutung alltäglicher Handlungsabläufe an unterschiedlichen Schulformen. Weinheim/München 1996.

Eberwein, H.: Zur Kritik und Revision des behindertenpädagogischen Paradigmas. In: Eberwein, H. (Hrsg.): Handbuch Lernen und Lern-Behinderungen. Aneignungsprobleme – Neues Verständnis von Lernen – Integrationspädagogische Lösungsansätze. Weinheim und Basel 1996, S. 11–15.

Eberwein, H.: Handbuch Integrationspädagogik. Kinder mit und ohne Behinderungen lernen gemeinsam. 4Weinheim 1997.

Erichson, C.: Von Lichtjahren, Pyramiden und einem regen Wurm. Erstaunliche Geschichten, mit denen man rechnen muß. Hamburg o.J.

Prüfen und Beurteilen. Zwischen Fördern und Zensieren. Friedrich Jahresheft XIV, Seelze 1996.

Gaschk, A./Leßmann, B.: Unterwegs im Zauberland der Sprache, der Farben und Formen. Heinsberg 1996.

Gaude, P.: Beobachten, Beurteilen und Beraten von Schülern. Frankfurt a.M. 1989.

Goetsch, K.: Projektunterricht bewerten. In: Bastian, Johannes und Herbert Gudjons (Hrsg.): Das Projektbuch II. Hamburg 21992, S. 257–265.

Gudjons, H./Köpke, A. (Hrsg.): 25 Jahre Gesamtschule in der Bundesrepublik Deutschland. Eine bildungspolitische und pädagogische Bilanz. Bad Heilbrunn 1996.

Harth, U.: Muß die Schildkröte fliegen? Integration behinderter Kinder. In: Ratzki, A. u.a. (Hrsg.): Team-Kleingruppen-Modell Köln-Holweide. Theorie und Praxis. Frankfurt a.M. 1996, S. 265–281.

Helmke, A.: Selbstvertrauen und schulische Leistung. Göttingen 1992.

Hentig, H.v.: Das Beurteilungssystem der Bielefelder Laborschule. in: Becker, H./Hentig, H.v. 1983, a.a.O., S. 97–180.

Heyer, P./Preuss-Lausitz, U./Schöler, J. (Hrsg.): »Behinderte sind doch Kinder wie wir!« Gemeinsame Erziehung in einem neuen Bundesland. Berlin 1997.

Ingenkamp, K.: Die Fragwürdigkeit der Zensurengebung. Weinheim und Basel 1976.

Jülich, M.: Schulische Integration in den USA. Bisherige Erfahrungen bei der Umsetzung des Bundesgesetzes »Public Law 94–142« – dargestellt anhand einer Analyse der »Annual Reports to Congress«. Bad Heilbrunn 1996.

Jürgens, E. (Hrsg.): Erprobte Wochenplan- und Freiarbeits-Ideen in der Sekundarstufe I. Heinsberg 1994.

Kriese, W.: Sonderschüler – Suppentrieler geht in die Schule und kann nichts. Rottenburg 1994.

Lau, G./Lau, W.-D. (Hrsg.): Jenny darf nicht in die Oberschule. Berlin 1987.

Lengert, B.: »Ich bin seit meiner Geburt integriert ...«. In: Lill, G. (Hrsg.): Alle zusammen ist noch lange nicht gemeinsam. Kritischer Rückblick auf 15 Jahre Integration und der Blick nach vorn. Berlin 1996.

Mahnke, U.: Praxishilfen zum integrativen Unterricht in der Grundschule. Fachserie Lernort Schule, H. 5, hrsg. vom Pädagogischen Landesinstitut Brandenburg. Ludwigsfelde 1995.

Mahnke, U.: Leistungsbewertung im integrativen Unterricht. Zwischen pädagogischem Anspruch und gesellschaftlichem Auftrag. In: Pädagogik und Schulalltag, H. 1, 1996, S. 42–53.

Maikowski, R. (Hrsg.): Zwischenbericht der Wissenschaftlichen Begleitung über das 2. Jahr des überbezirklichen Schulversuchs: »Gemeinsame Unterrichtung und Erziehung von behinderten und nichtbehinderten Schülerinnen und Schülern im Sekundarbereich I« in Berlin. Berlin (Veröffentlichungen des Berliner Instituts für Lehrerfort- und -weiterbildung und Schulentwicklung) 1993.

Maikowski, R. (Hrsg.): Bericht der Wissenschaftlichen Begleitung nach fünf Jahren des überbezirklichen Schulversuchs: »Gemeinsame Unterrichtung und Erziehung von behinderten und nichtbehinderten Schülerinnen und Schülern im Sekundarbereich I« in Berlin. Berlin (Veröffentlichungen des Berliner Instituts für Lehrerfort- und -weiterbildung und Schulentwicklung) 1995.

Maikowski, R.: Gemeinsames Lernen in der Sekundarstufe I – eine Standortbestimmung. In: Eberwein, H.: Handbuch Integrationspädagogik. Kinder mit und ohne Behinderungen lernen gemeinsam. Weinheim [4]1997, S. 195–201.

Neubauer, W.: Kausalattribuierung bei Schülern: Wie sich Schüler ihre Noten erklären. In: Bäuerle, S. (Hrsg.): Lehrer auf der Schulbank. Vorschläge für eine zeitgemäße Lehreraus- und -fortbildung. Stuttgart 1991.

Persy, E.: Leistungsbeurteilung, Motivation und Selbstbild. In: Grundschule, H. 2, 1996, S. 18–20.

Reimers, H.: Was »leisten« Verbalzeugnisse? In: Die Deutsche Schule, H. 3, 1991, S. 343–347.

Roebke, C.: Unser Weg. In: Landesarbeitsgemeinschaft Bayern. Gemeinsam Leben – Gemeinsam Lernen e.V. (Hrsg.): Sonderheft Integration für Einsteiger. Bernried 1996, S. 28–31.

Schley, W./Köbberling, A.: Integration in der Sekundarstufe. Hamburg 1994.

Schlömerkemper, J.: Integrierende Schulen für alle Kinder. In: Gudjons, H./Köpke, A. (Hrsg.): 25 Jahre Gesamtschule in der Bundesrepublik Deutschland. Eine bildungspolitische und pädagogische Bilanz. Bad Heilbrunn 1996.

Schöler, J.: Integrative Schule – Integrativer Unterricht. Reinbek 1993.
Schöler, J.: Einzelfallhilfe in der Schule. In: Fritsche, B. u.a. (Hrsg.): Wenn der Berg nicht zum Propheten kommt ... Beiträge zur psychosozialen Arbeit mit Einzelnen & Familien. Tübingen 1994, S. 219–223.
Schöler, J. (Hrsg.): »Italienische Verhältnisse« – Teil II. Menschen mit Behinderungen auf dem Weg von der Schule in die Arbeitswelt. Berlin 1996.
Standop, J.: Motivieren ohne Noten – realistische Idee oder Wunschdenken? In: Grundschule, H. 2, 1996, S. 24–26.
Thurn, S. : Ermutigungen – Lernen ohne Noten. Lernberichte in der Sekundarstufe I. In: Bambach, H. u.a. 1996, a.a.O., S. 86–90.
Wallrabenstein, W.: Offene Schule – Offener Unterricht. Ratgeber für Eltern und Lehrer. Reinbek 1991.
Weiss, R.: Leistungsbeurteilung in den Schulen – Notwendigkeit oder Übel? Problemanalysen und Verbesserungsvorschläge. München 1989.
Werning, R.: Anmerkungen zu einer Didaktik des Gemeinsamen Unterrichts. In: Zeitschrift für Heilpädagogik, H. 11, 1996, S. 463–469.

Bernd Gasser

Schülerinnen und Schüler mit sonderpädagogischem Förderbedarf

Zur Entwicklung des Übergangs von der Oberschule in die Arbeits- und Berufswelt

Das Bemühen, Kindern und Jugendlichen mit sonderpädagogischem Förderbedarf Hilfestellung zu leisten und ihnen eine effektive Eingliederung in den gesellschaftlichen Alltag zu erleichtern, hat in den letzten Jahren in Berlin zu einem bemerkenswerten Fortschritt geführt. Gemeinsame Unterrichtung von behinderten und nichtbehinderten Schülerinnen und Schülern ist an den Berliner Grundschulen nahezu Standard geworden. Auch das Fortschreiten der Angebote integrativen Unterrichts an Berliner Oberschulen[1] hat sich in den letzten Jahren erfreulich entwickelt.

Damit geriet gleichzeitig die *berufliche Orientierung und Vorbereitung der Schüler mit sonderpädagogischem Förderbedarf* stärker in den Blickwinkel. Es zeigte sich, dass diesem Bereich bisher wenig Aufmerksamkeit geschenkt wurde, zumal die Zahlen der betroffenen Schüler bis Mitte der neunziger Jahre eher gering waren. Dennoch hatten Lehrerinnen und Lehrer immer wieder auf die in diesem Bereich vorhandene Problematik hingewiesen.

Die beruflichen Entwicklungsverläufe behinderter Jugendlicher lassen sich schwer in bestimmte idealtypische Schemata einpressen, sie sind meist sehr persönlichkeitsabhängig und zudem gespeichert mit dem gerade für diese Lebensphase typischem Durcheinander unterschiedlichster Erfahrungen.

An einem Fallbeispiel soll deutlich gemacht werden, wie wichtig es ist, auf dem Hintergrund genereller Aussagen und Planungen immer wieder den Einzelfall in seinen individuellen Entwicklungsverläufen im Auge zu behalten.

An den Einzelschicksalen der behinderten Jugendlichen lässt sich eindrucksvoll überprüfen, inwieweit umfassende Konzepte zur Berufsorientierung und Berufsvorbereitung ausreichend für die konkreten Mädchen und Jungen »passen« und realitätsgebunden sind.

Anschließend wird die Gestaltung der Übergangsphase von der Schule in den Beruf im Rahmen der Integration in der Sekundarstufe in Berlin in ihrer Entwicklung dargestellt. Danach wird der neu geschaffene Berliner Schulver-

1 Der Begriff Oberschule wird hier synonym mit dem Begriff Sekundarschule verwendet.

such »Berufsorientierung und -vorbereitung für Schülerinnen und Schüler mit sonderpädagogischem Förderbedarf in der Sekundarstufe I« vorgestellt. Anhand eines weiteren Fallbeispiels werden die Möglichkeiten der damit geschaffenen Möglichkeiten konkretisiert.

Abgang von der Schule ... und dann saufe ich mir die »Hucke« voll

Helga ist eher ruhig, meist freundlich und oft auch vordergründig fröhlich. Sie kann selbstbewusst auftreten, wirkt vernünftig und übernimmt Verantwortung. Ihre Klassenkameraden wählten sie einmal zur Klassensprecherin. Durch ihre körperliche Größe und Robustheit wird sie auch oft als älter eingeschätzt. Sie sucht keinen Streit, sie kann sich aber verteidigen und andere vehement und meist erfolgreich vertreten. Es gibt aber auch Momente, in denen sie ihre Empfindsamkeit zeigt, hilflos wirkt und weint.

Schon früh wurde sie als älteste von drei Geschwistern besonders gefordert und musste auch dann und wann einmal die zahlreichen in einer Tagespflegestelle von der Mutter berufsmäßig betreuten Pflegekinder übernehmen.

Helga wurde wegen langer, krankheitsbedingter Fehlzeiten in der Vorklasse vom Schulbesuch zurückgestellt. Mit Schulbeginn kommt sie in eine Integrationsklasse, deren Vorteile sie lange nutzen kann, ohne dass sie einen Förderbedarf zuerkannt bekommt, obwohl sie auffällige Schwierigkeiten in allen Leistungsbereichen hat.

Sie boxt sich durch, so wie sie es von zu Hause gewohnt ist und gewinnt mit ihrer bemühten Art die Lehrer für sich. Die trauen ihr dann oft schon mehr zu, als sie zu leisten imstande ist, zumal Helga in der aufgeschlossenen Atmosphäre und in dem engen Kontakt zu den Lehrern der Integrationsklasse immer wieder ihre Lernbereitschaft zeigen kann.

Mit dem Übergang in die 5. Klasse treten dann doch ihre erheblichen Lernschwierigkeiten stärker in den Vordergrund. Testpsychologische Untersuchungen zeigen, dass bei Helga psychisch bedingte Lernschwierigkeiten vorhanden sind, die durch Intelligenzschwächen verstärkt werden. Die Intelligenztestergebnisse liegen bei unterdurchschnittlichen Werten. Es gibt Probleme bei der Konzentration, und es werden manifeste Ängste festgestellt.

Helga ist sehr lernwillig und bemüht, ihre Aufgaben zu bearbeiten. Dabei zeigt sie auch Ausdauer. Sie benötigt allerdings beim Aufgabenverständnis und beim Ausführen der Arbeiten viel Hilfe und Unterstützung, die sie von sich aus selten anfordert. Eher versucht sie den Eindruck zu erwecken, dass sie genauso gut wie die anderen ihre Aufgaben erledigen kann. Dabei hat sie zum Teil schon erstaunliche Techniken entwickelt, andere für sich einzuspannen und ihre Schwierigkeiten zu vertuschen.

Sie will einfach so sein wie die anderen aus ihrer Altersgruppe und überschätzt sich dabei oft, was bei ihr immer wieder einen Teufelskreis auslöst.

Als sie beim Übergang in die Oberschule erfährt, dass sie evtl. auf eine Sonderschule gehen müsse, kommt es zu einem emotionalen Zusammenbruch. Gleiches erlebt sie noch einmal, als der Verbleib in der Integrationsklasse nach der 9. Klasse der Oberschule nicht gesichert ist und sie in einen einjährigen berufsvorbereitenden Lehrgang (BB 10) gehen soll.

Helga kann mit ihren Klassenkameraden dann doch in die 10. Klasse wechseln, und die Lehrer bearbeiten mit ihr und ihren Eltern intensiv die mit der Berufsvorbereitung jetzt noch deutlicher werdenden möglichen Auswirkungen ihrer eingeschränkten Lernfähigkeiten.

Das schützende Nest Schule wird bald nicht mehr zur Verfügung stehen und Helga muss für sich einen Weg finden, auf dem sie trotz ihrer Schwierigkeiten weiter an sich glauben kann.

In intensiver Zusammenarbeit mit dem Arbeitsamt wird dann ein Weg gefunden, und Helga akzeptiert, dass sie nicht wie die anderen einen »normalen« Weg gehen kann, sondern Wege begehen muss, auf denen sie an ihren ganz speziellen Fähigkeiten und Schwierigkeiten weiterarbeiten muss. Helga entwickelt ein ganz erstaunliches Selbstbewusstsein und ein Bewusstsein über ihre Schwierigkeiten, die sie jetzt viel deutlicher sehen und akzeptieren kann.

Sie freut sich, als ihr versprochen wird, dass sie jetzt in einen berufsvorbereitenden Lehrgang wechseln kann, wodurch sie auch die Möglichkeit hat, im Rahmen der Internatsunterbringung sich von zu Hause zu lösen.

Es herrscht bei den Eltern und Lehrern große Zufriedenheit darüber, dass offensichtlich eine erfolgreiche Integrationsarbeit betrieben werden konnte, durch die Helga im Rahmen ihrer Schulzeit erfolgreich gefördert werden konnte und sie nun auch beruflich einen Weg findet, in dem ihre Stärken und Schwierigkeiten Berücksichtigung finden.

Helga organisiert voller Freude an einem Samstag ein privates Schulabschlussfest, um ihren Erfolg und die Zukunft zu feiern. Am Vormittag erhält sie dann den Brief vom Arbeitsamt, in dem die Zusagen zurückgenommen werden, da die Finanzlage Einschränkungen nötig macht. Ihr mühselig aufgebautes Selbstbewusstsein bricht schlagartig zusammen und sie beschließt, sich abends nur noch »die Hucke voll zu saufen«.

Die Schulentlassungsfeier am Montag erlebt sie nur noch in Trance. Alle sind ratlos darüber, wie es weitergehen soll. Vor allen Dingen will Helga nicht mehr, denn sie sieht jetzt am Schluss wieder einmal ihre tief verankerte Haltung bestätigt, dass sie »doch doof ist«, und Doofe haben keinen Platz in unserer Gesellschaft.

Es ist zu fragen, inwieweit Helga auch diesmal wieder den Rückschlag meistern und sich neue Möglichkeiten öffnen kann.

Die Betrachtung dieses kurzen Ausschnittes von Helgas Schullaufbahn macht deutlich, dass bei ihr die Frage der Identitätsentwicklung und der Selbstfindung einen wichtigen Hintergrund für die Leistungsentwicklung und letztendlich auch für die Berufsfindung bildet.

Wie verarbeitet Helga ihre Problematik, durch die sie sich im Vergleich zu anderen immer wieder als »nicht normal« erlebt? Wie kann sie ihren eigenen Weg selbstbewusst finden und ihn dann auch gehen? Welche Chancen hat sie mit ihrer Behinderung letztendlich auf dem Arbeitsmarkt? Wie verarbeitet sie persönlich Rückschläge und Schwierigkeiten, die letzten Endes mehr mit der gesellschaftlichen Stellung Behinderter in unserer Gesellschaft zu tun haben? Und welche Chancen bieten ihr die Schule und die nachschulischen Einrichtungen, damit sie ihre Fähigkeiten und Stärken weiterentwickeln kann, um sie schließlich in einer beruflichen Tätigkeit einsetzen zu können?

Fragen über Fragen, die sich im Rahmen der Weiterentwicklung der Integration und dem Aufstieg der Schülergenerationen aus Integrationsklassen vom Grundschulbereich in die Oberschule und von dort in die Berufswelt immer brennender stellen und die beantwortet werden müssen.

Die Berücksichtigung der Übergangsphase Schule/Beruf im abgeschlossenen Berliner Schulversuch »Gemeinsame Unterrichtung und Erziehung von behinderten und nichtbehinderten Schülerinnen und Schülern im Sekundarbereich I«

Zu Beginn des überbezirklichen Schulversuchs »Gemeinsame Unterrichtung und Erziehung von behinderten und nichtbehinderten Schülerinnen und Schülern im Sekundarbereich I« in Berlin im Jahr 1990 wurde schon früh, auch im Genehmigungsschreiben für die einzelnen beteiligten Schulen, auf die besondere Bedeutung der Übergangsphase von der schulischen zur nachschulischen Integration hingewiesen. Es war aber auch deutlich, dass die Fragen des Übergangs noch ein – nicht nur im Rahmen der Berliner Integrationsarbeit – relativ neues Thema darstellten.

Von Daniels machte schon 1991 darauf aufmerksam, dass »es dringend notwendig sei, Hilfestellungen zur nachschulischen Integration bereits während der Schulzeit anzubahnen« (von Daniels 1991, S. 36).

Die Möglichkeiten der *Anbahnung nachschulischer Schritte im letzten Schuljahr* und die *Einbeziehung nachschulischer Institutionen in das 10. Schuljahr* waren als Ideen schon geboren. Schnell wurde deutlich, dass in Zukunft nicht nur Veränderungen der *Schulabschlussregelungen*, sondern auch Veränderungen von *Rahmenplänen* notwendig sein würden. Die besondere Stellung der Arbeitslehre und des Wahlpflichtbereiches wurden hervorgehoben.

Von Daniels hat darauf hingewiesen, dass die Einbeziehung integrativer Aspekte und Erfahrungen von bestehenden *Selbsthilfefirmen und begleitenden Diensten* in die Arbeitswelt und auch von nachschulischen Institutionen im Rahmen des Schulversuchs einen wichtigen Stellenwert hat. So sind Fragestellungen im Hinblick einer weitestmöglichen Einbeziehung von Lernen durch Erfahrung, im Hinblick auf die Selbstständigkeit, das Selbstständigerwerden der Schülerinnen und Schüler vorrangig zu bearbeiten. Den Schülerinnen und Schülern, die voraussichtlich keinen Abschluss erreichen können, soll die Möglichkeit eröffnet werden, ihre Schulpflicht innerhalb der Integrationsklasse zu erfüllen. Die Teilnahme am Unterricht bis zum Abschluss der 10. Klasse soll auch bei notwendiger Schulzeitverlängerung ermöglicht werden. Zur formalen Absicherung müssten Änderungen bzw. Erweiterungen von Ausführungsvorschriften (etwa Ausführungsvorschrift »Sekundarstufe I«, Ausführungsvorschrift »Gesamtschule«, Ausführungsvorschrift »Noten und Abschlüsse«) erfolgen. Auch der Weg in die Berufswelt selbst bedarf weitgehender Veränderungen.

> *»Daneben bedarf es zusätzlicher bzw. veränderter Maßnahmen zur beruflichen Eingliederung von Jugendlichen mit Behinderungen. Hierzu gehören z.B. begleitende Praktika während der Schulzeit für Menschen, die z.B. nach der ersten Arbeitserfahrung weiteren Lernbedarf (auch im Sinne eines »Nachholens«) haben. Im Rahmen des Schulversuchs sollte die Errichtung von »Diensten zur Eingliederung von Menschen mit Behinderungen in die Arbeitswelt« (die sich am italienischen Modell orientieren sollten) angestrebt werden. Die Entwicklung flexibler unterstützender Maßnahmen, wie z.B. begleitende Praktika und Arbeitsassistenzen, wie Lernangebote für berufliche Qualifikationen ohne die Voraussetzung eines formalen Abschlusses und integrationsorientierte (ökosystemische) Beratung sollten hierbei im Mittelpunkt stehen.*
> *Intensive Literatur und Praxisrecherchen zeigen, dass zu diesen zentralen Aspekten der »Übergangsthematik« relativ wenig Erfahrungen vorliegen. Ebenso stellen »Dienste zur Eingliederung von Menschen mit Behinderungen« und Modelle der Arbeitsassistenz im nachschulischen Bereich relative Ausnahmen dar und betreffen selten explizit Jugendliche/SchulabgängerInnen. Sie beziehen sich meist überwiegend auf eine Gruppe, z.B. psychisch behinderte Menschen.«* (von Daniels 1991, S. 38)

Hinsichtlich der hier benannten Erfordernisse sind in verschiedenen Bundesländern in den letzten Jahren erste Fortschritte erzielt worden.[1]

In den Berliner Gesamtschulen »Sophie-Scholl-Oberschule« und »Bröndby-Oberschule« wurde schon in den frühen neunziger Jahren großer Wert auf die besondere Berücksichtigung der »Übergangsphase« gelegt. Es zeigte sich, dass hier große Pionierarbeit zu leisten war, die mühsam Schritt für Schritt mit den Einzelpersonen und angrenzenden Institutionen erarbeitet werden musste.

1 So z.B. mit dem Reutlinger Modellprojekt zur beruflichen Eingliederung von Personen mit einer so genannten geistigen Behinderung als Brücke zum allgemeinen Arbeitsmarkt, dem Eutiner Kooperationsprojekt Jugendarbeit und Förderschule oder dem vom Europäischen Sozialfonds unterstützten Projekt des Institutes für produktives Lernen an Berliner Schulen, das der Berufsorientierung und Berufswahl der Schülerinnen und Schüler dienen soll, auch das in Hamburg praktizierte Modell der nachschulischen Arbeitsassistenzen bemüht sich um die aus den Integrationsklassen in die Berufswelt entlassenen Schülerinnen und Schüler.

Mit der zunehmenden Zahl von behinderten Schülerinnen und Schülern, die in die allgemeine Oberschule übergingen und dann die 9. bzw. 10. Klasse erreichten, stellte sich das Problem des unvorbereiteten Übergangs immer stärker und wurde zum strukturellen Problem in Berlin, das weiterhin in Einzelaktivitäten versucht wurde zu lösen.

Im Mai 1993 wurde an der »Bröndby-Oberschule« die Idee eines »Berufswahlprojektes« entwickelt. Dabei war zunächst die entscheidende Antriebsfeder die positive Resonanz der Schüler auf Erfahrungen mit der Arbeitswelt im für alle Schüler obligatorischen Berufspraktikum und später die Frage, was denn aus den Praktikumserfahrungen geworden sei.

In der Regel bleibt den Schülerinnen und Schülern nach dem Betriebspraktikum nur das Berichtsheft; es gibt keine weiteren Kontakte zum Praktikumsbetrieb. Aber sie haben nun »gelernt« und das Bewusstsein, ohne Hauptschulabschluss nichts zu sein. Am Ende steht dann oft die Hilf- und Orientierungslosigkeit jener mit geringer Absschlussqualifikation.

Fragen stellten sich, die bisher nicht beantwortet wurden:

- Was kann die Schule leisten an Qualifizierung für Schüler ohne Abschluss?
- Welche Funktion hat die 10. Klasse für diese Schüler?
- Was kommt nach der 10. Klasse?
- Gilt es angesichts der realen Situation auf dem Arbeitsmarkt, die Schüler auf das mögliche »Scheitern«, die Arbeitslosigkeit, vorzubereiten?

Das Ausgangsproblem des Schulversuchsprojektes war, *dass die Schüler voraussichtlich keinen Abschluss erreichen werden*, und die Frage war, wie sie (und wir!) auf diese Situation reagieren. Es zeigte sich, dass es den Schülern schwer fiel, vor sich und anderen zu formulieren, voraussichtlich ohne Abschluss zu sein, und noch schwerer, die Erkenntnis zuzulassen, ohne Hauptschulabschluss nichts zu sein. Dies führte oft dazu, dass das, was den Jugendlichen nicht bekannt ist, wovor sie sich fürchten, das ist, was sie dann auch verdrängen, nach hinten schieben, nicht wahrhaben wollen.

Im Mittelpunkt der ersten Phase des Projektes stand deshalb die Auseinandersetzung mit der und das Bewusstwerden über die eigene Situation, um sich dann einem Ziel, einer eigenen Perspektive nähern zu können.

Mittels der *Berufsberatung* werden üblicherweise Informationsmöglichkeiten gegeben.

Die Möglichkeiten der Berufsberatung durch den Berufsberater des Arbeitsamtes an der Schule sind aber in der Regel mit erheblichen Anlaufschwierigkeiten verbunden, sodass diesem Bereich besondere Aufmerksamkeit geschenkt wurde. In dem Projekt wurden dann auch die ersten Gespräche mit dem Berufsberater gemeinsam geführt.

Im Vordergrund stand das Bemühen, die Schüler Bedürfnisse, Interessen, Vorstellungen und Fragen formulieren zu lassen und diese als Grundlage für die weitere Beratung zu nutzen. Die ersten Termine bedeuteten für die Schüler eine Konfrontation mit Ernstsituationen, eine Einübung in das Arbeitsleben und die Auseinandersetzung mit entscheidenden Situationen.

Es mussten denn auch vorwiegend passive *Arbeitstugenden* mobilisiert werden, die für diese Schüler oftmals eine nur schwer zu überwindende Hürde darstellen, die in der Regel mit Angst besetzt ist und auf die mit Vermeidung reagiert wird.

Es galt, Termine anzunehmen und sie auch einzuhalten, die Pünktlichkeit bei Terminen und Formen der Höflichkeit waren einzuüben.

Es wurde schnell deutlich, dass als wesentliche Voraussetzung für das Entwickeln oder Aktivieren dieser passiven Arbeitstugenden *Ich-Autonomie und Selbstsicherheit* zu trainieren waren.

Im Laufe des Projektes zeigte sich bei den Kollegen und auch bei anderen Schülern ein großes Informationsdefizit und -bedürfnis bezogen auf nachschulische Perspektiven. Die Beteiligten am Berufswahlprojekt entwickelten sich langsam zur allgemeinen Infomationsstelle, zu Kennern der Berufswahlszene, deren Spezialwissen gefragt war.

Dabei führte die verstärkte Auseinandersetzung mit den Fragen der Berufsorientierung nicht nur zu einer intensiveren Hinwendung nach außen, sondern ebenfalls zur umfassenderen Beschäftigung mit den Anforderungsprofilen innerhalb des Unterrichts.

Insgesamt wurde den Kolleginnen und Kollegen deutlich, dass es hier um grundsätzliche Fragen der Weiterführung der Integration ging, die auf breiter Ebene besprochen und weiter bearbeitet werden müssen.

Der Schulversuch »Berufsorientierung und -vorbereitung für Schülerinnen und Schüler mit sonderpädagogischem Förderbedarf in der Sekundarstufe I in Berlin«

Mit der Novellierung des § 10 a des Schulgesetzes für Berlin im April 1996, die die generellen Bemühungen um Integration von Schülerinnen und Schülern mit sonderpädagogischem Förderbedarf erweitert hat, wurde der Senat von Berlin beauftragt, einen »landesweiten Schulversuch in der Sekundarstufe I zur beruflichen Vorbereitung und Eingliederung von Schülern und Schülerinnen mit sonderpädagogischem Förderbedarf« durchzuführen. Damit sollte aus den bisherigen ersten Ansätzen, wie sie oben erwähnt wurden, eine generelle Konzeption für die nun zahlreicher werdenden integrativ unterrichteten Jugendlichen mit Behinderungen gefunden werden.

Auf dieser Grundlage wird ab Schuljahr 1996/97 ein fachlich-pädagogisch begleiteter Schulversuch vorbereitet und durchgeführt, der die zuvor beschriebenen Erfahrungen der Kolleginnen und Kollegen in der Übergangsphase aufnimmt und ihnen einen sachgemäßen Stellenwert zumisst. Im Schuljahr

1997/98 nehmen zehn Schulen der allgemeinbildenden Oberschule an diesem Schulversuch teil.

Nachfolgend wird eine Kurzfassung der *Konzeption* des landesweiten Schulversuchs in der Sekundarstufe I zur beruflichen Vorbereitung und Eingliederung von Schülerinnen und Schülern mit sonderpädagogischem Förderbedarf dargestellt.

Zielsetzungen des Schulversuchs

Der Schulversuch soll klären, wie Schülerinnen und Schüler mit sonderpädagogischem Förderbedarf in ihrer sozialen und kognitiven Entwicklung sowie durch Erweiterung von Handlungskompetenzen positiv gefördert werden können, sodass sie am Ende ihrer Schulpflichtzeit bessere Voraussetzungen für die Eingliederung in berufliche Ausbildung bzw. in qualifizierte Erwerbstätigkeit erlangen.

Gleichzeitig soll der Anspruch der nichtbehinderten Schülerinnen und Schüler auf allseitige Entfaltung ihrer Persönlichkeit einschließlich einer optimalen Lernentwicklung sichergestellt werden. Die Maßnahme gilt insgesamt der Intensivierung der Vorbereitung der gesamten Schülerschaft auf den Übergang ins Berufsleben.

Zur Verbesserung der Arbeits- und Lebenssituation der Teilnehmerinnen und Teilnehmer am Schulversuch sind vielfältige Formen der Kooperation mit schulischen und außerschulischen Institutionen zu erschließen (z.B. Berufsbildende Oberschulen, Sonderschulen, Berufsberater, Betriebe).

Ziel des Schulversuchs soll es sein, *Möglichkeiten für einen berufsbefähigenden Abschluss zu erproben*. Es soll u.a. erarbeitet werden, welche Abschlussqualifikationen für die Teilnehmerinnen und Teilnehmer am Schulversuch infrage kommen. Dabei sind – unter Berücksichtigung der prinzipiellen Durchlässigkeit des Berliner Schulwesens – Kooperationsformen zwischen den allgemeinbildenden Oberschulen und Sonderschulen einerseits und Berufsbildenden Schulen andererseits zu erproben.

Ausstattung

Die Regelausstattung für eine Integrationsklasse in der Sekundarstufe I im Rahmen der abweichenden Organisationsform[1] beträgt 12 Lehrerstunden für sonderpädagogische Förderung (bei drei Kindern mit Förderbedarf) und 6 Lehrerstunden für Differenzierung. Zusätzlich wird der Frequenzausgleich berücksichtigt.

1 Eine Regelung für weniger grundsätzliche Abweichungen von der Regelform als diejenigen bei Schulversuchen (z.B. müssen die Eltern nicht mehr ihr Einverständnis geben).

Die am Schulversuch beteiligten allgemeinbildenden Oberschulen erhalten für Aufgaben der Koordination, der Fortbildung und der Zusammenarbeit mit der fachlich-pädagogischen Begleitung 12 Lehrerstunden als zusätzliche Ausstattung. Die Sonderschulen im Schulversuch erhalten eine zusätzliche Personalausstattung für den 10. Jahrgang. Die notwendigen Sachmittel sind vom jeweiligen Schulträger aufzubringen.

Unterrichtskonzeptionen

Grundsätzlich erfolgen in den Integrationsklassen Unterricht und Erziehung sowie die außerunterrichtliche Betreuung im Rahmen der Sekundarstufen-I-Ordnung bzw. der Gesamtschulordnung. Die unterrichtlichen Zielsetzungen müssen für die Schülerinnen und Schüler mit sonderpädagogischem Förderbedarf individuell festgelegt werden.

Die didaktischen Entscheidungen und die methodische Vorgehensweise für die Schülerinnen und Schüler mit sonderpädagogischem Förderbedarf sind u.a. gekennzeichnet durch:

- die Einbeziehung von Unterrichtsinhalten und -formen, die das Herausbilden einer möglichst ausgereiften sozialen Kompetenz zum Ziel haben;
- handlungsorientierte Lernformen mit fächerübergreifender Akzentuierung des Stellenwerts der Arbeitslehre;
- eine handlungsorientierte Einbindung der Berufsorientierung in die Arbeitslehre;
- verstärkte Projektarbeit;
- individuelle Förderpläne, wobei nach Möglichkeit Erfahrungen der Schule für Lernbehinderte einzubeziehen sind; und durch
- die Durchführung erweiterter Betriebspraktika für die Schülerinnen und Schüler mit sonderpädagogischem Förderbedarf.

Bildungsgang, Zeugnisse und Abschlüsse

Für Schülerinnen und Schüler mit sonderpädagogischem Förderbedarf wird bis zum Ende der Jahrgangsstufe 9 nicht über Versetzungen entschieden. In der Regel verbleiben sie aus pädagogischen Gründen in der Integrationsklasse, in die sie in Klassenstufe 7 aufgenommen wurden.

Spätestens bis zum Ende des dritten Monats der Klassenstufe 9 ist erneut ein sonderpädagogisches Gutachten zu fertigen. Unter Berücksichtigung dieses Gutachtens, einer einzuholenden Stellungnahme der zuständigen Berufsberatung und den bisher gezeigten Leistungen erarbeitet die Klassenkonferenz bis Anfang Januar des Jahres einen Vorschlag über den weiteren Bildungsweg der Schülerinnen und Schüler mit sonderpädagogischem Förderbedarf. Dabei sind verschiedene Alternativen möglich.

Fortbildung der Lehrerinnen und Lehrer im Schulversuch

Die am Schulversuch beteiligten Personen erhalten ein begleitendes Fortbildungsangebot mit unterschiedlichen inhaltlichen Schwerpunkten.

Fachlich-pädagogische Begleitung

Für die fachlich-pädagogische Begleitung werden 1 ½ Stellen zur Verfügung gestellt. Die Zuständigkeit für die fachlich-pädagogische Begleitung des Schulversuchs liegt bei der Senatsverwaltung für Schule, Jugend und Sport sowie einem Projektberater im Schulversuch (Oberschulbereich).

Die Aufgaben der fachlich-pädagogischen Begleitung liegen schwerpunktmäßig in vier Bereichen:

- Schulbetreuung und Beratung;
- Entwicklung neuer Ansätze zur beruflichen Eingliederung;
- Fortbildung und
- inhaltliche Arbeiten.

Das Fallbeispiel Simone

Wie schon eingangs erwähnt, sind die Entwicklungsverläufe der Schülerinnen und Schüler oft sehr individuell geprägt und schwer in Schemata zu passen. Die schulischen Angebote müssen daher sehr weit gefasst sein, um auf die speziellen Anforderungen und Bedürfnisse der Schülerinnen und Schüler adäquat reagieren zu können.

Andererseits besteht aber auch das Bedürfnis der Schulverwaltung, Dinge »regelbar« zu halten, das heißt, sie in vergleichbare Formen zu bringen. Hier entstehen u.U. Konfliktsituationen, die den Unmut der Betroffenen provozieren.

An dem Beispiel Simone lässt sich verdeutlichen, dass *eine Ausdehnung schulischer Angebotsmöglichkeiten*, wie sie auch im neu geschaffenen Schulversuch vorgesehen ist, den individuell geprägten Entwicklungsverläufen von Kindern mit sonderpädagogischem Förderbedarf positiv Rechnung tragen kann.

Simone besuchte von der 2. Klasse bis zum Ende der 6. Klasse in der Grundschule eine Integrationsklasse, sie zeigte allgemeine Lernschwierigkeiten und wurde zieldifferent orientiert am Rahmenplan der Sonderschule unterrichtet. Nach der Grundschule wechselte sie auf eine Gesamtschule über, in der sie weiterhin zieldifferent unterrichtet wurde.

Bei der Erfüllung der Aufgaben ist sie öfter unsicher und benötigt oft zusätzliche Bestätigungen. Wenn ihr die Aufgabenstellungen zu schwer erscheinen, flüchtet sie häufig in die Einrichtung ihres Arbeitsplatzes (Anspitzen von Bleistiften etc.); wenn sie sehr gefordert ist, blockiert sie allerdings und verweigert vollständig die Mitarbeit.

Im letzten Halbjahr der 9. Klasse konnte eine deutliche Leistungssteigerung festgestellt werden, besonders in den Fächern Deutsch und Mathematik. In Teilbereichen war sie jetzt in der Lage, den Anforderungen des Rahmenplans der Gesamtschule zu entsprechen. Insgesamt ist aber zu erwarten, dass Simones Leistungsvermögen in Teilbereichen beeinträchtigt bleibt.

Simone hat allerdings unter den Bedingungen der Integrationsklasse große Fortschritte gemacht, da sie im sozialen Bereich ihren Klassenkameraden gleichgestellt war und von der schulischen Situation in allen Lernbereichen profitierte.

Simone wird aber voraussichtlich auf dem Hintergrund ihrer Lernschwierigkeiten und Entwicklungsverzögerung am Ende der 9. Klasse noch keine Versetzung in die 10. Klasse erhalten. Durch ihre hohe Motivation liegt das Erreichen des Hauptschulabschlusses durchaus in ihren Möglichkeiten

Im Regelfall müsste Simone aufgrund der vorliegenden Regelungen mit dem Nichtversetzen in die 10. Klasse entweder eine 9. Klasse wiederholen, das heißt ihre Integrationsklasse verlassen, oder auf einen so genannten berufsvorbereitenden Lehrgang (BB 10) überwechseln.

Beides war von keinem der Beteiligten gewünscht; es konnte durch die Anregungen und formalen Neuregelungen im Schulversuch ein anderer Weg eingeschlagen werden: Schon in der 8. Klasse begannen die betreuenden Lehrerinnen und Lehrer mit Gesprächen über die Gestaltung der Übergangsphase und die nachschulische Ausbildungs- bzw. Arbeitssituation. Bedingt durch die langen Anmelde- und Bearbeitungszeiten der Reha-Berater beim Arbeitsamt wurden schon Ende der 8. Klasse von der Klassenlehrerin Kontakte zum Arbeitsamt geknüpft und die Anmeldung zur Beratung und Untersuchung durch den Reha-Bereich des Arbeitsamtes vorgenommen.

Simone erhielt durch die frühe Beschäftigung mit Fragen der Berufswahl auch genügend Anregung zur Auseinandersetzung mit dem Thema der Berufswahl. Tatsächlich entwickelten sich bei ihr feste Berufsvorstellungen. Sie wollte Malerin oder Lackiererin werden. Bei den im 9. Schuljahr erfolgten Beratungsgesprächen im Arbeitsamt wurden weitere Berufsvorschläge für Simone entwickelt, hinzu kamen die Berufe Schwimmmeistergehilfin, Glas- und Porzellanmalerin sowie Floristin.

Die ärztliche Untersuchung brachte dann allerdings eine Ernüchterung, denn bedingt durch eine Allergieanfälligkeit blieb von den ausgewählten Berufsmöglichkeiten nur die der Floristin übrig. Abweichend von den sonstigen Regelungen, die ein einmaliges, dreiwöchiges Berufspraktikum vorsehen, wurde für Simone ein »*Schnupperpraktikum*« in einer Gärtnerei vorgeschaltet, das den Berufswunsch Floristin weiter verstärkte. Tatsächlich konnte Simone dann auch in ein Blumengeschäft (das Beste am Platze!) vermittelt werden und dort ihr Praktikum absolvieren. Es wurde ein großer Erfolg für sie, denn der Besitzer dieses Blumengeschäfts schätzt ihr handwerkliches Geschick und ihre kreativen Einfälle sehr.

Übermotiviert kehrte Simone aus dem Praktikum zurück und zeigte vermehrt Interesse an ihrem weiteren schulischen Leistungsweg.

Da für Simone eine vertraute Lernatmosphäre eine große Rolle spielt, kamen ihr die Neuregelungen des Schulversuchs sehr entgegen. Sie kann in ihrer Klasse verbleiben und in die 10. Klasse überwechseln und dann bis zum Ende des 1. Halbjahrs entscheiden, ob sie im zweiten Halbjahr in einer 9. Klasse gastweise den Unterricht besucht, um dann mit einer Versetzung in eine 10. Klasse den Hauptschulabschluss zu erwerben. Gerade für Simone sind die jetzt vorhandenen Bedingungen in ihrer Klasse so entscheidend, dass zu erwarten ist, dass die jetzt vorhandene Motivation für eine Ausbildung/Arbeit nach der Schule ihr zusätzliche Kräfte verleihen werden.

Bei Nichtvorhandensein dieser frühen Einstellung auf die Probleme bei der Berufswahl von Schülerinnen und Schülern mit sonderpädagogischem Förderbedarf sowie einer rigiden Vorgehensweise bei Fragen der Schullaufbahn wäre zu erwarten gewesen, dass Simone nicht zu einer kontinuierlichen Leistungsentwicklung und Steigerung der Motivation hätte finden können.

Anders als die anfangs beschriebene Helga kann Simone trotz ihrer vorhandenen Schwierigkeiten ein positives Bild von sich aufbauen, das ihr genügend Motivation gibt, auch belastende Situationen auszuhalten und positiv zu gestalten.

Sicherlich wird Simone auch im weiteren Berufsleben Klippen zu umschiffen haben. Ihre bisherige Entwicklung sollte aber genügend Herausforderung sein, auch diesen Bereich für Menschen mit sonderpädagogischem Förderbedarf so zu gestalten, dass unkonventionelle Lösungen möglich sind, die den unterschiedlichen Entwicklungsverläufen und Förderbedürfnissen Rechnung tragen. Nach dem Übergang der Schülerinnen und Schüler in die Berufsausbildung und das Berufsleben steht genau das im Blickpunkt, und es wird notwendig sein, die Errungenschaft integrativer Erziehung auch in diesem Bereich zum Tragen kommen zu lassen.

Ansätze hierzu gibt es bereits, und sie sollten weiterverfolgt und ausgebaut werden.

Literatur

Daniels, S.v.: Übergangsphase schulische-nachschulische Integration. In: Maikowski, R. (Hrsg.): Bericht der Wissenschaftlichen Begleitung über das 1. Jahr des überbezirklichen Schulversuchs »Gemeinsame Unterrichtung und Erziehung von behinderten und nichtbehinderten Schülerinnen und Schülern im Sekundarbereich I« in Berlin. Pädagogisches Zentrum 1991, S. 38–49.

Pubertät, Jugendphase und Integration

Josef Grubmüller

Pubertät und pädagogische Konfliktlösungen im Gemeinsamen Unterricht an Sekundarstufenschulen

Vorbemerkung

Eine schnell wachsende Gruppe nichtbehinderter und behinderter Schülerinnen und Schüler drängt aus Grundschulklassen mit Gemeinsamem Unterricht in die Sekundarstufenschulen. Für alle Kinder ist dieser Schulwechsel, der erste Übergang zwischen zwei Subsystemen unseres Bildungssystems, mit Verunsicherungen verbunden. Dies besonders, weil er oft schon in der Vorpubertät stattfindet. Für Schülerinnen und Schüler aus Integrationsklassen treten in diesem Lebensabschnitt, in dem Jugendliche nach möglichst großer Gemeinsamkeit mit ihrer Altersgruppe streben, zusätzliche Verunsicherungen auf. Die Auseinandersetzung mit dem eigenen und dem fremden Anderssein, mit Behinderungen und mit Versagenserlebnissen wird erneut und jetzt verstärkt zum Thema der nichtbehinderten und der behinderten Mädchen und Jungen. Oft versuchen verunsicherte Lerngruppen, sich durch Ausgrenzung der schwächsten Gruppenmitglieder zu stabilisieren. Zur pädagogischen Konfliktlösung sind daher qualifizierte Interventionen notwendig.

Deshalb will ich zunächst einige wichtige Voraussetzungen dieser Interventionen im Rahmen des besonderen schulpädagogischen Settings des Gemeinsamen Unterrichts darstellen, um dann zur Darstellung verschiedener Interventionsmöglichkeiten der Lehrerinnen und Lehrer für die pädagogischen Konfliktlösungen zu kommen.

Voraussetzungen für Interventionen zur pädagogischen Konfliktlösung

Abgrenzung und Zusammenarbeit, Arbeitsvoraussetzung der Teams und Vorbild für die Konfliktlösung der Schülerinnen und Schüler

Eine wesentliche Voraussetzung für pädagogische Konfliktlösungen und für tragfähige integrative Prozesse ist die *Teamarbeit.* Im Gemeinsamen Unterricht kooperieren Professionelle mit sehr unterschiedlichen Qualifikationen wie Sozialpädagogen, Erzieher, Integrationshelfer, Therapeuten und Lehrer aller

Schularten am Arbeitsplatz Schule. Erfolgreiche Kooperation erfordert zunächst eine klare Abgrenzung der Arbeitsfelder aller Kooperationspartnerinnen und -partner.

Der Erziehungs- und Bildungsauftrag der Schule, der von den Lehrerinnen und Lehrern umzusetzen ist, orientiert sich am kognitiven, affektiven und sozialen Lernprozess der Kinder in der Schule. Er grenzt damit das schulpädagogische Arbeitsfeld von den übrigen pädagogischen oder therapeutischen Arbeitsfeldern ab. Diese orientieren sich am außerschulischen Lernen und an der physischen, psychischen und sozialen Entwicklung der Schülerinnen und Schüler. Lehrer und insbesondere Sonderschullehrer arbeiten bei Lern- und Erziehungsproblemen der Jungen und Mädchen zwar ebenfalls in diesen Arbeitsfeldern; Ausgangspunkt und Ziel ihrer Arbeit ist jedoch in Abgrenzung zu Sozialpädagogen und Therapeuten der schulische Lernprozess.

Um den Integrationsprozess nicht auf das schulische Lernen zu begrenzen, müssen die besonderen Bedingungen zur Entfaltung der unterschiedlichen Qualifikationen aller Kooperationspartner beachtet werden.

Auch bei gründlicher Klärung aller Fragen der Zusammenarbeit durchläuft jedes Team des Gemeinsamen Unterrichts einen *Gruppenbildungsprozess*, dessen typischer Verlauf bekannt sein sollte, um nicht unnötige Verunsicherungen zu erzeugen. In der Regel tritt in Gruppenbildungsprozessen nach der ersten euphorischen Phase, in der sich alle gut verstehen, eine Krisenphase ein. Erst aus der produktiven Bewältigung dieser Krise entsteht die Fähigkeit des Teams zur gemeinsamen zielgerichteten Arbeit. Die Erfahrung zeigt, dass Teams, die schon zu Beginn ihrer Arbeit klare Vereinbarungen getroffen haben, diese Krisenphase ohne persönliche Kränkungen und schneller durchlaufen können und deshalb früher eine befriedigende Teamarbeit entwickeln.

Die Teamsituation mit ihren Möglichkeiten zum Feedback und zur multiprofessionellen Reflexion von Problemfeldern bildet einen wichtigen Hintergrund für die Interventionen zur pädagogischen Konfliktlösung in Klassen mit Gemeinsamem Unterricht.

Darüber hinaus hat das Konfliktlösungsverhalten der Pädagogen untereinander für die Jugendlichen eine ganz entscheidende Vorbildfunktion.

Integrative Prozesse und die dazugehörenden pädagogischen Konfliktlösungen brauchen einen klar strukturierten Zeitrahmen

Neben der Teamsituation ist ein ausreichend großer und klar strukturierter *Zeitrahmen* eine wichtige Voraussetzung für die Entwicklung integrativer Prozesse. Klassen mit Gemeinsamem Unterricht sollen einen großen Teil ihrer Zeit in der Schule zusammen verbringen. Dies wird in den höheren Klassen immer schwieriger, muss aber bis zum Verlassen der Schule sichergestellt sein. Im Stundenplan müssen Zeiten für offene Unterrichtsformen wie Wochenplan,

Arbeitsplan, Freiarbeit etc. und Zeiten für Projekttage ohne Unterbrechung durch Fachunterricht eingeplant werden. In jeder Klasse muss mindestens eine Stunde pro Woche zur Verfügung stehen, in der ohne Zeitdruck über Probleme in der Klasse diskutiert werden kann. Die oben beschriebenen Interventionen zur pädagogischen Konfliktlösung haben hier einen möglichen Ort.

Offene Unterrichtsformen schaffen günstige Bedingungen für integrative Prozesse und pädagogische Konfliktlösungen

Viele Sekundarstufenschüler aus den Klassen mit Gemeinsamem Unterricht *bringen Erfahrungen in Wochenplanarbeit, Freier Arbeit und Stationslernen aus der Grundschule mit*. Wenn es gelingt, die notwendigen zeitlichen Freiräume zu schaffen, kann die Sekundarstufe auf ihrem Leistungsniveau an diese Fähigkeiten anknüpfen. Freiräume für offene Unterrichtsformen können beispielsweise geschaffen werden, wenn an einem Tag in der Woche nur das Kernteam und keine Fachlehrer in der Klasse eingesetzt werden. Zeit für die Wochenplanarbeit steht zur Verfügung, wenn die Fächer Deutsch, Mathematik, Gesellschaftslehre und Englisch jeweils eine Stunde in die Wochenplanzeit einbringen. Im Wochenplan wird dann auch Stoff aus diesen Fächern differenziert und selbstständig bearbeitet. Diese offenen Unterrichtsformen mit einem hohem Maß an Differenzierung und Individualisierung bilden günstige Voraussetzungen für gemeinsame Tätigkeiten und damit für integrative Prozesse. Für die oben beschriebenen Interventionen zur pädagogischen Konfliktlösung ist es von ganz erheblicher Bedeutung, dass in offenen Unterrichtsformen auch hoch begabte Mädchen und Jungen Arbeitsaufträge erhalten, die ihnen Erfahrungen im Umgang mit ihrer persönlichen Leistungsgrenze ermöglichen.

Pädagogische Interventionen setzen eine differenzierte Problemwahrnehmung voraus

Die *Angst vor dem Nichterreichen der Leistungen*, die von anderen erwartet werden oder die Jugendliche von sich selbst erwarten, ist in allen Schulklassen ein offenes oder heimliches Thema. Zusammen mit den durch die Pubertät entstehenden Verunsicherungen wird dieses Thema für alle besonders bedrohlich. Wie oben bereits angedeutet, kann in Klassen mit Gemeinsamem Unterricht die Konfrontation mit dem eigenen und fremden Anderssein, mit Behinderungen und Versagenserlebnissen zu weiteren Verunsicherungen führen. Mit der Pubertät entsteht zudem der starke Wunsch nach möglichst großer Übereinstimmung mit der eigenen Altersgruppe, der besonders für viele behinderte Jugendliche nicht zu befriedigen ist. Ich habe die Erfahrung gemacht, dass sowohl behinderte als auch nichtbehinderte Schüler die Problematik immer ansprechen, wenn auch verdeckt oder manchmal mit einem anderen Thema verwoben. Wenn Lehrkräfte der Klassen mit Gemeinsamem Unterricht ihre Aufmerksamkeit darauf richten, können sie diesen Kommunikationswunsch wahrnehmen und zum richtigen Zeitpunkt intervenieren.

Es gab beispielsweise in allen Klassen mit Gemeinsamem Unterricht, in denen ich gearbeitet habe, früher oder später Beschwerden und Proteste der Schülerinnen und Schüler über den Wochenplan. Dabei wurden vor allem der unterschiedliche Aufgabenumfang, der unterschiedliche Schwierigkeitsgrad und die unterschiedliche Bewertung der für alle zunächst gleichen Schulleistungen kritisiert. Einige fühlten sich im Vergleich zu den behinderten Schülern völlig ungerecht behandelt. Hier entsteht eine Gelegenheit zur Thematisierung der oben beschriebenen meist verdeckten Thematik.

Arbeitsformen zur pädagogischen Konfliktlösung müssen in der Lerngruppe kontinuierlich erarbeitet und ritualisiert werden

Eine hilfreiche Möglichkeit, Sicherheit in sozialen Situationen aufzubauen, ist die *Einübung von Ritualen.* In vielen Lebensbereichen aller Kulturen finden wir Rituale. Sie bringen Kontinuität und Sicherheit in unsicheren und neuen Lebenssituationen, wie z.B. beim Kennenlernen fremder Menschen, bei Hochzeit, Geburt, Tod usw.

Der Gemeinsame Unterricht konfrontiert alle beteiligten Jugendlichen mit eigenen Stärken und Schwächen. Das kann zu persönlichen Verunsicherungen führen. Eine pädagogische Auseinandersetzuung mit den dadurch entstehenden Konflikten ist wesentlich produktiver, *wenn schon im Vorfeld verschiedene ritualisierte Gesprächs- und Arbeitsformen entwickelt und eingeübt wurden.* Das können z.B. Morgenkreisrituale, Wocheneinstiegsgespräche, Klassenrat, Wochenabschlusskreis oder verschiedene Konfliktrituale sein.

Im Folgenden möchte ich ein Beispiel schildern, wie ein Konfliktritual aussehen kann. Fritz, ein zwölfjähriger Schüler mit starken Verhaltensproblemen, hatte im Pausenhof einen Konflikt mit einem Mitschüler. Dabei würgte er ihn heftig. Für Konfliktgespräche war in der Klasse schon vor dem Konflikt folgendes Ritual etabliert: Zunächst erzählen alle Schüler im Stuhlkreis nacheinander, was sie von dem Konflikt gesehen haben. Der Lehrer achtet darauf, dass dabei möglichst wenig interpretiert oder gewertet wird. Danach haben die direkt Beteiligten die Möglichkeit, die Situation aus ihrer Sicht darzustellen.

Allein durch das vorangegangene Feedback der Gruppe ändert sich oft schon die Wahrnehmung der direkt Beteiligten, und eine Lösung beginnt sich anzubahnen. Wenn die Beteiligten es wünschen, kann zum Schluss noch eine »Ratschlagrunde« der Gruppe erfolgen. Danach erhalten die Konfliktpartner das Angebot, im Zweiergespräch die Situation weiter zu klären und ihr Ergebnis der Gruppe später mitzuteilen. Nach diesem Ritual wurde der oben genannte Konfliktfall bearbeitet. Die Schüler benannten nacheinander ihre Wahrnehmung. Als Fritz an der Reihe war, sagte er: »Ich weiß nicht, was ich machen soll. Das kommt dann einfach immer so über mich. Dann hab ich keine Kontrolle mehr.«

In der Ratschlagrunde wurden verschiedene Vorschläge gemacht. Tom, ein sozial sehr anerkannter Schüler, riet Folgendes: »Ich kenne selbst auch solche Situationen. Bei mir ist das so. Bevor ich die Kontrolle verliere, merk ich so ein Kribbeln in meinem Bauch, und dann weiß ich, dass ich weggehen muss.«

Fritz löste nach diesem Gespräch den konkreten Konflikt mit seinem Konfliktpartner selbstständig. Danach konnte er wesentlich besser mit seinen Aggressionen umgehen. Durch den neu entstandenen Kontakt zu Tom und durch gemeinsames Fußballspielen wurde er besser in die Lerngruppe integriert.

Interventionen zur pädagogischen Konfliktlösung

Die Beschwichtigung und die Vernachlässigung der Differenzen

Sehr weit verbreitet ist die Betonung der Gleichheit bei gleichzeitiger Vernachlässigung der Differenzen durch die Lehrer. »Wir sind doch eine Klasse und halten fest zusammen, und wenn nicht alle die gleiche Leistungen schaffen, ist das nicht schlimm.«

Die eigentlichen Fragen der Kinder, gerade wenn sie in die Pubertät kommen: »Wie können wir mit unseren Unterschieden, mit unserem Anderssein umgehen?« und »Wie ist das mit der Gerechtigkeit bei der Bewertung von Leistung und Versagen?«, werden damit unterdrückt. Die zum Gemeinsamen Unterricht und zur Integration gehörenden Differenzen werden nicht offen angesprochen. Sie können dann nur noch als heimliches Thema behandelt werden. Damit werden sie der spontanen Gruppendynamik überlassen. Dann muss aber damit gerechnet werden, dass eine heimliche Hackordnung entsteht. Jugendliche mit starken Verhaltensproblemen landen dabei meist ganz unten. Eine besondere Rolle spielen hier die so genannten »Grenzfallkinder«, die aus Angst, selbst zu »den Behinderten« gezählt zu werden, diesen gegenüber nicht selten eine aggressive Ausgrenzungsstrategie betreiben. Fatal ist, dass eine solche Struktur nach außen als relativ ruhige Gruppensituation erscheinen kann. Erst wenn die Ausgegrenzten stark aggressiv oder depressiv reagieren, entsteht wieder Dynamik, deren Ursache nur noch schwer erkennbar ist.

Die bedingungslose Konfrontation und die Individualisierung der Problematik

Neben diesen beschwichtigenden Interventionen, die jede Konfrontation vermeiden und die Schülerinnen und Schüler mit ihrer Problematik allein lassen, ist auf der anderen Seite eine *unreflektierte Konfrontationsstrategie* beobachtbar. Besonders in der Sekundarstufe und hier bei Fachlehrern habe ich beobachtet, dass behinderte Jugendliche unvermittelt vor der Klasse angesprochen wurden. »Du bist doch behindert, erzähl uns mal etwas darüber.« In der Regel führt das dazu, dass die behinderten Mädchen und Jungen völlig sprachlos werden. Die gesamte Problematik des Umgangs mit Leistung, Versagen und Behinderung, die für alle Schüler und selbst für die Lehrer ein ständiges Thema ist, wird durch Interventionen dieser Art zum individuellen Problem eines einzelnen behinderten Jugendlichen.

Eine sehr selbstbewusste körperbehinderte Schülerin berichtete mir über eine Situation, in der es ihr gelang, diese Struktur zu durchbrechen. Sie antwortete auf die Aufforderung einer Lehrerin, vor der Klasse über ihre Behinderung zu sprechen: »Ich bin gern bereit, offen über meine Behinderung zu sprechen, wenn auch Sie bereit sind, offen über ihre Schwächen zu sprechen.« Dies führte zu einer völligen Verunsicherung der Lehrerin, die immer wieder betonte, dass sie es doch gut gemeint habe.

Reflexionen über Lernen und selbstreflexives Lernen als Intervention zur pädagogischen Konfliktlösung

Demgegenüber sind brauchbare Interventionen zur pädagogischen Konfliktlösung nur vermittelt möglich. Es muss eine sichere soziale Situation in der Lerngruppe gestaltet werden, in der es möglich ist, offen über Wahrnehmungen des Andersseins, über die Trauer wegen der Behinderung, über Versagenserfahrungen, aber auch über die Freude an der eigenen Leistungsfähigkeit sprechen zu können.

Erfahrungsaustausch und gemeinsame Reflexionen über besondere persönliche Eigenarten zu lernen, zu behalten, zu vergessen, etwas nicht zu können, so sehr man sich auch anstrengt oder wie sehr man es sich wünscht, bilden einen brauchbaren Ansatzpunkt, um mit Lerngruppen über die von den Jugendlichen angesprochenen Themen zu arbeiten und gleichzeitig in einem pädagogischen Setting zu bleiben.

Die Lehrerinnen und Lehrer können hier ihr professionelles Wissen über das Lernen von Menschen und eigene Lernerfahrungen einbringen. Sie müssen nicht therapeutische Interventionen ohne die notwendige Qualifikation und ohne das dafür brauchbare Setting durchführen. Für therapeutische und sozialpädagogische Aufgaben sind die dafür qualifizierten Teammitglieder oder externe Helfer heranzuziehen.

Alle Mitglieder der Lerngruppe sind aus eigener Erfahrung »Experten« auf dem Gebiet des erfolgreichen Lernens und des Versagens. Sie sollten über eigene Lernerfahrung sprechen.

Sinnvolle Gespräche über das Lernen von einzelnen Mitschülern gegen deren Wunsch sind nicht möglich. Deshalb ist es wichtig, dass die Mädchen und

Jungen ihre Lernprobleme selbstständig in das Gespräch einbringen und dass andere ihre eigenen Lernerfahrungen schildern, ohne allzu schnell zu Ratschlägen überzugehen. Sehr sinnvoll ist es, zunächst Mädchen und Jungen, die sozial anerkannt und leistungsstark sind, zu ermutigen, ihre positiven und negativen Lernerfahrungen einbringen zu lassen (und dabei, wenn es um die Lernschwierigkeiten eines Jungen geht, vielleicht zuerst einen leistungsstarken Jungen sprechen zu lassen – hier ist die geschlechterbezogene Reflexion der Situation angebracht).

Johannes, ein schulleistungsstarker, sportlicher und sozial sehr anerkannter Schüler, erzählte bei einem solchen Gespräch, dass er nicht Rad fahren gelernt hat. Er habe es sich sehr gewünscht, es sei ihm bis heute aber nicht gelungen. Jetzt traue er sich nicht mehr, es auszuprobieren, weil er schon zu groß ist. Johannnes erhielt von der Lerngruppe eine sehr positive Rückmeldung. Über solche Situationen können unsichere Schülerinnen und Schüler die Erfahrung machen, dass es möglich ist, ohne soziale Nachteile *über eigenes Versagen* zu sprechen.

Der Mut zum offenen Ansprechen angstbesetzter Themen wird in der Regel von Lerngruppen sozial sehr positiv bewertet. Damit entsteht ein sicherer sozialer Rahmen, in dem auch ängstliche Kinder Raum erhalten, über ihre positiven und negativen Lernerfahrungen zu sprechen. Allmählich können auch die *Trauer über die Behinderung*, aber auch *Freude und Stolz über jeweils unterschiedliche persönliche Leistungen* angesprochen werden.

Hier schließt sich ein Kreis zur Didaktik, denn gerade hoch begabte und leistungsstarke Jugendliche müssen über den offenen und differenzierten Unterricht (z.B. durch Wochenplanarbeit) zeitweise die Erfahrung machen, dass sie an ihre Leistungsgrenzen geraten, um sinnvoll darüber sprechen zu können. Insofern ist der offene Unterricht eine Voraussetzung für Interventionen zur pädagogischen Konfliktlösung.

Neben Interventionen zum selbstreflexiven Lernen sind auch Zugänge über die Reflexion von Literatur, über selbst entwickelte Parabeln oder Weitererzählgeschichten möglich. Unter Umständen ist auch eine medizinische Sachinformation über eine Behinderung sinnvoll. Voraussetzung dafür ist jedoch, dass die betroffenen Jugendlichen bereit sind, innerhalb des beschriebenen sicheren sozialen Rahmens über ihre Behinderung zu sprechen.

Interventionen bei Konflikten, die durch Fordern und Ablehnen von Hilfe durch behinderte Mitschülerinnen und Mitschüler entstehen

Sehr häufig entwickelt sich auch aus der Bearbeitung von konkreten Konflikten ein tieferes Verständnis. Hier ein Fallbeispiel: Die blinde Schülerin Charlotte beklagte sich im Klassenrat, dass sie von Johanna in der vergangenen Woche mehrmals auf dem Schulhof stehen gelassen wurde. Sie habe nur mit großer

Mühe den Weg in die Klasse gefunden. Johanna war wegen des Vorwurfs zunächst betroffen und sprachlos. Es war jedoch deutlich Unmut bei ihr zu spüren. Nach der Ermutigung, die Vorwürfe, die sie gegenüber Charlotte hat, zu äußern, sprudelte sie regelrecht los. Charlotte benutze sie immer nur, wenn sie den Weg nicht kenne. Wenn sie sich zurechtfinde, reiße sie sich einfach vom Arm los und wolle nichts mit ihr zu tun haben. Sie sei arrogant und unfreundlich. Charlotte weinte und sagte, dass sie das so nicht gemeint habe. Ermutigt zu erzählen, wann und wie sie Hilfe ablehne, vermittelte sie sehr eindrucksvoll, wie wichtig es ihr sei, sich selbstständig zu orientieren und das neu Gelernte auch anzuwenden und zu zeigen. Trotzdem komme sie dann doch immer wieder in Situationen, in denen sie ohne Hilfe nicht zurechtkomme. Das sei entmutigend und traurig für sie. Deshalb wirke sie vielleicht dann zickig. Johanna sagte, dass sie das verstehen könne, dass es ihr aber trotzdem auf den Geist gehe, wenn sie von Charlotte wie eine Sache benutzt werde, die man nehmen und wieder weglegen könne.

Charlotte hat in diesem Konflikt erfahren, dass es beim Fordern und Ablehnen von Hilfe wichtig ist, auf die Gefühle der Helferin zu achten. Johanna erfuhr, dass es wichtig ist, die Selbstständigkeit von Charlotte zu achten und dass Hilfe nicht immer gut und hilfreich ist.

Wir haben die Kinder niemals dazu gedrängt, bestimmte Aufgaben für behinderte Mitschüler zu übernehmen. Tragfähiger Kontakt kann nur vollkommen freiwillig entstehen. Zwang zum Kontakt erzeugt Widerstand gegen die Integration behinderter Menschen. Wirklicher Kontakt entsteht durch die dynamische Balance von Nähe und Distanz, in der auch die Ablehnung der behinderten Gleichaltrigen ihren Platz haben muss.

Dazu ist es jedoch wichtig, behinderte Mädchen und Jungen in die Lage zu versetzen, selbstbewusst Hilfe zu fordern und Hilfe abzulehnen, ohne damit zu verletzen. Zugleich müssen die Nichtbehinderten akzeptieren lernen, dass ihre gut gemeinte Hilfe abgelehnt werden kann, wenn sie nicht hilfreich ist.

Die Ungleichzeitigkeit von Entwicklung und Grenzen der Interventionen zur pädagogische Konfliktlösung

Wir haben die Erfahrung gemacht, dass im Verlauf der Pubertät auch durch Ungleichheiten bzw. Ungleichzeitigkeiten von persönlichen Entwicklungen das erreichte Verständnis wieder zerbrechen kann und neu entwickelt werden muss. Hier ein Beispiel:

Wie die anderen Mädchen einer 8. Klasse mit Gemeinsamem Unterricht fand auch Stephanie, ein Mädchen mit Down-Syndrom, den neuen jungen Sportlehrer ganz toll. Eines Tages erhielt sie einen Brief, in dem er ihr schrieb, dass er sich in sie verliebt hat und dass er sich mit ihr treffen will. Dass einige Mädchen den Brief geschrieben hatten, um sie »ein bisschen reinzulegen«, konnte sie nicht verstehen. Erst als der Sportlehrer es ihr persönlich sagte, glaubte sie, dass er den Brief nicht geschrieben hatte. Stephanie war sehr verletzt.

Die Lehrer der Klasse bemühten sich sehr um eine Konfliktlösung. Sie holten sich dazu Unterstützung von einer Supervisorin und von einem Wissenschaftler aus der Integrationsforschung. Es dauerte sehr lange, bis zwischen Stephanie und einigen wenigen Mädchen wieder ein vertrauensvolles Verhältnis entstand.

Dieses Beispiel zeigt, dass in Klassen mit Gemeinsamem Unterricht Konflikte auftreten können, bei denen die oben beschriebenen Interventionen zur pädagogischen Konfliktlösung zu kurz greifen. Es zeigt auch, dass es zur Professionalität von Lehrerinnen und Lehrern gehören muss, die Grenzen der eigenen Möglichkeiten zu erkennen und rechtzeitig Hilfe aus dem Team oder von außerhalb der Schule anzufordern.

Zusammenfassung

Der Wechsel von Schülerinnen und Schülern aus integrativen Grundschulklassen in den Sekundarbereich bringt neue Konflikte mit sich, die durch qualifizierte Interventionen zu integrativen Prozessen gewendet werden können. Dabei bilden die Abgrenzung und Zusammenarbeit im Team, der klare Zeitrahmen, die offenen Unterrichtsformen, die differenzierte Problemwahrnehmung und die Ritualisierung von Arbeitsformen zur Konfliktlösung wichtige Voraussetzungen.

Beschwichtigende oder bedingungslos konfrontierende Interventionen verhindern pädagogische Konfliktlösungen. Dagegen können selbstreflexive Prozesse über das eigene Lernen eine zentrale Rolle in der Reihe der Interventionen zur pädagogischen Konfliktlösung einnehmen. Nicht zuletzt muss es zur Professionalität von Lehrerinnen und Lehrern gehören, die Grenzen der eigenen Interventionsmöglichkeiten zu erkennen und dann in der Lage zu sein, Hilfe durch das Team oder von Außen anzufordern.

Almut Köbberling

Soziale Identitätsentwicklung in Integrationsklassen der Sekundarstufe

Erwartungen

Hohe Erwartungen werden an das gemeinsame Lernen in Integrationsklassen gestellt: Erwartungen, die auf die allseitige Persönlichkeitsentwicklung in der Vielfalt einer anregungsreichen Umwelt zielen und dabei insbesondere dem sozialen Lernen einen hohen Stellenwert geben. Martin Bubers oft zitierter Satz »Der Mensch wird am Du zum Ich« fasst zusammen, dass Lernen und Entwicklung sich immer in Auseinandersetzung mit dem je anderen vollziehen und insofern ein jeder in seiner gewordenen Persönlichkeit auch Antwort auf die Herausforderungen und Angebote seiner sozialen Umwelt ist.

Die soziale Vielfalt in Integrationsklassen soll ermöglichen, vielfältige Seinsmöglichkeiten zu erfahren und sie zugleich in der eigenen Person zu verankern. Darauf gründen Hoffnungen auf mehr Menschlichkeit im Umgang miteinander. In der wechselseitigen Ergänzung der Stärken und Schwächen ganz verschiedener Menschen sollen Akzeptanz von Unterschiedlichkeit, von eigenen wie von fremden Schwächen sowie Toleranz, Empathie und Hilfsbereitschaft wachsen; zugleich soll die Erfahrung der sozialen Zugehörigkeit und persönlichen Wertschätzung für alle Kinder und Jugendlichen möglich werden. Integrationsklassen leisten dann einen Beitrag zum Aufbau einer humanen Schule als der »Schule der Zukunft«. Alle Kinder könnten sich hier als Persönlichkeiten entwickeln, die den Umgang mit Vielfalt, Offenheit und Komplexität erlernt haben und damit auf die Bewältigung persönlicher, sozialer und gesellschaftlicher Aufgaben vorbereitet sind.

Die Skizze der Erwartungen zeigt: Eltern, Pädagogen und Politiker wollen viel bewirken und erwarten viel – *für* die Jugendlichen und *von* ihnen! Was aber werden die Jugendlichen selbst einlösen können und wollen? Welche Erfahrungen machen sie in der Realität ihrer schulischen Umwelt? Ebenso groß wie die auf positiven Grundschulerfahrungen aufbauenden Erwartungen waren anfangs die Bedenken derer, die für die Sekundarstufe wegen der starren Schulstrukturen, den unterschiedlichen Anforderungen und Abschlüssen und der pubertären Identitätsspannungen Schwierigkeiten fürchteten.

Erfahrungsstand

In Hamburg haben inzwischen Jugendliche aus 19 Integrationsklassen die Sekundarstufe I durchlaufen. Ihren Erfahrungen im Laufe der Schuljahre soll hier nachgegangen werden. Neben den Eindrücken aus Hospitationen und Berichten von Pädagogen werden vor allem Gespräche mit den Schülerinnen und Schülern selbst wichtige Quellen sein. In ausführlichen Auswertungsgesprächen zum Ende der Schulzeit haben behinderte wie nichtbehinderte Schüler ihre Erfahrungen rekonstruiert und reflektiert. Mit einzelnen Jugendlichen mit Behinderungen wurden darüber hinaus über Jahre hinweg Gespräche geführt, um den Prozess ihrer Entwicklung verstehen und begleiten zu können (Köbberling 1997). Im Rahmen der Abschlussevaluation des Schulversuchs wurden außerdem die Sichtweisen aller am Schulversuch beteiligten Pädagogen und der Schulleitungen erhoben und in Gruppengesprächen reflektiert.

Von hier aus möchte ich einige zusammenfassende Einschätzungen voranstellen, die einen Rahmen bilden für die Darstellung der sozialen Erfahrungen und persönlichen Entwicklungen primär aus der Sicht der Jugendlichen selbst.

Nachdem die beteiligten Gesamtschulen sich anfangs meist nur schwer durchringen konnten, Integrationsklassen einzurichten, ist nach einmütiger *Einschätzung der Schulleitungen* Integration nun zum festen Bestandteil der Schulen geworden: Es gibt keine Frage des »Ob« mehr. Integration hat viele Impulse in die Schule gebracht und trägt zum Profil der Schulen bei. Nun geht es um die Phase der Konsolidierung, der festen und stimmigen Verankerung im Schulganzen.

Die Jugendlichen mit Behinderungen haben ihren respektierten und selbstverständlichen Platz in der Schule gefunden, auch wenn direkte Kontakte zwischen behinderten und nichtbehinderten Jugendlichen im sich ausdifferenzierenden Kurssystem abnehmen. Sie sind normale Mitschüler, erhalten bei Bedarf aber selbstverständlich Schutz und Hilfe. Verantwortung und Sensibilität der Schüler sind gestiegen; mitunter wird ein Rückgang von Aggressivität im Schulklima erlebt. Aus der Sicht der Teams sind die Rahmenbedingungen (Doppelbesetzung im Unterricht, Arbeit im Dreierteam, Klassenschlüssel 17 + 3) tragfähig: Sie geben einen großen Gestaltungsspielraum für ein auf die Klasse zugeschnittenes Arbeiten. Zu den tragenden Bedingungen für die notwendige flexible Arbeitsweise gehören ein Stil und Klima von Offenheit, Wärme und Kooperation: So können die notwendigen Kompetenzen einer veränderten Unterrichtsarbeit schrittweise und in wechselseitiger Anregung erworben werden.

Aber abgesehen von Schwierigkeiten in der Teamarbeit und der Unterrichtsgestaltung in den Strukturen des Fachunterrichts stellen die Pädagogen auch ein Spannungsverhältnis zwischen den eigenen Ansprüchen und dem Verhalten der Schüler fest: Hilfsbereitschaft, Toleranz, Sensibilität und die Akzeptanz von Unterschiedlichkeit sind oft weniger ausgeprägt als von den Pädagogen angestrebt.

So deutet sich an, dass Integrationsklassen nun als schulisch »machbar« und bereichernd angesehen werden, dass die Umsetzung der Visionen sozialen Lernens aber dennoch Schwierigkeiten bereitet. Was steht dahinter?

Ich möchte versuchen nachzuzeichnen, welche Prozesse sich in den Klassen im Verlauf der Schuljahre vollzogen haben und welche Erfahrungen unterschiedliche Schülergruppen dabei machten.

Soziale Entwicklungen in der Sekundarstufe I

Grundlegung in Klasse 5/6

Obgleich in der Sekundarstufe Integrationsklassen der Grundschule weitergeführt werden, ist das 5. Schuljahr durch Neuanfänge geprägt. Mit neu hinzugekommenen Schülern und neu gebildeten, bislang völlig unerfahrenen Teams beginnen neue Prozesse der Kontaktaufnahme, der Selbstdefinition und der Bildung einer sozialen Ordnung.

Für viele der behinderten Schülerinnen und Schüler erweist sich später, dass der gemeinsame Schulwechsel eine wichtige Anfangshilfe war. Die aus der Grundschule vertrauten Mitschüler bleiben für viele die verlässlichsten Bezugspersonen auch in »Krisenzeiten«, in denen sie sich vielleicht gefährdet oder allein fühlen. Nichtbehinderte Mitschüler, die am Ende der Schulzeit als engste Freunde genannt werden, sind in der Regel Weggefährten seit Kindergarten- oder Grundschulzeit gewesen! Gleichzeitig werden neu hinzukommende Schüler anregend für alle »alten«. Neugier auf andere Schüler und Entlastung von alten Rollen des »Helfens und Geholfenwerdens« wirken belebend.

Im Rückblick auf das erlebte Klima der engen Zusammengehörigkeit wird in einigen Klassen betont, dass die Arbeitsweise in der Grundschule und dann in Klasse 5/6 ganz wesentlich für das Zusammenwachsen war. Kuschelecke, Wochenplan, Projekte, Gruppenarbeit, Klassenreisen, viel gemeinsame Zeit mit den Lehrern waren prägend für den vertrauten, stützenden Umgang miteinander. »Ja, damals war Integration (noch) wirklich gut, und es gab viel Spaß miteinander!«, ist der Tenor in allen Abschlussgesprächen.

Dann aber beginnt ein Prozess der sozialen Ausdifferenzierung, in dessen Verlauf eine Neuorientierung in Bezügen außerhalb der Klasse und eine Reduzierung der Kontakte zwischen behinderten und nichtbehinderten Jugendlichen stattfindet. Schulstrukturen wie auch Prozesse der Persönlichkeitsentwicklung scheinen diesen Prozess zu befördern.

Neuorientierung im Kurssystem der Gesamtschule

Manchmal setzt schon gegen Ende der 6. Klasse ein Auseinanderrücken zwischen behinderten und nichtbehinderten Mitschülern ein. Verabredungen außerhalb der Schule werden seltener, bei der Wahl von Arbeitspartnern macht sich Integrationsmüdigkeit bemerkbar, behinderte Schüler treten eher an den Rand des sozialen Geschehens.

Im Rahmen eines Forschungsseminars erstellten Studierende in verschiedenen Klassen des 7. und 8. Schuljahrs Fallstudien, um die weiteren sozialen Entwicklungen zu erkunden (Köbberling 1994). Aus der Vielzahl der Beobachtungen und Gesprächsergebnisse seien zwei Studien exemplarisch zur Beleuchtung der Prozesse angeführt.

Hass (1995) untersuchte die Entwicklung der sozialen Beziehungen in einer 7. Klasse im Übergang zum Kurssystem. Anhand von Soziogrammen, Beobachtungen und Schülergesprächen arbeitete sie heraus, dass einerseits das Leistungsdenken mit der Zuweisung zu Fachleistungskursen zunahm und parallel dazu die soziale Distanz gerade zu leistungsschwachen behinderten Gleichaltrigen deutlich anstieg, was sich im Soziogramm in einer sozialen Isolierung einer behinderten Mitschülerin niederschlug. Die nichtbehinderten Mädchen und Jungen waren nicht länger bereit, ihre Kontakte zu der behinderten Mitschülerin fortzuführen. Sie war als Kommunikationspartnerin offenbar nicht länger attraktiv – weder für Nachmittagskontakte noch für Pausengespräche.

Die Tendenz der zunehmenden Leistungsorientierung zulasten der Kontakte mit den behinderten Schülern wurde auch in einer anderen Schule dokumentiert, war hier aber weniger stark ausgeprägt. In dieser Klasse war ein großer Teil der Grundschulklasse zusammengeblieben, der soziale Zusammenhalt war größer als in der erstgenannten, und die Kinder grenzten sich stärker gegen das in der Parallelklasse erlebte Konkurrenzverhalten ab. Die Rückerinnerung einer Schülerin in einem der Abschlussgespräche verdeutlicht, welche Konflikte im Wandel der sozialen Bezüge entstehen können:

> *»In der 5./6. Klasse wie in der Grundschule, da war man ja nur mit seiner Klasse zusammen, und da hat man die (behinderten Mitschüler) mit eingebaut. Aber wenn man jetzt mit den anderen Klassen zusammen ist und ich würd mich in der Pause zu ihnen stellen, dann würden die anderen sagen: ›Ach – hmm – du stehst ja bei den Behinderten!‹ Die sind ja mit denen nicht in einer Klasse und verstehen das zum Teil gar nicht!«*

Völz (1996) führte auf der Basis einer Fragebogenerhebung ein intensives Auswertungsgespräch in einer 8. Klasse, in dem es den Jugendlichen vor allem um die zunehmenden Schwierigkeiten im Zusammenleben mit ihren behinderten Mitschülern ging. Die äußere Differenzierung erlebten sie einerseits als anregend und interessant, andererseits aber auch als zunehmenden Leistungsdruck. Gelegenheiten und Freiräume für soziale Kontakte zu Schülern in anderen Kursen schränkten sich erheblich ein, manche erlebten behinderte Mitschüler nur noch selten. Mit dem Druck der Leistungsanforderungen in den neuen Kursen sank die Bereitschaft, weiterhin Rücksicht auf behinderte Schüler zu nehmen und mit ihnen zusammenzuarbeiten. Jeder muss an sein eigenes Fortkommen denken! Das trug auch dazu bei, dass die noch bestehende Freude an gemeinsamen Aktivitäten außerhalb des Fachunterrichts, wie z.B. Spielen, Basteln, Erkundungen in der Stadt, zunehmend zurückging.

Die Beispiele zeigen, dass je nach Klassengeschichte, Klassenzusammensetzung und Schulumfeld die Prozesse zwar mit unterschiedlichen Akzentsetzungen, in der Grundstruktur aber ähnlich verlaufen; dabei spielt der Übergang zur äußeren Differenzierung, verbunden mit einer selektierenden Leistungsorientierung, im Erleben der Schüler eine deutliche Rolle.

Soziale Entwicklungen in der Pubertät

Die Pubertät spielt bei all diesen Orientierungen, Selbstbildern und sozialen Beziehungen eine wachsende Rolle (Boban/Matthies 1994). *Interessen* wandeln sich. Zunehmend schwindet unter den Jugendlichen die Motivation zu spielen. Gespräche und modisches Aussehen, Musik und Sport treten in den Vordergrund der Kontakte – Medien, in denen besonders Mädchen mit geistiger Behinderung meist wenig Möglichkeiten haben. In der von Heide Völz befragten Klasse zeigte sich später ausgeprägt, dass ein Mädchen mit Down-Syndrom, das sich stark an den Interessen der Jugendlichen orientierte bzw. diese teilte, eine weit höhere Akzeptanz behielt als zwei andere Mädchen mit geistiger Behinderung, die ihr Interesse an Spielen und Kinderliedern beibehielten. Ihr Verharren in der Kindlichkeit wurde für manche später geradezu zum Ärgernis – mühten sie sich doch selbst sehr, sich aus kindlicher Abhängigkeit zu befreien und möglichst »cool« erwachsen zu werden!

Körperliche Veränderungen verunsichern, machen empfindlich und beschäftigen jeden auf seine Weise. Für nichtbehinderte Jugendliche kann es da schwer erträglich sein, wenn behinderte Mitschüler weiterhin körperliche Nähe suchen, ihre aufregende neue Körperlichkeit offen zur Schau stellen und sexuelles Verhalten erproben und auch von anderen dazu provoziert werden! Konflikte zwischen dem Bedürfnis einerseits, loyal zu sein und die behinderten Freunde zu schützen, und andererseits dem Wunsch, selbst der Peinlichkeit unerwünschter Nähe zu entgehen, müssen bewältigt werden.

Verhalten, das Tabus verletzt, kann auch gut geeignet sein, stellvertretend für andere Bedürfnisse eingesetzt zu werden. Jugendliche mit Behinderungen scheinen zuweilen entdeckt zu haben, auf diese Weise effektvoll auf sich aufmerksam machen zu können, was ihnen in der differenzierten Gesprächsumwelt ringsum vielleicht sonst schwer gelingt.

Umgekehrt mögen Jugendliche ohne Behinderung mitunter gerade deshalb empfindlich und empört auf »peinliches« Verhalten reagieren, weil sie auf die ständige Sonderrolle der behinderten Mitschüler – auf die ihnen erteilte Zuwendung und die ihnen gestatteten »Extrawürste« – eifersüchtig reagieren. Wieso dürfen sie z.B. im Unterricht essen – wenn das doch alle gern täten?

Warum werden sie bei lautem Reden und störendem Herumgehen immer wieder nachsichtig behandelt, gar auf den Schoß genommen? Warum dürfen sie auf den Spielplatz gehen, statt Klassenarbeiten zu schreiben? – Krasse Beispiele eklatanter Ungerechtigkeit, die zu dem zynischen Schluss führen können: »Behindert müsste man sein!«, und die das Bedürfnis nach verbindlichen Normen verschärfen: »Muss Integration nicht heißen, sich in die Regeln der Umwelt fügen zu können – für die Behinderten ebenso wie für alle anderen auch?«

So ist *Gerechtigkeit* ein wiederkehrendes und bis zum Ende der Schulzeit schwieriges Thema. Das Bedürfnis nach »gleichem Recht für alle« führt zur Suche nach verbindlichen Normen und Gesetzen; die aber sind nicht vereinbar mit der viel differenzierteren Erkenntnis, dass Gerechtigkeit für ungleiche Menschen unterschiedliche Maßstäbe fordert. Eine Balance zwischen normorientiertem und individualisierendem Gerechtigkeitsdenken zu finden ist für manche zeitweise sehr schwer.

Die *Auseinandersetzung mit dem Gleichsein und Anderssein* spielt insgesamt eine große Rolle in dieser Zeit und spiegelt die Suche nach der eigenen Identität im Spannungsfeld der Bedürfnisse nach Zugehörigkeit einerseits und nach Abgrenzung und Besonderung andererseits. Manche Jugendlichen haben zeitweise große Schwierigkeiten, Abweichungen von den Regeln und Werten in der eigenen Bezugsgruppe zu akzeptieren; oft meiden sie die Nähe behinderter Schüler, insistieren vielleicht auf der Betonung des Trennenden und verhalten sich beleidigend und kränkend.

Viele aber bemühen sich trotz der erlebten Fremdheit um den Dialog und um Anerkennung derjenigen, die so anders und manchmal anstrengend sind – gerade auch vor dem Hintergrund des eigenen Ringens um Anerkennung und Akzeptanz. Schließlich will doch jeder angenommen sein, auch mit all den eigenen Schwierigkeiten!

Identitätssuche als »Behinderte«

Behinderte Jugendliche ihrerseits haben mit der zunehmenden Spiegelung ihres Andersseins und der Erfahrung des Abgelehntwerdens zu ringen. »Behindert-Sein: Was ist das?« ist eine Grundfrage ihrer Identitätssuche.

»Innendrin bin ich ganz perfekt!«, teilte Maike ihrer Mutter gedankenvoll mit. Auf der Suche nach dem eigenen Selbst ist das eine stärkende Gewissheit. Aber unverständlich bleibt der von anderen vorgehaltene Spiegel: Was denn ist das »Behinderte«?

Viele der geistig behinderten Jugendlichen wehren sich gegen die Zuordnung zu einem unverständlichen Begriff, den sie als ausgrenzende Etikettierung erleben: »Ich bin nicht behindert!«

Karin kennt ihre Schwierigkeiten, will aber nicht als behindert gelten. »Wenn ich das zugebe, wollen die mich doch nur ausgrenzen!« In der Klasse versucht sie unermüdlich, mit anderen in Kontakt zu kommen, aber ihre Angebote und Rufe gehen meist unbeachtet ins Leere. Den Kontakt zu ihren behinderten Mitschülern meidet sie, aber als sie sich doch – um nicht allein zu bleiben – in der Pause zu einer Gruppe behinderter Schüler gesellt, haben die Jungen ihrer Klasse sie erwischt und beweisen ihr: »Siehst du, du bist ja doch behindert – du stehst ja dabei!«

So wird die Erfahrung von Unterschiedlichkeit oft eine schmerzhafte Selbsterfahrung. Zugleich ist die Unterscheidung von anderen notwendige Voraussetzung für den Aufbau einer eigenen, abgegrenzten Identität, aus der heraus zunehmend sichere und selbstkompetente Handlungsmöglichkeiten gewonnen werden können. Jugendliche wie Maike und Karin entwickeln ein vielfach ausgetestetes, immer wieder reflektiertes Selbstbewusstsein, das ihnen in guter Kenntnis ihrer Stärken und Schwierigkeiten ermöglicht, auch in einer komplexen Welt den eigenen Weg zu gehen.

Karin z.B. verließ die Schule in dem Bewusstsein, dass es zeitweise eine sehr harte Zeit war, dass sie aber viel gelernt hatte und auch von guten Freundinnen unterstützt war. Drei Jahre später lebt sie nun in einer Wohngemeinschaft, hat einen Freund, behinderte wie nichtbehinderte Freundinnen, gestaltet ihre Freizeit vielseitig und selbstbestimmt und hat gute Aussichten, nach einem dreijährigen integrativen Förderlehrgang im Hotelbereich Arbeit zu finden (vgl. Jansen 1996).

Entwicklungsverläufe von Jugendlichen mit Behinderung

In Rückschau auf die Entwicklungen der Jugendlichen mit den verschiedensten Behinderungen zeichnen sich immer wiederkehrende Verläufe, aber auch große individuelle Unterschiede ab. Auf der Grundlage der Berichte der Pädagogen wie auch der Jugendlichen selbst lassen sich grob zwei Gruppen unterscheiden: Entwicklungswege, die – wie bei Karin – durch *krisenhafte Einbrüche* gekennzeichnet waren, und Wege *der zunehmenden Stabilisierung* von anfangs in der Sekundarstufe I stark beunruhigten Schülern.

Wege durch Krisen treten besonders bei Jugendlichen mit geistiger Behinderung hervor und augenscheinlich bei Mädchen öfter als bei Jungen. Vermutlich aber laufen bei vielen anderen Jugendlichen ähnliche Prozesse in verdeckter oder weniger heftiger Form ab. Die Kinder dieser Gruppe sind vergnügt und guten Mutes von der Grundschule in die Gesamtschule gewechselt und haben zunächst auch einen akzeptierten Ort in der Gruppe gefunden. Dann aber, einsetzend gegen Ende von Klasse 6 bis hin in zu Klasse 8, haben sie persönliche Krisen durchlaufen, die sich in Schwierigkeiten bei der Gestaltung von sozialen Kontakten zeigten, mit der Auseinandersetzung um ihr spezifisches So- und Anderssein verbunden waren und zeitweise zu depressivem Rückzug führten. Im Einzelnen standen dabei unterschiedliche Belastungen im Vordergrund: der

Verlust einer Bezugsperson, Aggressivität von Mitschülern, die Sehnsucht nach einer Freundin oder einem Freund ...

Die intensiven persönlichen Auseinandersetzungen zu begleiten, Zeuge zu sein und Zeugenschaft zu übernehmen, verunsichert und belastet auch Eltern und Pädagogen. In Einzelfällen haben Eltern, Pädagogen oder die Jugendlichen selbst auch entschieden, Entlastung durch einen Neuanfang in einer anderen Schule zu suchen. Im Verlauf der Zeit aber ist nicht nur die bedrohliche, sondern auch die produktive, wachstumsfördernde Seite des Durchlebens solcher Krisen deutlich geworden: »Der Wachstumsprozess ist keine Vergnügungsfahrt« schreibt Kegan (1986, S. 124), sondern grundsätzlich mit der Bewältigung von Krisen verknüpft; sie ergeben sich zwangsläufig aus dem Prozess der aktiven Auseinandersetzung mit der Komplexität der Welt, die immer neue innere Umstrukturierungen vom Heranwachsenden fordert. Mit ihrer Bewältigung haben die Jugendlichen wesentliche Entwicklungsschritte vollzogen, die ihnen die zunehmend kompetente und selbstbewusste Bewältigung der Anforderungen ihrer Umwelt ermöglichen. In Jahrgang 9 und 10 fanden die Jugendlichen aus diesen Integrationsklassen aus ihren Tiefs heraus, schlossen ihre Schulzeit in einer ausgeglichenen und zufriedenen Grundstimmung ab und folgerten: »Es war schön in meiner Schule, und ich habe viel gelernt!«

Wege der Stabilisierung treten hinter dem starken Eindruck von schwierigen, krisenhaften Entwicklungen in der Wahrnehmung leicht zurück. Es gibt jedoch viele Jugendliche mit Behinderungen in Integrationsklassen, die einen Weg der kontinuierlichen Aufwärtsentwicklung nehmen, sich vielleicht gar nicht als behindert wahrnehmen, zu ihren Schwierigkeiten zu stehen gelernt haben und zunehmend entspannter mit sich umgehen. Oft sind das Jungen, die sich an viel Ärger in der Anfangszeit erinnern, zu Beginn unruhig und leicht aufbrausend waren, schnell in Raufereien verwickelt und in ihrer Emotionalität heftigen Schwankungen ausgesetzt waren. In der Ungeklärtheit der Anfangssituation standen diese Kinder wohl unter hoher Anspannung. Es sind vor allem Jungen mit Lern- und Sprachschwierigkeiten, und von ihrer Verhaltensdynamik her haben die Pädagoginnen und Pädagogen sie anfangs als »Risikokinder« erlebt.

Rückblickend ist zu sehen: Alle diese Kinder haben sich schrittweise stabilisiert. Sie haben gelernt, sich weniger provozieren zu lassen, auf Herausforderungen verbal statt in körperlicher Auseinandersetzung zu reagieren und kränkenden Begegnungen aus dem Weg zu gehen. In der Klasse haben die Jungen ihren akzeptierten Ort gefunden. Sie wissen, dass sie in bestimmten Leistungsbereichen eingeschränkt sind und spezifische Hilfen brauchen, kennen aber auch ihre Stärken und erheblichen Fortschritte, die sie im Laufe der Zeit gemacht haben.

Manche dieser Schüler erhalten trotz ihrer Behinderungen den Hauptschulabschluss. Die stark individualisierende, stützende Atmosphäre in der Klasse, die gezielten Hilfen für sie und ihr eigenes unermüdliches Arbeitsverhalten verhalfen ihnen dazu.

Die Entwicklungen der Jugendlichen verlaufen also unterschiedlich, ungleichzeitig und disparat; demgemäß gestalten sich die sozialen Prozesse in dieser Zeit oft spannungsvoll. »Die Schere geht auseinander«: Das Bild wird häufig herangezogen, um anhand der auseinander klaffenden Messer das Ausmaß des zunehmenden Auseinanderdriftens der Jugendlichen und die damit verbundenen Schwierigkeiten der sozialen Integration zu kennzeichnen.

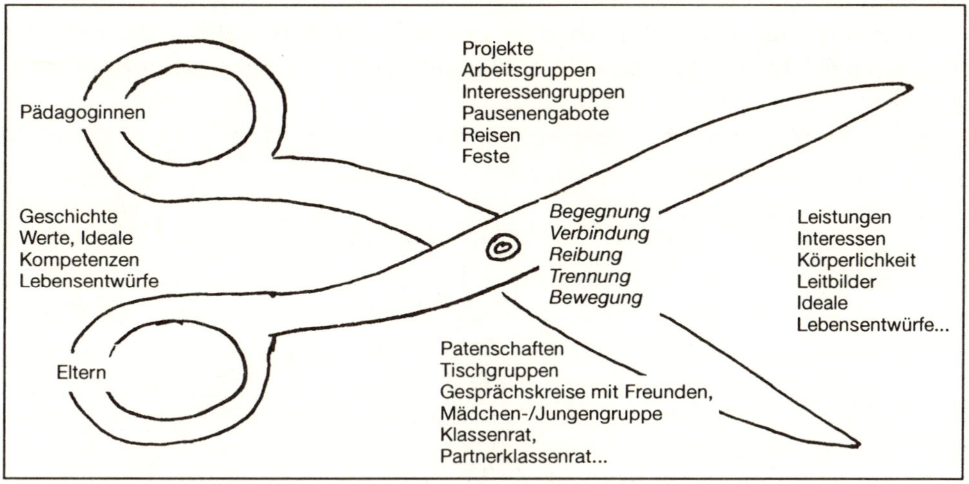

Abb. 1: Integration im Bild der Schere

Wir können aber auch den Blick auf das Ganze der Schere richten und erkennen, dass vom Drehpunkt der Schere her Bewegung möglich ist: ein Wechsel zwischen Entfernung und Annäherung, zwischen Trennung und Begegnung, Unterscheidung und Verbindung. *Drehpunkte* als pädagogisch gestaltete Räume können der Ausbalancierung von wachsender Unterschiedlichkeit und beständiger, haltender Gemeinsamkeit dienen. Sie können den Ausgleich der Bedürfnisse nach Gleichheit wie Verschiedenheit ermöglichen, sodass sowohl Unterschiedlichkeit – insbesondere in den Lernangeboten – gelebt als auch erneute Annäherung und Begegnung eingegangen werden kann: in Projekten, Reisen, Festen und vor allem in vielen Gesprächen (Boban 1997).

Zum Ende der Schulzeit hin bestätigen die Entwicklungen in den Integrationsklassen in der Regel, dass nach der Phase turbulenter Differenzierungsprozesse Beruhigung, Annäherung und Entspannung eintreten. Das zeigten die Entwicklungsverläufe der behinderten Jugendlichen, das zeigten aber auch die letzten Klassenreisen, in denen die Jugendlichen neu zu einer Gemeinschaft der Langvertrauten zusammengewachsen waren, und nicht zuletzt die Abschlussgespräche, die sich durch ein Klima der Akzeptanz und verstehenden Zusammengehörigkeit auszeichneten. Fragebogenerhebungen zur Einschätzung des Klassenklimas und des Gefühls der persönlichen sozialen Integriertheit haben ergeben, dass das Klassenklima zwar in verschiedenen Klassen unterschiedlich ist und von Mädchen und von behinderten Schülern positiver eingeschätzt wird als von Jungen und nichtbehinderten Jugendlichen; insgesamt aber werden Zusammenhalt und Atmosphäre hoch eingestuft, und es bestehen keinerlei bedeutsame Gruppenunterschiede im Erleben des sozialen Integriertseins. Maßgeblich war für alle das Gefühl, einbezogen, akzeptiert und sozusagen in der gemeinsamen Schule »zu Hause« zu sein.

Begonnen hat dies oft nach dem ersten Berufspraktikum, nach dem die Schule vielleicht verstärkt unter dem Aspekt der Abschlussphase erlebt wurde.

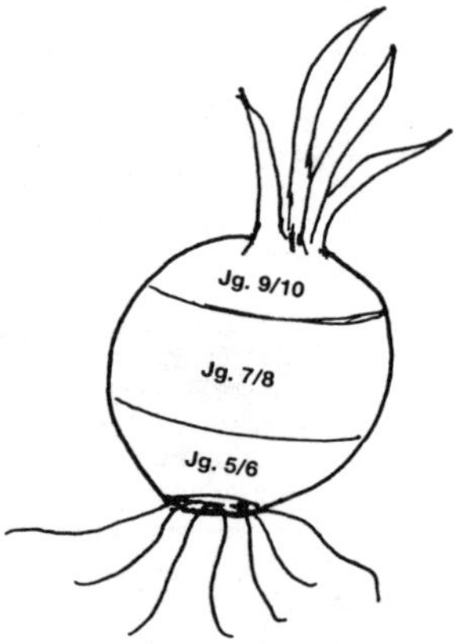

Abb. 2: Der Prozess von Integration und Differenzierung

So lässt sich der soziale Prozess in den Klassen über die Gesamtheit der Jahre hin besser im Bild der Zwiebel abbilden: Auf die Phase der Grundlegung eines tragenden Wurzelbodens in Jahrgang 5/6 folgt die der Differenzierung mit den Kennzeichen des spannungsreichen Auseinanderdriftens, die jedoch in eine Phase erneuter Annäherung einmündet; Reintegration auf einer veränderten Basis wird möglich: Zugewandtheit, Wärme, Humor und Verständnis kennzeichneten den Umgang miteinander in der Abschlussphase.

Die Basis für das erneute Zusammengehörigkeitsgefühl ist nun allerdings ein Bewusstsein für all die Verschiedenheiten, die durchlitten, erkämpft und behauptet wurden. Jugendliche mit geistiger Behinderung können in ihren vielleicht fremden und anstrengenden Seiten nun wieder besser toleriert und akzeptiert werden (was z.B. beim Teilen des Zimmers während der Klassenfahrt mitunter durchaus nicht leicht ist!), und auch ein Eingehen auf spielerische Bedürfnisse wird wieder möglich. Jugendliche mit geistiger Behinderung sind nun in der Regel als Mitschüler und Mitglieder der Gruppe akzeptiert und vielleicht auch gemocht, nicht aber persönliche Freunde. Sie haben Freunde eher außerhalb der Klasse: unter den behinderten Schülern aus anderen Klassen, in Freizeitgruppen oder unter lang vertrauten Kindern im Umfeld der Familie.

Im Bewusstsein der Jugendlichen ist auch, dass die Wege sich in Kürze trennen werden (wie die Blattkeime der Zwiebel andeuten); allen Jugendlichen gemeinsam ist jetzt vielleicht vor allem die Verunsicherung vor einer ungewissen, zugleich sehr unterschiedlichen Zukunft, und der Wunsch, festzuhalten, was wichtig war.

In den Abschlussgesprächen haben die Jugendlichen ihre Beziehungen auch symbolisch gestaltet: Es sind Bilder freundlicher, sich ergänzender Zusammengehörigkeit in Unterschiedlichkeit – eine Zusammengehörigkeit, die allerdings leicht auflösbar ist, wie eine Schülerin zu ihrem bunten Fadenknäuel erläuterte.

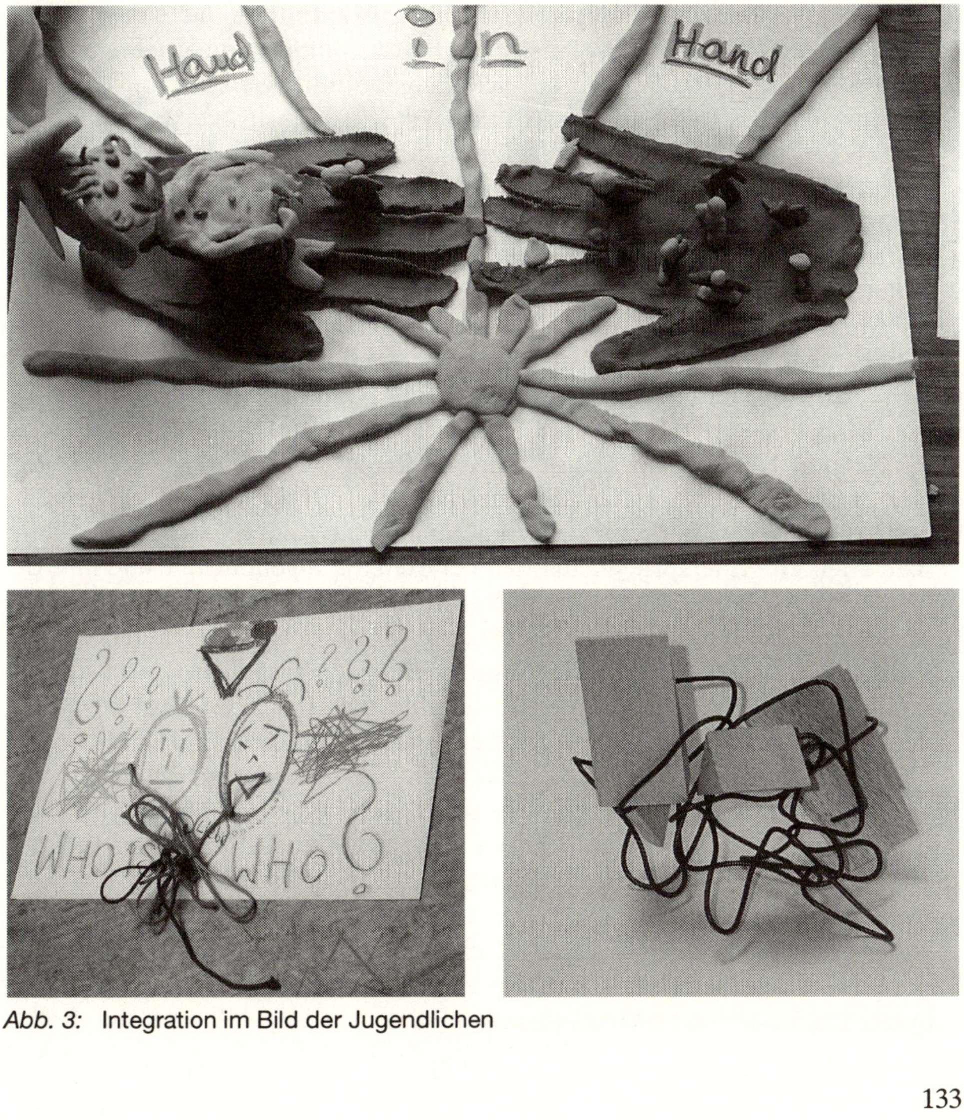

Abb. 3: Integration im Bild der Jugendlichen

Bewertung der Erfahrungen

Bei aller Zufriedenheit mit dem wieder belebten Gruppengefühl wurden in den Klassengesprächen aber auch unterschiedliche und widersprüchliche Erfahrungen artikuliert.

Von 17 Klassen kamen 7 zu sehr positiven Einschätzungen ihrer Schulerfahrungen, und dies waren vor allem die »Pionierklassen« in den Schulen – Klassen, die sich gemeinsame Erfahrungen aktiv erkämpft hatten, z.B. den Umzug vom (rollstuhlfreundlichen) Keller in die Belétage des Jahrgangsflurs, verbunden mit der Mühsal des Tragens und des Kämpfens um einen Fahrstuhl. In den 10 anderen Klassen spielte neben der Würdigung auch die kritische Auseinandersetzung mit dem Anspruch von Integration in der Sekundarstufe I eine große Rolle.

Als positive, persönlich wertvolle Erfahrungen führten die Jugendlichen immer wieder das vertrauensvolle, stützende Klassenklima, die erlebte persönliche Förderung, das qualitativ gute Schulangebot mit Reisen, Projekten, viel Gruppenarbeit und selbstständigem Lernen sowie das selbstverständliche Zusammenleben mit den behinderten Mitschüler/innen an. Den stärksten Nachdruck legten die Jugendlichen immer wieder hierauf: Gemeinsames Lernen war normal, und das sollte es in weitaus größerem Masse werden, um stimmiger gestaltet und gelebt werden zu können; und es war persönlich wertvoll, eben weil der Umgang mit behinderten Menschen für sie ganz selbstverständlich geworden ist.

Aber mit Engagement diskutierten die Jugendlichen auch, welche Widersprüche sie erlebt hatten, auszugleichen gesucht und vielleicht nicht bewältigt hatten. Manche geistig behinderten Mitschülerinnen und Mitschüler hatten sie in den letzten Jahren nicht so integrieren können, wie es ihrem eigenen Anspruch entsprach. Gemeinsamen Unterricht gab es nur noch selten, die gemeinsame Erfahrungsbasis ging verloren, der persönliche Kontakt riss ab.

Die erlebten Widersprüchlichkeiten belasten die Jugendlichen, und ihre Erfahrungen reflektierend suchen sie Auflösungen: Ist die komplexe und unruhige Gesamtschule der falsche Ort für Integration? Wäre die Eindeutigkeit des Gymnasiums auf der einen Seite, die der Sonderschule auf der anderen nicht stimmiger und einfacher? Würden die geistig behinderten Mitschüler nicht auch ganz andere Lernangebote und andere Partner brauchen, um sich wohl zu fühlen?

Wenn an dieser Stelle der Diskussionen die behinderten Mädchen und Jungen selbst zu Wort kamen und erklärten, dass sie sich wohl gefühlt hatten und nicht auf eine andere Schule hätten gehen wollen, trat allerdings verunsichertes Schweigen ein. Die eigene Sicht galt also nicht für die, über die nachgedacht wurde?!

Als Jan im Rollstuhl plötzlich zu lachen anfing, setzte aus der bedrückten Stimmung heraus bei allen ein Lächeln ein: »Ja doch, er hat uns auch was gebracht – solch fröhliche Stimmung eben.«

Und Marc, der aus der Perspektive der Lehrer heraus anfangs nicht tragbar erschien, weil er z.B. zur Erforschung der Oberlichter aufs Dach gestiegen war und auch sonst viel untersuchen wollte ..., ihm schrieben seine Mitschüler einen Dank in sein »Buch der Oberlichter«: »Du hast uns gezeigt, welche Bedeutung Oberlichter haben können – vor allem für dich.«

Mit dem Verlassen der 10. Klasse sind die Prozesse nicht abgeschlossen. Was Integration persönlich bedeutet hat, ist für viele noch nicht klar fassbar. Prozesse der Begegnung, Auseinandersetzung, Ausbalancierung haben stattgefunden, und offenbar haben sie bereichernde Spuren von anderen Seinsmöglichkeiten hinterlassen. Aber das Ausmaß der Widersprüchlichkeit im Schulleben ist schwierig: Wie viel davon ist auflösbar – und wie? Viele Jugendliche und beteiligte Pädagogen meinen: Mehr Normalität, mehr Integrationsklassen und mehr »Drehpunkte« im Schulalltag könnten zu einer besseren Ausbalancierung von Unterschiedlichkeit und Gemeinsamkeit führen.

Literatur

Arbeitsstelle Integration der Universität Hamburg (Hrsg.): Die Schere geht auseinander. Integrative Prozesse in Integrationsklassen der Sek I. Bericht vom Fachtag im Mai 1994. Hamburg 1994.

Boban, I.: Gemeinsames Leben und Lernen in der Sekundarstufe I. In: Lernen Konkret. 14. Jg. (1995) H. 2, S. 25–29.

Boban, I.: Integratives Schulklima. Lebendigkeit wahrnehmen und erhalten. In: Meissner, K. (Hrsg.): a.a.O. 1997, S. 188–209.

Boban, I./Matthies, I.: »Ich fühle mich einsam und elend«. In: Arbeitsstelle Integration der Universität Hamburg (Hrsg.): a.a.O. 1994, S. 25–30.

Dumke, D./Schäfer, G. (Hrsg.): Entwicklung behinderter und nichtbehinderter Schüler in Integrationsklassen. Weinheim 1993.

Feuser, G.: Behinderte Kinder und Jugendliche zwischen Integration und Aussonderung. Darmstadt 1995.

Hass, S.: Die Entwicklung der sozialen Beziehungen in Integrationsklassen im Übergang zum Kurssystem der Gesamtschule. Schriftl. Hausarbeit am Fachbereich Erziehungswissenschaft zum 1. Staatsexamen, Lehramt Grund- und Mittelstufe. Hamburg 1995.

Jansen, N.: Berufsorientierung und Vorbereitung von Jugendlichen mit Behinderungen im Rahmen des integrativen Förderprogramms. Wiss. Hausarbeit zur Ersten Staatsprüfung für das Lehramt an Sonderschulen. PH Heidelberg 1996.

Kegan, R.: Die Entwicklungsstufen des Selbst. München 1986.

Köbberling, A. (Hrsg.): Bilder aus Hamburger Integrationsklassen der Sek I. unv. Skript, Hamburg 1994.

Köbberling, A./Schmidt, U.: Welche Förderung braucht Sven? In: Friedrich-Jahresheft Schüler 1995. Gewaltlösungen. Seelze 1995, S. 66–68.

Köbberling, A.: Längsschnittuntersuchungen zur Entwicklung von Jugendlichen mit geistiger Behinderung in Integrationsklassen der Sekundarstufe I. In: Meissner, K. (Hrsg.): a.a.O. 1997, S. 280–301.

Meissner, K. (Hrsg.): Integration. Schulentwicklung durch integrative Erziehung. Berlin 1997.

Schley, W./Köbberling, A.: Integration in der Sekundarstufe I. Hamburg 1994.

Völz, H.: Integration in der Sekundarstufe I. In: Die neue Sonderschule. 41. Jg. , H. 3, 1996, S. 209–217.

Kerstin Merz-Atalik

Integration ausländischer Jugendlicher mit Behinderungen im gemeinsamen Unterricht

Eine Herausforderung an die Integrationspädagogik

Es ist bekannt, dass Migrantenkinder[1] besonders oft in Sonderschulen sind (Kornmann/Klingele 1996). Auch überrascht es kaum, dass nichtdeutsche Eltern, insbesondere aus früheren Anwerbeländern, dem komplizierten Verfahren nicht nur der deutschen Schule allgemein, sondern auch der Sonderschulen wie auch der komplizierten Durchsetzung gemeinsamer Erziehung ihrer behinderten Kinder in der Regelschule aus vielen Gründen oft hilflos gegenüberstehen. Im folgenden Beitrag sollen kulturspezifische Ursachen und Zusammenhänge für diese Phänomene am Beispiel von Migranten aus der Türkei aufgezeigt werden, wohl wissend, dass deren kultureller Kontext keine unmittelbaren Rückschlüsse auf Familien anderer Herkunft, seien sie aus Spanien, Polen oder dem Libanon, zulässt.

Kulturspezifische Einflussfaktoren auf Einstellungen zur Erziehung und Beschulung eines Kindes mit Behinderungen in Familien aus der Türkei

Wahrnehmung und Reaktion auf ein »Anders-Sein« unterliegen kulturellen Einflüssen. Bei der Einstellung zu und der sozialen Reaktion auf behinderte Menschen treffen wir sowohl auf universelle, kulturübergreifende Einstellungen und Reaktionen, das heißt Normen, die in allen Gesellschaften gleichsam übereinstimmende Bedeutungen haben, als auch auf kulturspezifische Einstellungen und Reaktionen. Um Reaktionen und Einstellungen von Eltern zur Erziehung und Bildung ihrer Kinder mit Behinderungen und auch zur »gemeinsamen Erziehung« verstehen zu können, ist es dringend erforderlich, die individuellen ethnischen und soziokulturellen Bedingtheiten für diese Einstellung zu erkunden. Dies gilt für nichtdeutsche wie für deutsche Eltern.

1 Im folgenden Beitrag wird der Begriff der Ausländerkinder nur dann verwendet, wenn er sich aufgrund statistischer Zwänge nicht vermeiden lässt. Ich bevorzuge die Begriffe »nichtdeutsch« und »nichtdeutscher Herkunft«, wobei der erste in der Regel für die migrierte Generation und der zweite für die nachfolgenden (oftmals in Deutschland geborenen) Generationen Anwendung findet.

Im Folgenden soll beispielhaft für Familien aus der Türkei eine Auswahl kulturspezifischer Bedingungen für Einstellungen dargestellt werden. Dabei soll aber keineswegs der Eindruck erweckt werden, dass es so etwas wie »eine türkische« bzw. »eine kurdische« Einstellung zu einem Kind mit einer Behinderung gibt. Vielmehr sollen spezifische kulturelle Einflussfaktoren auf die Einstellungen hervorgehoben werden.

In der Türkei herrscht eine starke kulturelle Heterogenität. *Den Türken* gibt es ebenso wenig wie *den Deutschen*. Auch die Gruppe der Migranten aus der Türkei rekrutiert sich aus verschiedenen Volksgruppen (Türken, Kurden, Araber, Kirgisen, Lazen etc.); aus verschiedenen Religionszugehörigkeiten wie Muslime (sunnitische, alevitische ...), Juden, Christen etc.; aus verschiedenen Herkunftsgebieten wie West-, Zentral- oder Ostanatolien; aus der Stadt- oder Landbevölkerung. Die regionale Herkunft, die religiöse Zugehörigkeit oder das Bekenntnis und die ethnische Gruppe, zu denen die einzelnen Familien gehören, haben individuell einen unterschiedlichen Einfluss auf Einstellungen und Verhaltensweisen in Bezug auf Menschen mit Behinderungen.

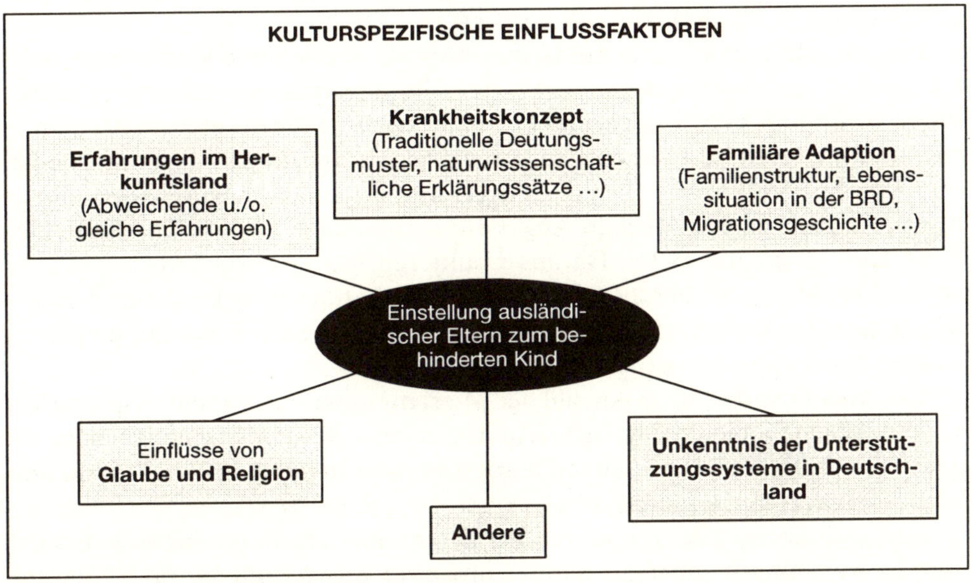

Abb. 1: Kulturspezifische Einflußfaktoren

Erfahrungen im Herkunftsland Türkei

Die Mehrzahl der Migrantenfamilien aus der Türkei lebt bereits über 15–20 Jahre in Deutschland. Dennoch konnte ich in der Zusammenarbeit mit Familien türkischer Herkunft feststellen, dass die Kindheitserfahrungen aus dem Heimatland der Eltern oder Großeltern immer noch einen nicht unerheblichen

Einfluss auf ihre Einstellungen haben.[1] Deshalb soll im Folgenden auf die Situation für Kinder mit Behinderungen im Herkunftsland Türkei eingegangen werden.

Die »Sondererziehung« behinderter Kinder in der Türkei ist geregelt durch das »Gesetz für sondererziehungsbedürftige Kinder« vom 15.10.1983. Der damit gemeinte Personenkreis umfasst »Kinder im Alter zwischen 4–18 Jahren, die aufgrund körperlicher, geistiger, seelischer, emotionaler, sozialer und gesundheitlicher Besonderheiten und wegen außergewöhnlicher Unterschiede in ihrer Situation aus der normalen Erziehung keinen Nutzen ziehen können« (Skutta 1994, S. 107). Wie ich in Diskussionen und Gesprächen bei Aufenthalten in der Türkei feststellen konnte, wird diese gesetzliche Absicherung einer »Sondererziehung« von Eltern behinderter Kinder als erheblicher Fortschritt gesehen.

Mit dem Begriff »Sondererziehungbedürftigkeit« sind Abweichungen von der Norm *nach unten* als auch *nach oben* gemeint. Auch so genannte »Hochbegabte« (mit einem IQ dauerhaft über 130 in verschiedenen Tests) und so genannte ›Sonderbegabte‹ (mit einem IQ über 110 und Sonderleistungen in Einzelbereichen) werden damit erfasst. Ansonsten sind die Behinderungskategorien denen in Deutschland sehr ähnlich.

Das Gesetz betont zwar die Notwendigkeit von Wohnfeldnähe und Ausschöpfung von Integrationsmöglichkeiten; diese Vorgaben werden aber in der Praxis nicht oder nur ungenügend beachtet. Obwohl die gesetzliche Regelung eine weitgreifende Umsetzung auf organisatorischer Ebene vermuten ließe, sind Theorie und Praxis *auch* in der Türkei weit voneinander entfernt: So gibt es beispielsweise keine staatlichen Angebote vorschulischer Förderung für behinderte Kinder (Skutta 1994). Daraus resultieren häufig Vorbehalte gegenüber institutionellen vorschulischen Betreuungsangeboten für türkische und kurdische Kinder in Deutschland. Oft bestehen Ängste vor einer Beeinflussung ihrer Kinder durch »falsche« Erziehungsziele.

Eine nicht unerhebliche Anzahl der Migrantenfamilien kommt ursprünglich aus ländlichen Gebieten der Türkei, in denen behinderte Menschen auch heute noch vorwiegend in ihren Familien betreut werden, in das familiäre Zusammenleben integriert und dadurch selten isoliert sind (Uçar 1987).

Erst seit den 80er-Jahren kennt die Türkei Sonderschulen für so genannte »sondererziehungsbedürftige« Kinder, und zwar vorwiegend nur für körperlich Behinderte.[2] Diese Schulen nehmen nur Kinder mit eindeutigen, das heißt einer einzigen Behinderung auf; für mehrfachbehinderte Kinder gibt es noch keine schulischen Einrichtungen. Ein Großteil der Schulen hat ein Internat und ist in Provinzhauptstädten angesiedelt. Die Anzahl der Schulen wird dem Bedarf

1 Dies bestätigen Beobachtungen aus meiner langjährigen Tätigkeit als sozialpädagogische Einzelfallhelferin für türkische/kurdische Kinder mit Behinderungen in integrativen Zusammenhängen als auch meine Erfahrungen als Familienhelferin in Familien türkischer Herkunft in Berlin.

2 Unter diesem Begriff werden in der Türkei Körperbehinderte, Sehgeschädigte, Blinde, Hörgeschädigte und Gehörlose, das heißt alle organischen Schädigungen zusammengefasst.

nicht annähernd gerecht, und es gibt oft lange Wartelisten. Außer den Sonderschulen gibt es zusätzlich noch Sonderklassen für Seh-, Hör- und Lernbehinderte an Regelschulen (vgl. Skutta 1994, S. 111ff).

Unkenntnis der Unterstützungssysteme in Deutschland

In den türkischen und kurdischen Familien, mit denen ich zusammenarbeitete, bin ich zumeist auf eine ablehnende Haltung gegenüber dem Sonderschulbesuch eines Kindes gestoßen. Gespräche mit anderen professionellen Helfern bestätigen diese Beobachtung. Gleichzeitig fällt der hohe Anteil von türkischen Kindern z.B. in Berliner Sonderschulen auf. Türkische Eltern machen entweder nicht ausreichend von ihrem Elternrecht in Bezug auf eine integrative Erziehung Gebrauch, oder der Elternwunsch nach Regelbeschulung ihres behinderten Kindes wird nicht berücksichtigt.[1]

So äußerten die Eltern einer als lernbehindert diagnostizierten Schülerin mehrfach deutlich vor der Lehrerin als auch vor dem Schulleiter, dass sie die Sonderschulzuweisung ihrer Tochter ablehnen. Diese Eltern wurden nach ihren Aussagen zu den Förderausschusssitzungen nicht eingeladen und sind erst nach einem Beschluss des Förderausschusses durch den Schulpsychologen über das erstellte Gutachten und die beschlossene Überweisung an eine Lernbehindertenschule informiert worden.

> Auszug aus dem Gutachten: *»Vorschlag für die weitere Beschulung: Bei einem Verbleib in der Grundschule müsste Fatma*[2] *die 4. Klassenstufe wiederholen. Die daraus resultierende extreme Überalterung ist aus sozialen und emotionalen Gründen heraus nicht zu verantworten. (...) Aus den oben genannten Gründen schlage ich eine Überweisung von Fatma an die Schule für Lernbehinderte vor.«*[3]

Bedingt durch ein Informationsdefizit über ihre Rechte haben die Eltern gegen dieses Schreiben keinen Einspruch erhoben. Sie dachten, wenn die Tochter sich bis zum Schujahresende besserte, würde die Sonderschulzuweisung sogar noch verhindert werden. Erst durch ein persönliches Gespräch mit der Schulrätin des Bezirkes konnte die Überweisung verhindert werden. Dabei war die abschließende Empfehlung im schulpsychologischen Gutachten ausschlaggebend, welche keine Notwendigkeit der Fortsetzung des Schulbesuchs an einer Lernbehindertenschule zeigte:

> Auszug aus dem Gutachten: *»Förderschwerpunkte: Fatma sollte als Linkshänderin unbedingt an der linken Tischhälfte oder neben einem anderen Linkshänder sitzen. (...) im mathematischen Bereich [sollte] eine Förderung*

1 Zur Situation im Elementarbereich siehe Merz-Atalik 1997.
2 Der Name wurde geändert.
3 Wiedergabe mit Genehmigung der Eltern.

bezüglich der Mengenauffassung, dem Erkennen operativer Beziehungen und der Analogiebildung stattfinden. Im Rahmen des Geometrieunterrichts ist besonders das räumliche Vorstellungsvermögen zu fördern. Im Zusammenhang mit der Begriffsbildung und der Wortschatzerweiterung ist der mündliche Sprachgebrauch zu fördern.«

Türkische Eltern sind in der Regel erleichtert, wenn sie über die Möglichkeit einer integrativen Beschulung ihres behinderten Kindes informiert werden. Anders hingegen sehen oftmals die Reaktionen und Diskussionen von Eltern nichtbehinderter Kinder aus, wenn diese vor der Frage einer Einschulung in eine Integrationsklasse stehen. Die Familien zeigen hier die gleichen Vorbehalte wie manche deutsche Eltern und versuchen zu verhindern, dass ihr Kind mit *Behinderten* in eine Klasse geht. Diese Haltung ist sicherlich auch durch die abweichenden Erfahrungen im Herkunftsland begründet[1], aber auch Ausdruck eines erheblichen Informationsdefizites über integrative Schulpraxis in Deutschland. Mir sind trotz eigener Nachforschungen keine spezifischen Informationsunterlagen für nichtdeutsche Familien zur gemeinsamen Erziehung in der Schule bekannt; eine rein sprachliche Übersetzung von deutschsprachigen Informationsbroschüren erachte ich nicht als ausreichend.[2] In denjenigen Bezirken Berlins, in denen integrative Schulen und Klassen sehr zahlreich sind und dadurch annähernd zum Regelfall werden, scheint nach Aussagen von Lehrerinnen und Lehrern die Anzahl der türkischen Kinder in Integrationseinrichtungen zuzunehmen. Das könnte meines Erachtens eine Folge der Tatsache sein, dass Eltern dort nicht erst durch besonderes Egagement von ihrem Elternrecht Gebrauch machen müssen, um für ihr Kind einen Integrationsplatz zu finden.

Krankheitskonzepte

Zimmermann beschreibt das Krankheitskonzept seiner türkischen Patienten als ganzheitlich, leiblich und seelisch. »Krankheiten sind eigenständige Seinsformen, die im Umfeld des Menschen existieren und von außen her den menschlichen Körper durchdringen. Dass nur ein Teil des Körpers erkrankt sein könne, ein Organ oder auch nur ein Glied etwa durch Verletzung, ohne dass dadurch nicht auch der gesamte Organismus und somit auch die Befindlichkeit des Betroffenen beeinträchtigt würde, ist dementsprechend für südeuropäische Patienten kaum vorstellbar.« (Zimmermann 1984, S. 77) Erklärungen von Krankheits- oder Behinderungsursachen auf der Basis naturwissenschaftlicher Zusammenhänge scheitern oft bereits am geringen Informationsstand der Eltern

1 In der Türkei befinden sich Sonderschulen für Kinder mit Behinderungen noch im Aufbau und werden als große Errungenschaft proklamiert.

2 Meine schriftliche Anfrage bei den Landesarbeitsgemeinschaften der Bundesvereinigung Gemeinsam Leben-Gemeinsam Lernen e.V. im März 1995 nach Informationsunterlagen oder Broschüren zur schulischen Integration von Kindern mit und ohne Behinderungen, speziell für türkische Eltern, wurde negativ beantwortet.

über die Körperorgane und ihre Funktionen. Körperliche Behinderungen werden von türkischen Eltern oftmals eher akzeptiert als psychische oder psychosomatische Erkrankungen; kulturell bedingte Krankheitsbilder erschweren die Vorstellung einer *nicht* durch körperliche Symptome lokalisierbaren Erkrankung (Zimmermann 1984).

Das zeigt sich auch in Bezug auf die Einstellungen zur Beschulung ihrer Kinder mit Behinderungen: Gespräche mit Grund- und Sonderschullehrern und mit dem türkischen Elternverein in Kreuzberg weisen darauf hin, dass türkische Eltern sich häufig energisch gegen eine Zuweisung zur Sonderschule für Lernbehinderte wehren. Bei den nach türkischen Maßstäben »körperlichen Behinderungen« ist jedoch die Akzeptanz eines Sonderschulbesuchs, im Verhältnis zur Akzeptanz des Besuches einer Lernbehinderten- oder Verhaltensgestörtenschule, noch relativ hoch (Boos-Nünning 1990).

Traditionelle Deutungsmuster von Krankheits- und Behinderungsursachen beruhen oft auf magischen Krankheitsbildern. Viele Eltern sehen im Einfluss des »Bösen« die eigentliche Ursache von Erkrankungen oder Behinderungen ihrer Kinder, zum Beispiel durch den so genannten »bösen Blick« (*nazar*) eines missgünstigen oder »bösen« Menschen. Eltern sollten mit ihren Säuglingen die ersten 40 Tage nach der Geburt das häusliche Umfeld (Wohnung, Haus) nicht verlassen, um das Kind vor solchen bösen Blicken zu schützen.[1] Behinderungen und Erkrankungen mit »magischer« Ursache werden auch auf »magische« Weise behandelt. Die mystischen Heilungsmethoden sind sehr vielfältig: Einige Familien suchen dazu so genannte *hoca* (religiös motivierte magische Heiler) auf, in anderen bin ich verschiedensten Heilungs-Fetischen begegnet[2], und wieder andere reisten extra in die Türkei, um ihre Kinder solchen »bösen« Einflüssen zu entziehen.

Bei der Beratung dieser Familien habe ich die Erfahrung gemacht, dass die Akzeptanz der spezifischen Krankheits- und Behinderungsvorstellungen und der Heilungsmethoden wesentliche Voraussetzung für eine erfolgreiche Initialisierung anderer Therapieansätze waren. Medizinisch und therapeutisch begründete Maßnahmen auf der Basis von naturwissenschaftlichen oder psychologischen Erklärungsansätzen wurden von diesen Familien in der Regel nur als additive Methode akzeptiert.

Familiäre Adaption

Sieht man die Tatsache der Behinderung nicht nur unter dem Aspekt der körperlichen, geistigen oder psychischen Einschränkung, sondern in Wechselwirkung zum sozialen Umfeld (Quertani 1994), gewinnen besonders die Fami-

1 Dieses wurde mir auch von griechischen Familien berichtet.
2 Beispielsweise: Getrocknete Lammhoden (Fruchtbarkeitsfetisch), Amulette mit Koransuren (Heilung und Linderung von Krankheiten und Schmerzen), Amulette in Form eines Fischauges (Schutz vor bösem Blick).

lienstrukturen an Bedeutung. Die Bewältigungsmechanismen und der Umgang mit einem behinderten Kind in Familien aus der Türkei sind ebenso heterogen wie ihre kulturelle und lebensweltliche Ausrichtung. Die individuelle persönliche Ausprägung der Lebenswelt und des familiären Zusammenlebens in türkischen und kurdischen Familien ist von zahlreichen Faktoren abhängig, wie zum Beispiel der Migrationsmotivation und dem Migrationszeitpunkt (Migranten der 1., 2. und 3. Generation), der soziokulturellen und ökonomischen Lebenssituation, dem Ausbildungsniveau oder der Religionszugehörigkeit. Viele Familien, die ich kennen gelernt habe, lebten nach wie vor in relativ traditionellen Familienstrukturen. Das hatte zur Folge, dass die ursprünglichen Unterstützungssysteme der Großfamilie intakt waren und im Regelfall die Aufgaben der Betreuung und Erziehung von Kindern mit Behinderungen im Rahmen familiärer Ressourcen (ältere Geschwister, Großeltern, nichtberufstätige Familienangehörige etc.) erfüllt wurden. Vorwiegend waren es die Mütter und die älteren Schwestern, die mit den Aufgaben für das behinderte Kind betraut waren. In einigen Familien führte das zu einer starken Überbelastung und Überforderung der Frauen und Mädchen.

Die Familienstrukturen sind keinesfalls statisch gleich bleibend, sie unterliegen vielmehr einem lebenslangen und nichtlinearen Wandlungsprozess. Wir müssen uns in der Zusammenarbeit mit Eltern immer wieder vergegenwärtigen, dass solche Begriffe wie »traditionell« und »modern« nicht ausreichen, um die Vielfältigkeit der lebensweltlichen Bezüge erfassen und beschreiben zu können.

Oftmals wurde in den Familien, mit denen ich zusammenarbeitete, *die Behinderung eines Sohnes* als schwerwiegender erachtet als die *Behinderung einer Tochter*. Die Behinderung eines männlichen Nachkommens und insbesondere eine physische Beeinträchtigung gerät mit den Männlichkeitsidealen der patriarchalischen Gesellschaft in Konflikt. Im Gegensatz dazu scheint eine Lernbehinderung den Männlichkeitsidealen nicht zu widersprechen. So sagte ein Vater zu der Zukunftsperspektive seines als lernbehindert und verhaltensauffällig diagnostizierten Sohnes: »Er ist nur etwas dümmer als seine älteren Geschwister, aber er ist stark und wird einmal ein guter Soldat.«

»Eine Betreuung und Versorgung der Kinder innerhalb der Familie wird einer Heimunterbringung zumeist vorgezogen, denn ein »Abgeben« des Kindes würde die Familie in schlechten Ruf bringen« (Boos-Nünning 1990, S. 567). Die Ehre *(namus)*, die Achtung *(saygi)* und die Würde oder auch das Ansehen, das Prestige *(seref)*, gebieten einer Familie, für ein behindertes Kind ebenso zu sorgen wie für ein nichtbehindertes Kind.

Bei türkischen Familien mit einem behinderten Kind stellte Schäfer-Böker einen extremen Isolationsgrad fest (Schäfer-Böker 1987). Allerdings gilt das wohl nur für *außerfamiliäre* Beziehungen, denn Hohmeier (1996) stellt fest, dass ca. 76% aller ausländischen Eltern Hilfe von Verwandten haben, aber mit 27% weniger als deutsche Familien Kontakte zu anderen betroffenen Familien pflegen.

Häufig sind die Residenzgesellschaft und Angehörige medizinischer Institutionen bevorzugte Objekte aggressiver Impulse. »Die Eltern glaubten beispielsweise, dass es, wären sie nicht emigriert, auch nicht zur Erkrankung ihres Kindes gekommen wäre, die sie häufig auf einen Kunstfehler deutscher Ärzte zurückführten.« (Schäfer-Böker 1987, S. 97)

Glaube und Religion

An dieser Stelle soll auf die Einflüsse des Islam eingegangen werden, weil nahezu 80% der Familien aus der Türkei muslimisch sind. Die Geburt eines behinderten Kindes bzw. die Erkrankung oder die Folgen eines Unfalles werden vom Islam als *kismet* (Schicksal) interpretiert. »Allah, der Himmel und Erde geschaffen hat, ist die Ursache allen Geschehens.« Ein bekennender Muslim soll sich dem Willen Allahs und in das für ihn gewählte Schicksal fügen. In dieser Glaubensauslegung wird die Geburt eines Kindes mit Behinderung oder Krankheit als eine irdische Bewährungsprobe gedeutet. »Und wir setzen euch mit Schlechtem und mit Gutem Prüfungen aus, um auf die Probe zu stellen.«[1] Die solchen Prüfungen gegenüber geforderte Haltung ist Geduld und Ergebenheit in das von Gott bestimmte Schicksal (Skutta 1994), ähnlich wie die Lebensauffassung im mittelalterlichen Christentum.

In einigen muslimischen Familien führt diese Schicksalsgläubigkeit so weit, dass auch präventive Maßnahmen, z.B. Impfungen, als Gotteslästerung begriffen und nicht wahrgenommen werden; selbst ambulante Hilfen werden aus diesem Grunde oft abgelehnt. So antwortete ein Vater auf meine Frage nach der Ursache für die Behinderung seines Sohnes: »Allahu akbar bedeutet, Gott ist größer – größer als das Menschliche – größer als der Verstand.« Diese Haltung sollte einerseits vor dem Hintergrund der Diskussion um das Lebensrecht von Menschen mit (schweren) Behinderungen positiv bewertet werden; diese Schicksalsgläubigkeit führt aber oftmals auch dazu, dass Therapien nicht wahrgenommen werden und der damit verbundene Fördergedanke den Eltern nicht einsichtig ist.

Kulturspezifische Einflussfaktoren dürfen also in der Zusammenarbeit mit Familien nichtdeutscher Herkunft, die behinderte Kinder haben, nicht außer Acht gelassen werden. Mit den Familien sollte geklärt werden, welche spezifische kulturelle Bedeutung die Tatsache der Behinderung des Kindes für die Familie hat. Dabei könnten Erfahrungen aus der interkulturellen Beratungspraxis genutzt werden, beispielsweise: die (offensiven) stadtteilorientierten Beratungsangebote und -einrichtungen, muttersprachliche Beratungsangebote, problembezogene Sprachkurse für Berater und für die türkischen Familien (z.B. zu Behinderungsursachen, zum Erscheinungsbild von Behinderungen und zum

1 Koransure (21.35) aus: Der Koran. 1989, S. 226.

spezifischen Förderbedarf), die Beschäftigung von muttersprachlichen Mitarbeitern und/oder die Arbeit in multikulturellen Teams, die Schulung[1] der Mitarbeiter psychosozialer Einrichtungen für den kulturellen Kontext ihrer Klienten, um die Sensibilität für kulturspezifische Denkmuster zu fördern, und nicht zuletzt eine ganzheitliche Beratung, die nicht nur die Behinderung des Kindes betrifft, sondern auch dem Lebensalltag der Eltern gerecht wird.

Ausländische Schülerinnen und Schüler mit Behinderungen in der deutschen Schule

Ein großes Defizit der erziehungs- und sozialwissenschaftlichen Forschung zu Ausländern in Deutschland besteht darin, dass individuelle kulturspezifische Faktoren nicht ausreichend in Untersuchungen und statistische Erhebungen mit einbezogen werden. »*Das* Ausländerkind« gibt es nicht, oder um es anders zu sagen: Was haben ein hoch begabtes Einzelkind aus der Ehe eines südamerikanischen Professors und einer deutschen Rechtsanwältin mit einem bosnischen Flüchtlingskind mit fünf Geschwistern von einem Asylbewerber-Containerschiff anderes gemeinsam als eine nichtdeutsche Staatsangehörigkeit?

Dennoch zählen sie beide zu der Grundgesamtheit der »ausländischen Kinder« und werden in vielen Untersuchungen gemeinsamer Erhebungsgegenstand. Das führt dazu, dass diese Forschungsergebnisse nur eine begrenzte Aussagefähigkeit haben. Die folgenden Zahlen und Fakten zu der Gesamtheit der Ausländerkinder bzw. zu einer ausgewählten ethnischen Gruppe müssen immer vor diesem defizitären Gesichtspunkt wahrgenommen und interpretiert werden.

Sonderschulen

Die vielfach beschriebene Isolation der ausländischen Familien in Deutschland spiegelt sich in der Bildungslandschaft wieder. Der Anteil der Ausländerkinder an Sonderschulen in den alten Bundesländern und in Berlin liegt überdurchschnittlich hoch (siehe Tabelle 1, S. 145).

Ging man vor wenigen Jahren noch von der Annahme aus, dass die erhöhten Zahlen von ausländischen Schülern an Sonderschulen *zurückgehen* würden, je länger sie als Kinder der Migrantenfamilien in Deutschland leben, so muss man sich heute eingestehen, dass dies keineswegs so eingetreten ist und in absehba-

1 Eine beträchtliche Diskrepanz zwischen Fortbildungsangeboten und -wünschen zum Thema »Arbeit in ausländischen Familien« stellte Jürgen Hohmeier bei Mitarbeiterinnen in Frühförderstellen in NRW fest. 80% äußerten einen Fortbildungswunsch, 7 von 26 der befragten Mitarbeiterinnen war bereits einmal ein solches Fortbildungsangebot unterbreitet worden, aber nur eine hatte dieses wahrgenommen (Hohmeier 1996, S. 242).

rer Zeit auch nicht eintreten kann. Vielmehr müssen wir feststellen, dass Kinder aus Migrantenfamilien, die schon in der 2. und 3. Generation in Deutschland leben und u.U. sogar hier aufgewachsen sind, weiterhin in Sonderschulen überrepräsentiert sind, dass durch die Wirtschafts- und Kriegsflüchtlinge aus verschiedenen Ländern auch der Ausländeranteil an der Gesamtbevölkerung, wenn nicht weiter zunehmend, so doch gleich bleibend ist und dass insbesondere der Ausländeranteil an den Schulen für Lernbehinderte und an den Schulen für Geistigbehinderte steigend ist (siehe Abbildungen 2–5).

Tabelle 1: Schülerinnen und Schüler an Sonderschulen

	alle Schüler an Sonderschulen (Gesamt)	**Ausländeranteil** (Absolut)	**Ausländeranteil** (%)	**Darunter: Staatsangehörigkeit Türkei** (Absolut)
Früheres Bundesgebiet (inkl. Berlin/Ost)	288.319	53.700	18,62	Keine Angaben
Neue Bundesländer (ohne Berlin/Ost)	94.330	100	0,10	Keine Angaben
Alte und Neue Bundesländer	382.649	53.800	14,05	24.628 6,43 % (an Ges.) 45,77 % (an Ausl.)
Berlin (Ost/West) Sonderschulen	13.203	1.622	12,28	803 6,08% (an Ges.) 49,50% (an Ausl.)
Berlin (West) Sonderschulen	5.980	1.562	26,12	Keine Angaben
Berlin (Ost) Sonderschulen	7.223	60	0,83	Keine Angaben

Zusammenstellung und Berechnung auf der Basis von Zahlenmaterial des Bundesministeriums für Bildung, Wissenschaft, Forschung und Technologie Magdeburg (Dezember 1995) und des Landesschulamtes Berlin (Februar 1996).

Setzt man beispielsweise die Zahlen der Schülerschaft an Geistigbehindertenschulen und -klassen in Berlin ins Verhältnis zu einem Gesamtausländeranteil in den allgemeinbildenden Schulen (inkl. Sonderschulen) von durchschnittlich ca. 23,0% (westliche Bezirke seit 1985), wird die Überrepräsentation der ausländischen Schülerinnen und Schüler an den Sonderschulen für Geistigbehinderte in Berlin (West) besonders deutlich (Abb. 2).[1]

1 Eine Gegenüberstellung mit dem Ausländeranteil an Schulen für Geistigbehinderte im gesamten Bundesgebiet ist an dieser Stelle nicht möglich, da das Kultusministerium diese nicht gesondert hervorhebt.

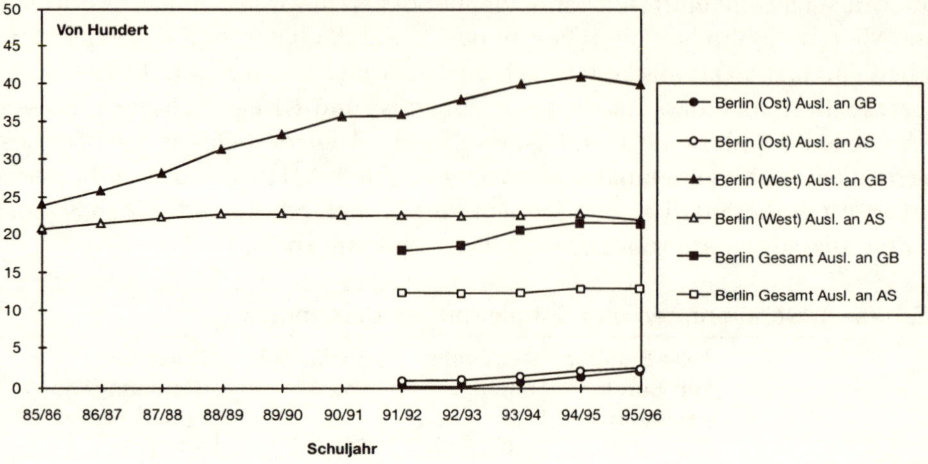

(Berechnung auf der Basis von: Landesschulamt Berlin (Hrsg.): Das Schuljahr 1995/96 in Zahlen – Allgemeinbildende Schulen, Februar 1996)

Abb. 2: Vergleich der Entwicklung des Ausländeranteils an Schulen für Geistigbehinderte (GB) und Allgemeinbildenden Schulen (AS) in Berlin

Bei genauerer Betrachtung der Zahlenverhältnisse zwischen deutschen und nichtdeutschen Schülerinnen und Schülern an Schulen und in Klassen für Geistigbehinderte stellt sich die Frage, ob es in Berlin einen höheren Anteil an Kindern mit geistigen und schweren Mehrfachbehinderungen bei ausländischen Familien gibt? In einer dänischen Veröffentlichung kommen Jabiri und Kruuse (1992) zu der Einschätzung, dass bestimmte Einwandererfamilien in Dänemark tatsächlich besonders Gefahr laufen, behinderte Kinder zu bekommen, da die Eltern eng verwandt sind oder weil die Kinder unter primitiven Bedingungen in den Heimatländern geboren wurden. Zahlen, die diese Annahme auch für Einwandererfamilien in Deutschland bestätigen oder verwerfen würden, liegen nicht vor.

Der extrem hohe Ausländeranteil an der Gesamtschülerschaft der Schulen und Klassen für Geistigbehinderte in Berlin (West) von immerhin durchschnittlich 41,0 % durch alle Schulstufen und sogar 54,2 % in der Eingangsstufe (Schj. 1994/95; vgl: Senatsverwaltung für Schule, Berufsbildung und Sport 1995) lässt aber auch andere Erklärungsansätze zu. So könnte es sein, dass ausländische Familien mit einem behinderten Kind bewusst nach Deutschland kommen, um die relativ gute medizinische und therapeutische Versorgung in Anspruch nehmen zu können.

Geht man jedoch von der Annahme aus, dass der Anteil der behinderten Kinder bei nichtdeutschen Familien nicht wesentlich steigt, muss man sich folgende Frage stellen: Werden die Schulen für Lern- und Geistigbehinderte jetzt mit Ausländerkindern gefüllt? Sozusagen als kurzfristige Lösungsstrategie für die viel beschriebene Krise der Sonderschule durch die fortschreitende Ausbreitung der Integration?

Diese Frage könnten wir auch an die Lernbehindertenschulen richten: Seit den siebziger Jahren ist der Anteil der Ausländerkinder an Schulen für Lernbehinderte in den alten Bundesländern von ca. 0,5 % auf 23,9 % (1993) angestiegen (Kornmann/Klingele 1996). Die folgende Abbildung zeigt deutlich, dass eine Überrepräsentation von ausländischen Schülerinnen und Schülern an Lernbehindertenschulen in den alten Bundesländern seit Mitte der achtziger Jahre festgestellt werden kann und dass diese so gut wie unverändert besteht.

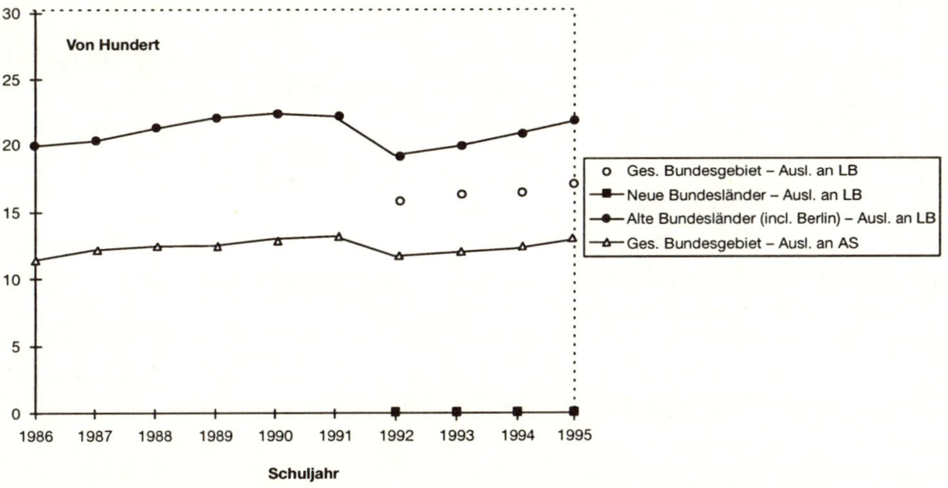

(Berechnung auf der Basis von: Sekreteriat der ständigen Konferenz der Kultusminister der Länder i. d. Bundesrepublik Deutschland (Hrsg.): Ausländische Schüler und Schulabsolventen 1986–1995, Statistische Veröffentlichungen der Kultusministerkonferenz/ Heft 138, Dezember 1996)

Abb. 3: Vergleich der Entwicklung des Ausländeranteils an Schulen für Lernbehinderte (LB) und Allgemeinbildenden Schulen (AS) im gesamten Bundesgebiet

Die Entwicklungen der letzten Jahre zeigen auch in Berlin einen deutlichen Anstieg der ausländischen Schülerschaft an Lernbehindertenschulen. In den westlichen Bezirken Berlins lag der Ausländeranteil an den Schulen für Lernbehinderte im Schuljahr 1994/95 bei 31,7 % (Durchschnitt der 1.–10. Klassen in den westlichen Bezirken), in einzelnen Jahrgängen sogar bei bis zu 36,4 % (Senatsverwaltung für Schule, Berufsbildung und Sport 1995).

Wenn man diese Zahlen ins Verhältnis zu einem Gesamtausländeranteil in den allgemeinbildenden Schulen (inkl. Sonderschulen) von durchschnittlich ca.

23,0% (westliche Bezirke seit 1985) setzt, ergibt sich ebenfalls eine Überrepräsentation von ausländischen Schülerinnen und Schülern an den Lernbehindertenschulen in Berlin (West). Diese fällt nur wenig geringer aus als jene an den Schulen für Geistigbehinderte.

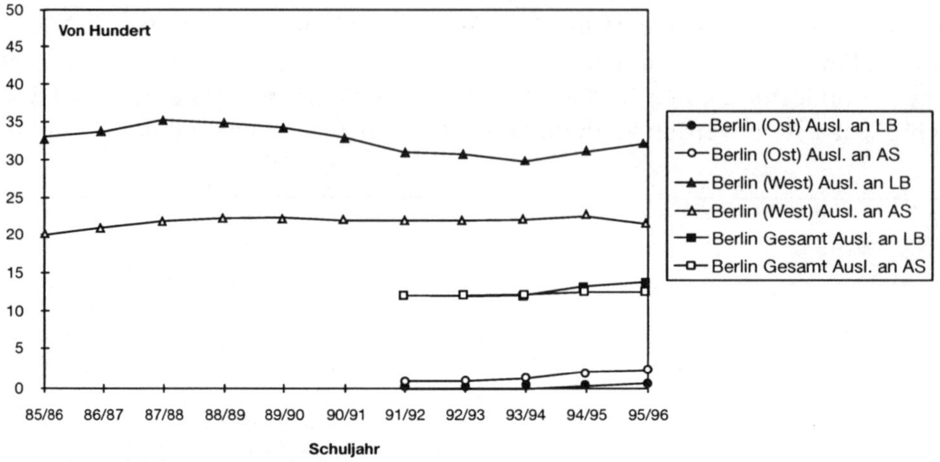

(Berechnung auf der Basis von: Landesschulamt Berlin (Hrsg.): Das Schuljahr 1995/96 in Zahlen – Allgemeinbildende Schulen, Februar 1996)

Abb. 4: Vergleich der Entwicklung des Ausländeranteils an Schulen für Lernbehinderte (LB) und Allgemeinbildenden Schulen (AS) in Berlin

Interessant erscheint an dieser Stelle auch der Vergleich mit den anderen Bundesländern. In allen alten Bundesländern sind ausländische Schülerinnen und Schüler an Schulen für Lernbehinderte überrepräsentiert. Für dieses Diagramm wurden die Zahlen von Kornmann und Klingele übernommen und durch die Zahlen für Berlin (West) ergänzt (Kornmann und Klingele 1996).[1] Legt man die Zahlen für Berlin (West) im Vergleich mit den anderen alten Bundesländern zugrunde (Abb. 3), so liegt Berlin in Bezug auf den Ausländeranteil an Lernbehindertenschulen an zweiter Stelle.

1 Die Zahlen für West-Berlin lagen bei Kornmanns Untersuchung nicht differenziert vor, was dazu führte, dass Berlin aufgrund der Gesamtzahlen von Ost und West in die Berechnungen einbezogen wurde und deshalb in dessen Veröffentlichung ein falscher Eindruck entstehen musste; mit 12,7% Anteil ausländischer Schülerinnen und Schüler an Lernbehindertenschulen zu 12,8% Ausländeranteil an Allgemeinbildenden Schulen wurde der Eindruck vermittelt, dass in Berliner Sonderschulen für Lernbehinderte keine Überrepräsentation festgestellt werden könne.

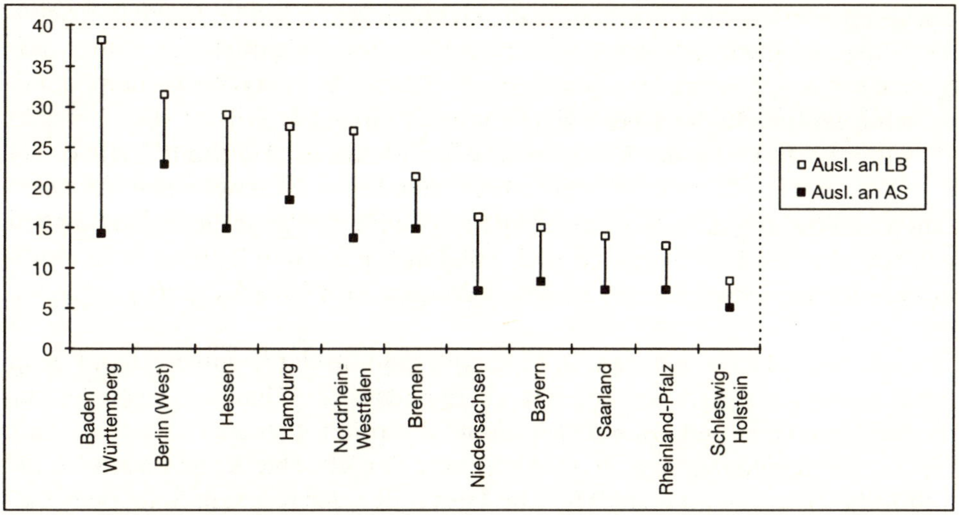

Abb. 5: Überrepräsentation von Ausländern an Sonderschulen für Lernbehinderte (LB) in den alten Bundesländern

Werden die Sonderschulen nunmehr im doppelten Sinne zu »Rest-Sonderschulen« für lern-, geistig- und schwerstbehinderte Kinder nichtdeutscher Herkunft, deren Eltern im Regelschulwesen die Rechte auf gemeinsame Erziehung nicht wahrnehmen können oder wollen?

Integrationsschulen und -klassen

Meines Erachtens könnten Integrationsklassen eine Chance für die bessere Integration und die Verbesserung der Bildungssituation auch von ausländischen Schülerinnen und Schülern sein. Allerdings müssen in Bezug auf die kulturelle Heterogenität in Lerngruppen konkrete Forderungen an eine »integrative Pädagogik« und eine »integrative Schule« formuliert werden, insbesondere wenn die zuvor dargestellten besonderen Bedingungen von ausländischen Kindern Beachtung erhalten sollen (vgl. Prengel 1993; Hinz 1994).

Die migrationsgeschichtlichen Entwicklungen in den alten Bundesländern führten zu einer zunehmend multikulturellen und multiethnischen Gesellschaft; diese wird vermutlich auch noch längere Zeit auf die alten Bundesländer begrenzt bleiben. Die durch diese Entwicklungen entstandene kulturelle Heterogenität der Schülerschaft scheint noch nicht ausreichend in der schulischen Praxis berücksichtigt zu werden. Dass dies auch für eine Vielzahl von Integrationsklassen zutrifft, konnte ich bei Schulbesuchen beobachten.

In der von mir besuchten Integrationsklasse einer Grundschule waren die Kinder mit Behinderungen nach den Aussagen der Lehrerinnen im Klassenverband als auch in die Lernprozesse »gut integriert«; als Außenseiter in jener

Lerngruppe erwiesen sich vielmehr die nichtdeutschen Schülerinnen und Schüler. Einige Lehrerinnen waren an jenem Besuchstag sichtlich erleichtert, dass die nach ihrem Empfinden »schwierigen« Kinder vom Asylbewerber-Containerschiff fehlten. In der Klasse waren Schülerinnen und Schüler aus insgesamt 12 Nationen; fast 50% der Kinder waren nichtdeutscher Herkunft. Viele dieser Kinder hatten nach Aussagen der Lehrerinnen Lernschwierigkeiten bzw. einen erhöhten Förderbedarf. Auf meine Nachfrage äußerten diese die Notwendigkeit von spezifischen Fortbildungen und Anleitungen für den Unterricht in multikulturellen Lerngruppen und auch den Wunsch nach entsprechenden Angeboten.

Geht man davon aus, dass in einer Integrationsklasse entsprechend einer integrativen Pädagogik von den Fähigkeiten jedes Einzelnen ausgegangen und die Verschiedenheiten einer Lerngruppe akzeptiert werden, sollte man dann nicht auch annehmen, dass diese Akzeptanz der Verschiedenheit auch für die kulturelle Heterogenität zutrifft? Die Gestaltung der Klassenräume beispielsweise spiegelt selten die multiethnische und multikulturelle Zusammensetzung der Schülerschaft wider.

Auch meine Beobachtungen im Rahmen meiner beruflichen Tätigkeit als sozialpädagogische Einzelfallhelferin in Integrationsklassen zeigen, dass Unterricht in Bezug auf die Integration von Kindern mit sonderpädagogischem Förderbedarf didaktisch und methodisch verändert wurde. Der *kulturellen* Dimension von Heterogenität wurde jedoch in der Regel nicht ausreichend Aufmerksamkeit geschenkt (siehe auch Hinz 1993, S. 16).

Es sollte nicht länger versäumt werden, in offiziellen Schulstatistiken sowie in der Integrationsforschung zukünftig die Anteile der Ausländerkinder allgemein als auch die der verschiedenen Nationalitäten nach Möglichkeit zu beachten. Dies könnte u.a. dazu beitragen, die spezifische Situation von nichtdeutschen Familien mit behinderten Kindern in Erziehungs- und Bildungseinrichtungen stärker als pädagogische Aufgabe wahrzunehmen.

Die Zahlen der Schulstatistik zeigten deutlich, dass nichtdeutsche Kinder an unsere Schulen besondere Anforderungen stellen. Das bedeutet auch, dass Lehrerinnen und Lehrer in Integrationsklassen sich nicht nur den Aufgaben der gemeinsamen Erziehung von Kindern mit und ohne Behinderung stellen müssen, sondern zugleich mit den Anforderungen einer wachsenden kulturellen Heterogenität der Schülerschaft konfrontiert sind. Auch die Sekundarstufe muss sich zunehmend den Aufgaben der Bewältigung einer vielfältigen Schülerschaft stellen.

Die wissenschaftliche Diskussion sollte nicht nur auf der Fragestellung der strukturellen Gemeinsamkeiten und Unterschiede zwischen den pädagogischen Ansätzen der interkulturellen Erziehung und der Integrationspädagogik in Bezug auf die jeweilige Bewältigung der verschiedenen Dimensionen von Heterogenität (Begabung, Kultur und Geschlecht) verharren. Vielmehr sollte die Zieldefinition einer demokratischen Schule für *alle* Kinder bzw. einer Pädagogik der Vielfalt zu einem *Miteinander des Verschiedenen* stärker gewichtet werden (Prengel 1995).

Sekundarstufe

Im Zusammenhang mit den kulturspezifischen Gegebenheiten bestand keine Notwendigkeit, auf eine spezifische Schulstufe gesondert einzugehen. Die individuellen kulturspezifischen Auswirkungen und Einflüsse einer Behinderung oder einer Lernbeeinträchtigung haben bei Jugendlichen in der Oberstufe mindestens den gleichen Stellenwert wie bei Kindern in der Grundschule, wenn nicht sogar einen verstärkten. Jugendliche in der Phase der Adoleszenz brauchen Anerkennung und Unterstützung auf der Suche nach ihrer Identität. In unserer Gesellschaft mit ihren relativ engen Normen und Werten müssen besonders Kinder und Jugendliche, die von diesen Normen und Wertmaßstäben abweichen, integriert und in ihrer Identität anerkannt werden. Dies gilt gleichermaßen für Behinderte wie für Kinder und Jugendliche nichtdeutscher Herkunft.

Die Situation der ausländischen *Jugendlichen* in Bezug auf die erreichten Bildungsabschlüsse macht es aber an dieser Stelle erforderlich, dezidiert auf die Sekundarstufe einzugehen. 20,3% aller ausländischen Schulabsolventen erhielten 1994 nicht einmal einen Hauptschulabschluss (KMK 1995, S. 151).

Für die gemeinsame Erziehung behinderter und nichtbehinderter Kinder und für die Integration von Kindern nichtdeutscher Herkunft gilt: Spätestens an der Schwelle zur Sekundarstufe zerrinnen die Illusionen, eine integrative Schule für alle Kinder sei in der deutschen Schullandschaft ohne eine umfassende Schulreform möglich.

Resümee

Wir haben es bei den verschiedenen Ansätzen der Bewältigung von Heterogenität mit einem einheitlichen Motiv zu tun: Das Ziel interkultureller als auch integrativer Erziehung ist eine möglichst weitgreifende Individualisierung von Schule und Unterricht in einer sozialen Gemeinschaft im Sinne einer Pädagogik, die sich am Kinde orientiert.

Daraus ergeben sich folgende Forderungen an eine »Integrative Schule für alle Kinder«:

- Integration als Regelform, auch für sozial benachteiligte und Familien nichtdeutscher Herkunft.
- Binnendifferenzierung und Individualisierung des Unterrichts auch in der Sekundarstufe.

- Statt Selektion und Segregation eine Verlängerung der gemeinsamen Schulzeit für alle Kinder bis zum Ende der Pflichtschulzeit.
- Die Umsetzung einer allgemeinen und subjektorientierten Pädagogik in Bezug auf die verschiedenen Dimensionen von Heterogenität in Lerngruppen, das heißt konkret: Einbindung und nicht Umformung der nichtdeutschen oder behinderten Kinder.
- Entwicklung einer Pädagogik, die die unterschiedlichen kulturellen Erfahrungen der Kinder als Bereicherung für den Unterricht wertet.
- Keine Ziffernzensuren oder Benotungen, sondern eine individuelle, am spezifischen Leistungsniveau des Kindes orientierte Leistungsbewertung.

»Sollen Behinderungen des Lernens und Ausgrenzungsprozesse durch den Unterricht vermieden werden, müssen *alle* Schülerinnen und Schüler differenzierte Lernangebote erhalten, die ihren individuellen Lernvorraussetzungen und Lernmöglichkeiten entsprechen.« (Kornmann 1996, S. 62)

Im Interesse *aller* Schülerinnen und Schüler sollte die gemeinsame Erziehung behinderter und nichtbehinderter Kinder für deutsche und nichtdeutsche Kinder und Jugendliche durch eine »Pädagogik der Vielfalt« weiterentwickelt werden.

Literatur

Boos-Nünning, U.: Eingliederungsprobleme bei behinderten ausländischen Kindern. In: Otto Speck/Klaus-Rainer Martin: Sonderpädagogik und Sozialarbeit – Handbuch der Sozialarbeit, Bd. 10, Berlin 1990, S. 556–573.

Das Bundesministerium für Bildung, Wissenschaft, Forschung und Technologie (Hrsg.): Grund- und Strukturdaten 1995/96. Magdeburg (Dezember 1995).

Das Landesschulamt Berlin Referat ID/Datenverarbeitung und Statistik: Das Schuljahr 1995/96 in Zahlen – Allgemeinbildende Schulen. 21. Jg., Berlin (Februar 1996).

Hinz, A.: Heterogenität in der Schule. Hamburg 1993.

Hohmeier, J.: Frühe Hilfen für ausländische Familien mit behinderten Kindern – Ergebnisse einer Befragung in Frühförderstellen. In: Geistige Behinderung, Heft 3, 1996, S. 241–248.

Jabiri, S. /Kruuse, E.: Handicappede born i visse muslimske hjem. In: Psykologisk Paedagogisk Radgivning 1992, Dec. Vol. 29 (6), S. 461–469.

Khoury, T./Hagemann, L./Heine, P. (Hrsg.): Islamlexikon. 1991, Sure 21.35.

Kornmann, R.: Die Individualität achten – Beurteilung im gemeinsamen Unterricht. In: Bambach, H. u.a. (Hrsg.): Prüfen und Beurteilen. Friedrich Jahresheft 1996, S. 62f.

Kornmann, R./Klingele, C.: Ausländische Kinder und Jugendliche an Schulen für Lernbehinderte in den alten Bundesländern. In: Zeitschrift für Heilpädagogik, Heft 1, Januar 1996, S. 2–9.

Kultusministerkonferenz (KMK): Statistische Veröffentlichungen Nr. 136: Ausländische Schüler und Schulabsolventen 1985 bis 1994. Bonn Dezember 1995.

Merz-Atalik, K.: Aspekte der Beratung türkischer und kurdischer Eltern von Kindern mit Behinderungen. In: Gemeinsam leben, Heft 1, März 1997, S. 16–21.

Der Koran, übersetzt von R. Paret. Stuttgart 1989.

Prengel, A.: Pädagogik der Vielfalt. Opladen ^{2}1995.

Quertani, M.: Behinderung in der dritten Welt unter besonderer Berücksichtigung der Stellung Behinderter im Islam, dargestellt am Beispiel des nordafrikanischen Raumes (Tunesien, Algerien, Marokko). In: Behindertenpädagogik, 33. Jg. Heft 4, 1994, S. 389–403.

Schäfer-Böker, G.: Krankheitskonzepte ausländischer Familien/Die Folgen einer chronischen Erkrankung für das familiäre System. In: Buchkremer, H./Emmerich, M. (Hrsg.): Ausländerkinder – Sonder- und sozialpädagogische Fragestellungen. Hamburg 1987, S. 77–100.

Senatsverwaltung für Schule, Berufsbildung und Sport (Hrsg.): Das Schuljahr 1994/95 in Zahlen. Berlin 13. Februar 1995.

Skutta, S. : Versorgungslage und psychosoziale Situation von Familien mit behinderten Kindern in der Türkei. Frankfurt a.M. 1994.

Uçar, A.: Behindertenerziehung in den Schulen der Türkei. In: Buchkremer, H./Emmerich, M. (Hrsg.): Ausländerkinder – Sonder- und Sozialpädagogische Fragestellungen. Hamburg 1987, S. 118–130.

Zimmermann, E.: Sozialmedizinische Probleme in der Versorgung ausländischer Patienten. In: Kentenich, H./Reeg, P./Wehkamp, K.-H. (Hrsg.): Zwischen zwei Kulturen: Was macht Ausländer krank? Berlin 1984, S. 126–137.

Ines Boban

Integrative Lebensräume für Jugendliche

Nehmen wir uns Adornos allererste Forderung an Erziehung zu Herzen, »dass Auschwitz nicht noch einmal sei«, dann müssen wir auch schulische Lebenswelten so gestalten, dass sie nicht selektiv sind und in denen alles ureigentlich im Menschen wohnende, alles Menschliche bejaht und willkommen geheißen wird. Es kann nicht das Ziel integrativer Bestrebungen sein, die Heranwachsenden zu besseren Menschen zu machen – aber zu sozialen, verantwortlichen und zugleich lebensbejahenden.

> *»Sophie Scholl und ihre Mitkämpfer wollten gar keine edlen Menschen – menschliche Menschen mit all ihren Gebrechen und ihrem Versagen wären schon genug gewesen ... Das Streben nach ›edlen‹ oder ›neuen‹ Menschen kann direkt lebensgefährlich werden ... Halten wir uns an den alten Menschen – unter der Voraussetzung, dass er seine Unzulänglichkeit, seine Trägheit, seine Angst und seine Müdigkeit nicht verleugnet.«* (Cordelia Edvarson bei Gruen 1993, S. 54)

Nichtverleugnung, das Zulassen dessen, was an Widersprüchlichem und Widerspenstigem neben allem anderen da ist, es anzunehmen, sich damit auseinander zu setzen und eine gemeinsame Form zu finden, dies ist der Kern integrativer Orientierung. Es zeigt sich, dass dieses eigentlich sehr einfache, fast bescheiden wirkende Anliegen bis heute nur schwer in die alltäglichen Lebensräume einziehen kann, denn der scharfe Wind des Zeitgeists weht auch dort in alle Ecken: Im Bereich Schule wie im Bereich Freizeit wird meist nach den Prinzipien Effektivierung und Maximierung geplant und organisiert. Man ist von der Notwendigkeit »optimaler Förderung« überzeugt. Mach das Beste aus deinem Typ!, lautet hier wie dort das Motto, und dies soll zu »mehr machen und mehr haben« verleiten. Leute, die das bloße Spaßhaben propagieren, sind keine Gegenströmungen zu dieser Entwicklung, sondern wollen ebenfalls immer mehr von allem – mehr Aktion, mehr Konsum. Coole, isolierte Online-Learner und Inline-Scater sind in. Unter Jugendlichen sind die heute am meisten bevorzugten Adjektive »geil«, »stark«, »super« oder gar »mega«. Alles, was schwach ist, ist demzufolge »mega-out«.

Das Anliegen der Integration, das gleichberechtigte Zusammenleben verschiedener Menschen, legt eine konträre Sicht nahe. Sie soll hier in einer ausschnittweisen Sichtung der Entwicklungen im Freizeitbereich zur Sprache kommen.

Freizeitphänomene – verschiedene Jugendstile

Zu Beginn der Elternbewegung für Integration wurde mit dem Lied »Ach Lotte, liebe Lotte mein, wann können wir wieder zusammen sein?« die ver-rückte Situation von Kindern mit Behinderungen und ihre durch Therapien verplante Freizeit charakterisiert:

> *»Am Montag, och, da geht es nicht, da muss ich nämlich zum Sprachunterricht, ... Dienstag nie ... Musiktherapie, ... Turnen, ... Reiten, ... MCD-Verein!« Am Ende dieser »Ballade von der optimalen Förderung« kommen die Kinder auf eine List: »Wie wär's wenn du auch behindert bist? Dann wären wir endlich zusammen beim optimalen Förderprogramm.«* (Text: Pusteblume, Melodie: »Laurentia«; Hinz und Wocken 1987)

Mittlerweile hat sich sich die Problematik noch zugespitzt da es, zumindest im städtischen Kontext, auch für die meisten Kinder und Jugendlichen ohne Behinderungen normal zu sein scheint, ihre komplette Woche zu verplanen. Nach ihren schulischen Verpflichtungen sind sie oft über Verträge gebunden, in Vereinen und anderen Institutionen ihrer Nachhilfe in Englisch, dem Klavierunterricht, dem Geräteturnen, dem Voltigieren usw. nachzugehen oder sich dem Tennisclub zu widmen. Neben dem Aktivitätsdruck in unserer hektischen Gesellschaft mag ein Hintergrund dafür auch in der Sorge der oft berufstätigen Mütter liegen, dass Jugendliche, sich selbst überlassen, zu viel fernsehen oder vor dem Computer sitzen und es daher besser ist, wenn sie in Vereinen usw. aktiv sind. Nicht nur solche modischen Aktivitäten wie Hockey, Ballett, Geige, Computerkurs, Teilnahme an ›Jugend forscht‹, an Theater-AGs und Ähnlichem stehen hoch im Kurs bei Stadt-Jugendlichen, die von einem riesigen Freizeitmarkt umworben werden. Zudem engagieren sich viele in Umweltgruppen oder nach dem Konfirmandenunterricht in der Gemeindejugend, versuchen sich im Fechten, Kunstturmspringen oder Standardtanz besonders zu profilieren oder gehen oft mehreren Jobs nach. Wie sollen sich Lotte und ihre Freundin da noch nach der Schule treffen? Der Trend zur rastlosen Beschäftigung mit allem, was von Interesse sein könnte, wird ihnen so von der Erwachsenenwelt nahe gelegt. Die Flucht in Freizeitbeschäftigungen wie Sprayen, Scaten oder S-Bahn-Surfen, die für manche Jugendliche den Reiz der Gefahr und des scheinbaren Ausbruchs aus der Erwachsenenkultur darstellt, sind doch nur die andere Seite derselben Medaille: Bei der in dieser Lebensphase verschärft stattfindenden

Suche nach Identität und Selbstdefinition führen derart hektische Suchbewegungen, die Ausdruck der gesellschaftlichen Tendenz von »immer mehr, immer schneller, höher, weiter, bunter, schriller« zu sein scheinen, immer weiter weg von der eigenen Person.

Die heutige gesellschaftliche Normalität weist widersprüchliche Tendenzen auf: Zum einen ist eine Tendenz zu individualistischer (vermeintlicher) Selbstverwirklichung über Spitzenleistungen in Sport, Musik, Technik oder per »Rückzug mit voller Dröhnung« in Richtung extatischer Erlebnisqualitäten beim Techno, Bungee-Springen oder im Drogenkosum zu beobachten; zum anderen findet sich eine Tendenz, die mit dem Stichwort »Rückzug mit leisen Tönen« im Sinne von Verinnerlichung, Selbstversenkung und Meditation etc. charakterisiert werden kann. Diese Trends, die auch durch die Gleichaltrigen als Ich-Perfektionierung vorgelebt werden und die oft krasse Polaritäten zwischen der Suche nach Spannung und nach Rückzug erzeugen, machen es den Jugendlichen sehr schwer, Chancen für Gemeinsamkeit von Jugendlichen mit und ohne Behinderungen zu sehen. Aber es gibt sie, die Foren für Gemeinschaftserlebnisse und Gruppenerfahrungen, mitten in dieser komplizierten, zu verschiedenen Extremen neigenden Landschaft.

Exemplarisch: Was läuft

Seit einigen letzten Jahren beginnt sich ein Spektrum integrativer Freizeitaktivitäten und -gruppen zu entwickeln. Es mehren sich integrative Theaterprojekte, Vereine, die »Sport für alle« oder eine integrative Hockeygruppe anbieten, eine Tanzschule mit wenigstens einem integrativen Tanzkurs und Ähnliches. Während integrative Bauchtanzgruppen noch sehr vereinzelt sind, scheint es selbstverständlicher zu werden, Konfirmandenunterricht integrativ anzulegen. Die erste Initiative für ein integratives Angebot geht häufig von Institutionen aus, die speziell für Menschen mit Behinderungen geschaffen wurden. Oft suchen sie Kooperationspartner, zum Beispiel bei der Volkshochschule, bei Sportvereinen, bei Museumspädagogischen Diensten, bei Reitschulen, bei Familienbildungsstätten und anderen im Freizeitbereich aktiven Institutionen.

So kann mittlerweile eine behinderte »Lotte«, die nicht mehr eine (Ganztags-)Sonderschule oder den Sonderhort besucht, um ihre Freizeit mit Therapien zu verbringen, in einem großstädtischen Umfeld wohl auch so die ganze Woche verplanen. Sie kann jeden Nachmittag in einer integrativen Gruppe verbringen – wenn dies denn von ihr gewünscht wird. Sie kann dort gemeinsam mit ihrer Freundin anderen Menschen mit und ohne Behinderungen begegnen, mit ihnen tanzen, trommeln, auf Leinwand, Seide oder Porzellan malen, töpfern, voltigieren, reiten, Hockeyspielen und vieles andere. Die integrativen Freizeitaktivitäten haben in der Regel neben ihrem Schwerpunktthema immer eine deutliche Orientierung an der Ermöglichung von Erfolgs- und Gemeinschaftserlebnissen. Noch sind solche Projekte rar – stehen sie doch in einem krassen Spannungsverhältnis zu der durch Werbung nahe gelegten Absicht und Mode bei vielen nichtbehinderten Jugendlichen, sich mit bestimmten Freizeitaktivitäten zu profilieren. Nur sehr allmählich erhalten auch junge Leute mit Behinderungen eine Auswahl und können ihre Freizeit in ihrem Stadtteil verbringen. Angesichts dieser Situation erweisen sich die gemeinhin im Vergleich zur *unterrichtlichen* Integration als eher unproblematisch angesehenen und oft vernachlässigten Herausforderungen an integrativen *Freizeitaktivitäten* in der Konkurrenz zu unterschiedlichsten Tendenzen der Ich-Perfektionierung als gar nicht einfach.

Die *folgenden drei Beispiele* sollen die neue, integrative Qualität im Denken und Handeln der Beteiligten zeigen. Das Spektrum reicht hier vom orientalischen Tanz über den Konfirmandenunterricht bis zum Sommernachtstraum im Theaterprojekt.

Die integrative *Bauchtanzgruppe* trifft sich seit vielen Jahren wöchentlich im Hamburger Spastikerverein oder im nahen Bürger- und Kulturhaus. In der unter allen Aspekten gemischten, ca. 24köpfigen Gruppe (Altersspektrum 4–84 Jahre), tanzten zeitweise auch Männer mit. Hier gibt es ritualisierte Phasen, in denen alle im Kreis, überwiegend sitzend, begleitet durch eine bildreiche Sprache, Bewegungs- und Beweglichkeitserfahrungen machen, oft unterstützt durch Angefasst-Werden oder andere Anfassen. Über diese Berührungen hinaus entsteht Nähe, weil viel Raum dafür da ist, Eigenes gesprochen oder getanzt einzubringen. Die Tanzenden bleiben bei ihrem Körpergefühl und im Dialog mit den anderen im Kreis. So wird auch hier mit Lockerheit und Heiterkeit »der Shimmie und das Kamel« getanzt, jedoch nicht geübt oder trainiert, bis da ein perfektes Kamel zu sehen ist. Jede Absicht und Anstrengung wird – frei nach Feldenkrais – vermieden; statt andere durch ein künstlich aufgesetztes Lächeln in die Irre zu leiten, können hier die Gesichter das mittanzen, was gefühlt wird.

Ein Mitarbeiter des Pädagogisch-Theologischen Instituts, selbst Vater einer Tochter mit Behinderung, initiiert Gruppen und Fortbildung für Pastoren und organisiert, dass Vikare in Integrationsklassen hospitieren. Das lässt auf veränderte Perspektiven für den *Konfirmandenunterricht* und die Gemeindearbeit insgesamt hoffen. Ein Landespfarrer für »gemeindenahe Behindertenarbeit« spricht sich für eine »integrative Gemeindeentwicklung« durch kontinuierliche Lernprozesse aus. Neben der gemeinsamen Zeit in kirchlichen Kindergärten und -tagesstätten setzt er auf die gemeinsame Konfirmandenzeit und eine integrativ orientierte Freizeitgruppenarbeit (vgl. Danielowski 1997).

Den shakespearschen *Sommernachtstraum* des gemeinsamen Theaterprojekts von Thalia-Theater und Hamburger Spastikerverein erarbeiten sich junge Leute, angeleitet von einer Regisseurin. Klassische Stoffe werden verbunden mit eigenen Themen und Erfahrungen (Eisenhans, Turandot, Romeo und Julia – Erwachsenwerden, Loslösen, Lieben). Die Aufführungen auf der kleinen Studiobühne des Thalia-Theaters und auswärts haben eine starke Resonanz.

Entscheidend dafür dürfte der Prozess der gemeinsamen Entwicklung des Stücks im Hinblick auf die Beteiligten sein, von denen einige die unterschiedlichsten, auch schwersten Behinderungen haben (vgl. Wilken-Dapper 1996). Die große Nachfrage führte bereits zu zwei weiteren Theatergruppen, die Wert auf Gemeinsamkeit legen.

Veränderung des Blickwinkels

Die neue Qualität integrativer Freizeitangebote liegt vor allem darin, dass die Aufmerksamkeit für das Ergebnis relativiert und dafür der Prozess stärker in den Blick genommen wird (vgl. Hinz 1996). Sie wechselt von der Selbstperfektionierung – etwa der Beweglichkeit des kleinen Zehs beim Ausdruckstanz – zur Selbstrelativierung und zum Erleben von Vielfalt; vom Kümmern um Wirkung zur Begeisterung für Gefühle. Dies wirkt oft gerade bei nichtbehinderten Kursteilnehmern psychisch entlastend und lässt sie bei sich selbst und bei anderen neue Qualitäten entdecken.

Die Veränderung des Blickwinkels kann auch zu neuen Formen und Prozessen führen, denn das Neue ist nicht einfach das Dabeisein (oder das Dabeisein dürfen) von Menschen mit geistigen Behinderungen. Die integrative Bauchtanzgruppe findet nicht, wie sonst in zahlreichen Studios üblich, in frontaler Reihe gegenüber einer Spiegelwand und ausgerichtet auf die Vortänzerin statt, die die Richtigkeit des Imitierten und die Wirkung auf den Betrachter kontrollieren helfen. Vielmehr finden sich alle im Kreis zusammen, sodass sie ein oder mehrere Gegenüber haben. Und dort wird denn auch nicht das unter Bauchtänzerinnen weit verbreitete »Ich-bin-so-fit-und-schön-und-sexy-Dauerlächeln« eingeübt, sondern eine Vielzahl von Gesichts- und Körperausdrücken und Ausdrucksmöglichkeiten bewusst gemacht (vgl. Boban 1988). Alle können erfahren, dass (etwas von) sich zeigen immer wirkt, wenn die, die sehen, das Gesehenwerdenwollen mit Wohlwollen begleiten. Dann hat jede und jeder die Gabe, zum Geben und Nehmen beizutragen.

Das Einlassen auf den anderen bestärkt die Möglichkeiten, sich auf sich selbst einzulassen – auch und zumal im Kontext des Konfirmandenunterrichts, denn dort wird sich die anregende Vielfalt allen Beteiligten leicht erschließen. Allerdings darf er nicht als altmodische Formalie mit Auswendiglern-Pensen zum Erlangen größerer Geschenkkontingente verstanden werden, sondern als Forum für zwischenmenschliche Begegnungen: »Menschen öffnen sich in der Kirche füreinander oder sie leben nicht wirklich Kirche.« (Danielowski 1997, S. 7)

Und so ein Schauspielprojekt bietet nicht nur die Chance, sich und andere in anderen Rollen zu erleben (von »Faust« bis zur »Monroe«), sondern gibt jedem abwechselnd Rollen – des Romeo und der Julia beispielsweise. Bei der gegenwärtigen Produktion bildet eine Szene mit 13 sterbenden Romeos vielleicht sogar den Höhepunkt. Die integrative Gruppe des Hamburger Thalia-Theaters plant zudem für alle Szenen jeweils zwei Fassungen ein, je nachdem ob die schwermehrfachbehinderte Mitspielerin schreit oder ruhig bleibt. Solche Theaterprojekte weisen ausdrücklich daraufhin, dass sie »das Recht behinderter Menschen auf Kreativität und Kunstausübung durchsetzen« (Höhne 1997, S. 25) und nicht als Förderung oder gar als Therapie gesehen werden wollen.

Diese Beispiele sollen ermutigen, auf eine Öffnung allgemeiner Angebote für alle Menschen hinzuwirken, vom Hobbybereich bis zur Erwachsenenbildung. Für künstlerische Projekte sollte angestrebt werden, unterstützende Gelder vom Kultur- statt vom Sozialressort einzuwerben, denn erst damit wird der Status als künstlerisches Projekt anerkannt. Das wären entscheidende Schritte weg von der »Behindertenarbeit«, hin zu einer »Gemeinwesenarbeit« (von Lüpke 1994), die diese Bezeichnung wirklich verdiente.

Bei aller Gemeinsamkeitsorientierung muss jedoch anerkannt werden, dass auch Gruppen Gleichbetroffener wichtig sind. Erfahrungs- und Austauschmöglichkeiten in Frauen-, Schwulen-, Ausländer-, Gehörlosen- oder Krüppelgruppen können sehr stärkend sein. Gleichwohl ist kritisch zu fragen, was das je Gemeinsame dieser jeweiligen Gruppen ist. Wir müssen darauf achten, dass es nicht zu einer Rückkehr zur Theorie der Andersartigkeit unter dem Banner der Selbstorganisation und des Selbsthilfekonzepts kommt, bei der dann letztlich wieder die Meinung Nichtbetroffener entscheidend wird, nämlich dass diese Gruppe so und nicht auch anders ist – und Trennung braucht. Spannend würde es, wenn etwa ein junger Mann mit Down-Syndrom in der Schwulenselbsthilfe-Gruppe um Aufnahme nachsuchte, weil ihm in Seminaren zur Sexualität für Menschen mit Behinderungen niemand zu seinem Thema – seiner Homosexualität – begegnete.

Wider die Pädagogisierung der Freizeit

Zuweilen erfahren wir selbst, was es für eine Anstrengung sein kann, sich in diverse Freizeitgruppen zu begeben. Ich komme zunehmend dazu, Situationen wertzuschätzen, in denen »nichts läuft«. Wenn zum Beispiel Annelotte mit Down-Syndrom nach der Schule immer schaukeln will und mit temperamentvollen Selbstgesprächen ihre vormittäglichen Erlebnisse bearbeitet, dann mag es ihrer Mutter schwer fallen, sie so zu sehen und zu lassen, anstatt sie zu bedrängen, an der Schwimmgruppe XY teilzunehmen. Annelottes Bedürfnis nach Alleinsein, im eigenen Zimmer in Ruhe zu lesen, Kassetten zu hören oder zu malen – warum beunruhigt das eher, als dass es Anerkennung findet?

Die Hoffnung, dass Lieselottes Bedürfnisse nach Freundschaft, Tee trinken, Kuscheln und Sexualität durch Kontakte im Kochkurs der Elternschule befriedigt würden, kann schwer erfüllt, aber leicht enttäuscht werden. Es erscheint mindestens ebenso schwierig, das individuelle Bedürfnis nach Rückzug zu akzeptieren, wie die geeigneten Angebote für die wirklichen je eigenen Bedürfnisse zu finden oder zu machen. Der Tendenz zur Überfrachtung der Freizeit und zudem ihrer Pädagogisierung ist entgegenzuwirken!

Nicht die Anpassung an leistungs-, wettkampf- und/oder erfolgsorientierte Aktivitäten, die quasi zur allseits entwickelten Barrenturner-Querflötisten-Persönlichkeit führen, kann das Ziel sein, sondern der Kontakt mit Menschen, die die Gemeinschaft mit anderen suchen, um sich gemeinsam gut dosiert von einer Sache herausfordern zu lassen. Aus integrationspolitischer Sicht ist vor allem wichtig, die Öffnung vorhandener Angebote zu initiieren *und* sie darin zu unterstützen, auch von ihrer Struktur und Ambition her zugänglicher zu werden, gegebenenfalls durch hierbei assistierende Personen (vgl. Markowetz 1996, 1997).

Identität und Freizeit

Schule ist ein zentraler Lebensraum, in dem vorrangig Gemeinschaft durch Lernen ge- und erlebt werden kann. Der Lebensraum Freizeit lässt sich verschieden verorten. Auch wenn für integrative Prozesse in Schule und Unterricht strukturell andere Bedingungen gegeben sind als für Angebote im Freizeitbereich, so sind es doch die gleichen Prinzipien, die zur Lebendigkeit im Sinne der Integration beitragen (vgl. Boban 1997). Angesichts heutiger Tendenzen zu schulischer Eliteförderung und Online-Lernen einerseits, außerschulischem Inline-Scaten, Fitness-Maximierung und Internet-Surfen andererseits ist es die zentrale Herausforderung für integrativ orientierte Menschen, jene Personen, Institutionen und Konstellationen zu bestärken, die gegen Isolation wirken und gegen Ausgrenzung aktiv sind. Nur Nähe und Kontinuität in der sozialen Begegnung von immer zugleich Verschiedenen und Gleichen wird zu der Erfahrung und zu der Einsicht beitragen, dass es ganz normal ist, auch einmal müde, langsam, unfähig, im Zweifel, erstaunt – also lebendig zu sein. Schule und Freizeit integrativ zu organisieren heißt, Strukturen so zu gestalten, dass die Vielfalt des Lebens sich darin spiegelt und entfalten kann. Die Pflege von Dialogen, die Pflege der Philosophie des Unperfekten und der Transparenz können überall Leitmotive sein.

Ein vielfältiger, vielgestaltiger Schulkontext und ein ebenso vielfältiges Freizeitangebot entspricht widersprüchlichen, sich ergänzenden Bedürfnissen. Wo *die Philosophie des Unperfekten* gepflegt werden kann, gibt es viele Anlässe, sich auszutauschen, abzugrenzen und sinnvoll zu ergänzen. Das trägt mehr zum Aufbau der je eigenen Identität bei als ein Entwicklungskontext, bei dem Prozesse der Abgrenzung dominieren.

Transparenz trägt zur Steigerung von Handlungskompetenz bei – ob es nun um Prozesse der Diagnostik (vgl. Hinz 1997), um Planungen zum Unterrichtsgeschehen und zum Schulleben geht oder um die Entwicklungen von

Theaterstücken oder ähnlichem. Nur so kann zu Selbstvertretung und -bestimmung für alle Beteiligten beigetragen werden. Die dabei entstehenden Spannungsfelder und Konflikte sind produktiv, da sie die Ladung und Reibung bereithalten, die die Erfahrung der Dialektik vom Gleich- und Verschiedensein unterstützen. Dialektischem Denken entspricht es jedoch auch, das Streben um größtmögliche Selbstständigkeit um das Bewusstsein zu ergänzen, dass wir alle mehr in Abhängigkeit als in Unabhängigkeit leben und es ausdrücklich eine Kultur des Umgangs mit Abhängigkeit zu entwickeln gilt. Dies kann im *integrativen* Schulleben und einer *entsprechenden* Freizeitwelt geschehen – und *nur dort.*

In einer Zeit, in der es als chic gilt, wenn alles extra, besonders und ganz anders zu sein verspricht, legt der integrative Weg nahe, »exklusiven Sonderangeboten für spezielle Menschen« mit Misstrauen gegenüberzutreten. Bei jedem »aktionistischen Tamtam« ist zu fragen, wem es letztlich wirklich nützt: pädagogischen Macher-Bedürfnissen, Freizeitkassemachern und Ähnlichen oder der Lebenslust und -perspektive der Jugendlichen. Immer dringender wird es, Selektionsmechanismen zu erkennen und außer Kraft zu setzen, ob sie uns im Gewand des hierarchisch gegliederten Schulwesens oder dem des Wettbewerbsunwesens und den kaum noch überschaubaren Szenebildungen mit z.T. rigidem Gruppendruck im Freizeitbereich begegnen. Es geht dabei nicht um einen *Gegen*trend, sondern die bewusste Entscheidung *für* den zugleich vorhandenen anderen Pol. Zugespitzt lassen sich – eher assoziativ – jene gegenwärtige *›Zeitgeisttrends‹* darstellen, die in der abschließenden Übersicht aufgeführt sind.

Der Missbrauch von Jugendlichen durch Kommerz, die ständige Bekräftigung der aggressiven wie der regressiven Strategie unterstützt ein falsches Selbst und führt zur Kultivierung von Selektionsbereitschaft. Stärken wir also Situationen, in denen das Gemeinsame im Heterogenen erlebbar wird, in denen es um das Ganze – im integrativen Sinn – geht.

Literatur

Boban, I.: Nicht nur der Nabel kommt in Schwung ... In: Zusammen 8, H. 9, 1988, S. 8–10.

Boban, I.: Integratives Schulklima – Lebendigkeit wahrnehmen und erhalten. In: Meissner, K. (Hrsg.): Integration. Schulentwicklung durch integrative Erziehung. Diesterweg-Hochschule e.V. Berlin 1997, S. 188–209.

Boban, I./Hinz, A.: »Mein Problem ist nicht, wie ich aussehe. Mein Problem ist, wie du mich siehst.« Menschen mit Down-Syndrom und Integration in der Schule. In: Wilken, E. (Hrsg.): Dokumentation des Kongresses Down-Syndrom Oktober 1996 in Hannover 1997 (in Vorbereitung).

Danielowski, J.: Gegen den »Samariterblick«. »Behindertenarbeit« als integrative Gemeindeentwicklung. In: Gemeinsam leben 5, H. 1, 1997, S. 4–8.

Gruen, A.: Falsche Götter. Über Liebe, Hass und die Schwierigkeit des Friedens. München 1993.

Polaritäten	homogen-selektiv, aggressive Variante	heterogen-integrativ	homogen-selektiv, regressive Variante
Tendenz	ICH & wir	WIR & ICH	wir & ICH
Richtung	linear (nach oben, nach außen)	rund, im Kreis, ausstrahlend, auf einer Spirale auf und ab	linear (nach oben und unten, nach innen)
Orientierung	entweder oder: Abgrenzung und Konkurrenz	sowohl als auch: Abgrenzung und Annäherung	entweder oder: Abgrenzung, Selbstversenkung, universelle Verschmelzung
Haltung	Askese, Opferwillen, Anstrengungsbereitschaft, an die Grenzen gehen, Suche nach dem Kick	Genuss, Geben und Nehmen, Teilen (mitteilen, Anteil nehmen), zu den Grenzen stehen	Askese, Opferwillen, Entspannungssuche, nach innen gehen, Suche nach der Stille und Erleuchtung
Tun	üben, trainieren, perfektionieren, effektivieren, leisten, wissen	erleben, erfahren, fühlen, Stärken und Schwächen einbeziehen, annehmen	meditieren, imaginieren, glauben
Wollen	siegen, wirken, überwinden, ausagieren, bezwingen	zur eigenen Begabung, zu Trägheit, Ängstlichkeit, Müdigkeit stehen, das Schöne im Kleinen und Einfachen sehen	verinnerlichen, sich selbst überwinden
Aktionsform	Aktion, Bewegung, Kampf, Abenteuer	Bewegung mit Ruhe und Aktion, das gemeinsame Dritte, sich und etwas bewegen	Ruhe, Stillstand, Meditation
Attribute, Dynamik	unabhängig, frei, einsam, besonders, stark, fit, neu, schneller, höher, weiter, vorwärts, exzessiv, super, maxi, multi, spitze, immun, edel	relativ abhängig, kompromissbereit, gemeinsam, gemütlich, mit Stärken und Schwächen, schnell und langsam, Jung und Alt, wesentlich, begrenzt, ge- und zerbrechlich, verletzlich	erleuchtet, befreit, kosmisch, sich wandelnd, sich auflösend
Ziel	Ausnahme, Held, Optimierung, Fixpunkt oder ›Fun‹	Regel, Mensch(lichkeit), Wachstum mit Stagnation, Regression und Krise, Prozesse und Wege	Ausnahme, Guru, Weltverbesserung, Reinheit, Weisheit, Auflösung
Motto	nie genug, mehr mehr, ich ich, haben und machen	genug, weniger ist mehr, wir, sein, gelassen	radikal transzendieren

Hinz, A.: »Geistige Behinderung« und die Gestaltung integrativer Lebensräume. In: Sonderpädagogik 26, H. 3, 1996, S. 144–153.
Hinz, A.: ›Integrative Diagnostik‹ zwischen Ressourcenbeschaffung und Verstehensprozessen. In: Meissner, K. (Hrsg), a.a.O. 1997, S. 159–169.
Hinz, A./Wocken, H. (Hrsg.): Gemeinsam leben – gemeinsam Lernen beim Hamburger Integrationszirkus. Hamburg 1987.
Höhne, G.: Ein Reich der Faszination – Die Berliner »Sonnenuhr«. In: Gemeinsam leben 5, H. 1, 1997, S. 21–26.
Lüpke, K. v.: Nichts Besonderes: Zusammen-Leben und Arbeiten von Menschen mit und ohne Behinderung. Essen 1994.
Markowetz, R.: Integration von Kindern und Jugendlichen mit Behinderungen im Lebensbereich Freizeit. Praktische Erfahrungen und Erkenntnisse aus dem wissenschaftlich begleiteten Modellprojekt pfiff. In: Gemeinsam leben 4, H. 4, 1996, S. 155–162.
Markowetz, R.: Freizeit behinderter Menschen. In: Cloerkes, G.: Soziologie der Behinderten. Heidelberg 1997, S. 269–298.
Wilken-Dapper, S.: Wenn Eisenhans und Turandot im Sommernachtstraum auf Hexen treffen. In: Zusammen 16, H. 5, 1996.

Wolfgang Podlesch

Schülerinnen und Schüler mit geistiger Behinderung in der Oberschule – eine unerreichbare Utopie?

Jugendliche mit geistiger Behinderung werden in einigen Bundesländern schon seit mehreren Jahren in der Oberschule integriert, in Hamburg, Hessen, Nordrhein-Westfalen, Saarland und Schleswig-Holstein. Dies gilt auch für Berlin, wenn man an die Klassen 5 und 6 denkt, die dort Teil der Grundschule sind.

Seit dem Schuljahr 1996/97 wird im Rahmen eines landesweiten Schulversuchs nun auch in der Berliner Oberschule (Jahrgänge 7–10) erprobt, wie und unter welchen Bedingungen Schülerinnen und Schüler mit geistiger Behinderung oder schwerer Mehrfachbehinderung integriert werden können. Dieser Schulversuch geht auf die Novellierung des § 10 a des Berliner Schulgesetzes zurück, in dem neben der Einführung des uneingeschränkten Wahlrechts in der Grundschule für die Oberschule zwei Schulversuche vorgesehen sind, einmal zur beruflichen Vorbereitung und Eingliederung Behinderter (vgl. Gasser in diesem Band) und zum anderen zur Integration von Jugendlichen mit geistiger Behinderung und schweren Mehrfachbehinderungen.

Für die in die Grundschule seit 1990/91 jährlich aufgenommenen 10 bis 20 Kinder mit geistiger bzw. schwerer Mehrfachbehinderung stellte sich zum Schuljahr 1996/97 erstmals die Frage der Fortsetzung gemeinsamer Erziehung in der Oberschule. Trotz großer Anstrengungen gelang es nur, für zwei von neun Kindern eine Realschule zu finden, die bereit war, am Schulversuch teilzunehmen, obwohl die Rahmenbedingungen sehr günstig sind: Klassengröße 20 + 3, in Hauptschulen 13 + 3, davon nicht mehr als zwei Schülerinnen und Schüler mit geistiger Behinderung, zusätzlich ein Sonderpädagoge bzw. eine Sonderpädagogin und eine halbe Lehrerstelle für kooperativen Unterricht. Hinzu kommen vier Stunden Ermäßigung pro Team für Beratung und Fortbildung. Der Schulversuch wird vom Berliner Institut für Lehrerfort- und -weiterbildung und Schulentwicklung (BIL) wissenschaftlich begleitet. Für das Schuljahr 1997/98 ist es erfreulicherweise gelungen, fünf weitere Oberschulen für den Schulversuch zu gewinnen, drei Gesamtschulen und zwei Hauptschulen. Mit der einen Realschule sind es dann sechs Oberschulen, die in sieben Klassen insgesamt zehn Jugendliche mit geistiger Behinderung und ein Mädchen mit schwerer Mehrfachbehinderung integrieren.

So neuartig dieser Versuch für Berlin auch ist, so kann doch auf Erfahrungen zurückgegriffen werden, die im Zusammenhang mit der Integration eines Mädchens[1] in einer Hauptschule und eines Jungen mit Down-Syndrom in einer Realschule gesammelt werden konnten.

Während in Berlin im Schuljahr 1997/98 ein großer Schritt in die integrative Oberschulpraxis getan wird, haben in Hamburg bereits aus vier Jahrgängen Jugendliche mit geistiger Behinderung Oberschulen besucht und sind inzwischen in integrative Berufsvorbereitungsmaßnahmen übergegangen. Im Schuljahr 1996/97 besuchten 52 Jugendliche mit geistiger Behinderung die Oberschule, in der Regel Gesamtschulen. Für sechs Jugendliche konnte keine integrative Lösung gefunden werden: Gründe waren Wohnortwechsel, fehlende Ganztagsbetreuung oder unzureichende Einzelbetreuung. Bei einem Jugendlichen hatte die Übernahmekommission – bestehend aus Vertretern der abgebenden wie der aufnehmenden Schule – die Fortsetzung der Integration unter den Bedingungen der neuen Schulform abgelehnt. Interessant ist, dass noch vor Abschluss des 10. Schuljahres sechs Schülerinnen und Schüler zur Sonderschule für Geistigbehinderte wechselten, die in ihrer Oberstufe Jugendliche bis zum 18. Lebensjahr unterrichtet. Insgesamt ist die Rate der Schulwechsel nicht sehr hoch und der anderer Behinderungsarten durchaus vergleichbar.

Wichtiger als die quantitative Entwicklung sind die inhaltlichen Erfahrungen und Beobachtungen (vgl. Köbberling 1997, S. 282ff.). Sie erfolgten in Hamburg durch Langzeitbeobachtungen im Sinne einer Entwicklungsbegleitung. Neben der Leistungsentwicklung wurde versucht, die behinderten Jugendlichen in ihrem Erleben zu verstehen, um sie in schwierigen Situationen besser unterstützen zu können. Die Unterschiedlichkeit der Jugendlichen machte offenes Vorgehen erforderlich. Im Mittelpunkt standen Dialoge. In den 10. Klassen werden Auswertungsgespräche im Rückblick auf die Schulzeit geführt. Die sieben Jugendlichen mit geistiger Behinderung machten »Erinnerungsreisen«, die durch Fotos und prägnante Erlebnisse in der Klassengeschichte initiiert wurden. Als Ergebnis stellte sich heraus, dass einige Schülerinnen und Schüler am Anfang der Sekundarstufe I Schwierigkeiten hatten und sich dann zunehmend wohler fühlten. Bei einer anderen Gruppe war es genau umgekehrt: Nach positiver Anfangszeit setzten Krisen mit vielen Konflikten ein, um dann gegen Ende der Schulzeit in Ausgeglichenheit und in eine zufriedene Grundstimmung einzumünden. Die Schülerinnen und Schüler lernten, sich weniger provozieren zu lassen, Streitigkeiten mehr verbal als aggressiv-körperlich auszutragen und soziale Kontakte herzustellen. Die Krisen der Identitätsfindung durchlebten die nichtbehinderten Mitschülerinnen und Mitschüler ebenso, sodass mitunter Abgrenzungen, Rückzüge und Abbruch stabiler Beziehungen einsetzten. Die Folge

1 Der Fall Jenny Lau wurde über Berlin hinaus bekannt, da hier auch gerichtlich zum ersten Mal eine Auseinandersetzung über das Recht auf gleiche schulische Bildung für diese Gruppe von Kindern und Jugendlichen geführt wurde (vgl. Lau 1987).

waren Abnahme sozialer Kontakte am Nachmittag sowie Erfahrungen von Abwertung und »Anderssein«. Die Auseinandersetzung damit führt nach den Beobachtungen der Lehrkräfte und den Analysen von Köbberling bei den Jugendlichen mit geistiger Behinderung zu positiven Entwicklungen, zu Selbstbewusstsein und Kompetenz.

> *»In klarer Kenntnis ihrer Besonderheiten und Schwierigkeiten können sie zugleich ihre persönlichen Leistungen und Stärken wertschätzen; sie erleben sich als anerkannte Mitglieder ihrer Schule, und sie verlassen sie – im Rahmen des für sie Vorstellbaren – in einem realistischen Bewusstsein davon, wie sie ihre Wünsche verfolgen und absehbare Schwierigkeiten angehen können.«* (Köbberling 1997, S. 289)

Im Einzelnen werden die hier wiedergegebenen Ergebnisse durch detaillierte Entwicklungsberichte einzelner Schülerinnen und Schüler differenziert dargestellt (vgl. Boban 1996, Köbberling 1997).

Was den Unterricht angeht, so hat es sich bewährt, Jugendliche mit geistiger Behinderung durch Handlungsorientierung, Rollenspiele, Projektunterricht und durch individualisierte Lernanforderungen zu fördern. Ein durch Wochenplanarbeit und Freiarbeitsstunden geprägter Unterricht (vgl. Jürgens 1994; Vaupel 1995) stellt weitere günstige Lernbedingungen dar.

Die verlässliche Unterstützung durch Pädagogen bleibt allerdings eine sehr wichtige flankierende Maßnahme unterrichtlicher Integrationsarbeit. Die Gefahr der Fixierung auf die (erwachsenen) Pädagogen ist dabei allerdings stets zu beachten. Die Fähigkeiten, selbstständig über Dinge entscheiden zu lernen und Mitbestimmung als eigenes Bedürfnis wahrzunehmen und zu verfolgen, bleiben sonst unterentwickelt.

Umstritten ist die Frage, ob es günstiger ist, wenn mehrere Jugendliche mit geistiger Behinderung dieselbe Klasse besuchen. Manche Autoren sehen in der Häufung gleichartig Behinderter das Risiko, eine »neue Absonderung« (Wahl 1991, S. 20) zu praktizieren, das heißt,

> *»die Schüler werden als eine Lerngruppe zusammengefasst und abseits des Klassenverbands von einem ihr zugeordneten Lehrer nach einem auf die Gruppe zugeschnittenen Plan unterrichtet«* (ebd., S. 20).

Andere Lehrerinnen und Lehrer äußern dagegen, dass es für die psychosoziale Entwicklung wichtig ist, wenn die Möglichkeit von Verabredungen und Treffen sowie Unterrichtstätigkeiten untereinander in der Klasse oder auch klassenübergreifend besteht. Die gleichaltrigen Mitschülerinnen und Mitschüler haben oft ganz andere Interessen und verfolgen anspruchsvollere Aktivitäten, die in Erwartung ständiger Gemeinsamkeit nur zu Frustration und Misserfolgserlebnissen auf beiden Seiten führen kann.

Zu der Frage, wie *in den einzelnen Fächern* Schülerinnen und Schüler mit geistiger Behinderung integriert werden können, geben die folgenden Beispiele einige Hinweise.

Für den Bereich *Englisch* schlagen Gührs und Kerstin (1991) vor, je nach Leistungsfähigkeit mehrere Gruppen – bis zu fünf – zu bilden, auf die Jugendliche mit Behinderungen verteilt werden, das heißt für sie keine eigene Gruppe zu bilden. Dieses Vorgehen verdeutlichen Gührs und Kerstin an zwei Beispielen: »Uhrzeiten« und »Konditionalsätze« (If-Sätze).

Wie im Bereich *Deutsch* integrativ gearbeitet werden kann, erfahren wir von Schmidt (1991) exemplarisch anhand der Ganzschrift »Der Schimmelreiter« von Storm in einer siebten Klasse. Für Schüler mit Leseproblemen wurden Hörkassetten eingesetzt, für eine gehörlose Schülerin ein Videofilm. Für einen Schüler mit geistiger Behinderung stellten seine Mitschülerinnen und Mitschüler ein Bilderbuch her, das ausgewählte Szenen und Handlungen wiedergab. Dazu wurden die wichtigsten Begriffe in großen Druckbuchstaben aufgeschrieben. Der Schüler mit geistiger Behinderung bearbeitete das Buch, indem er darin las, die Begriffe aufschrieb und sich von anderen die Novelle vorlesen ließ.

Auch im *Mathematikunterricht* lassen sich Formen finden, Jugendliche mit geistiger Behinderung in den gemeinsamen Unterricht einzubeziehen. Winheller (1991) betont zunächst, wie wichtig das wirkliche Handeln ist und dass es weder durch Abbildungen noch durch Beschreibungen ersetzt werden kann. Unter Umständen ist es geboten, häufiger als sonst Wiederholungen zuzulassen oder länger bei einer Aneignungsstufe stehen zu bleiben. Winheller beschreibt, dass sich z.B. bei der Bruchrechnung Merksätze in Gedichtform bewährt haben, weil es der Freude und dem Spaß am Auswendiglernen entgegenkommt. Hilfreich ist es auch, Merkregeln farbig schreiben zu lassen. Besonders geeignet für handelndes Lernen ist der Bereich Geometrie, z.B. das Thema »Größe« mit den Tätigkeiten des Messens, Wiegens, Umfüllens oder der Umgang mit Geld, einem Taschenrechner, einer Waage beim Kochen und Backen usw. Winheller kommt aufgrund ihrer Unterrichtspraxis zu dem Fazit (1991, S. 240):

> *»Der Vergleich mit parallelen Lerngruppen bestätigt mir, dass unsere Schüler dadurch nicht weniger Lernstoff erarbeitet haben. Dass es sich dabei um Gelerntes handelt, das auch längerfristig verfügbar bleibt, lässt sich vermuten. Eins aber gilt mir als sicher: Ein solcher Unterricht ist für Schüler, Schülerinnen und Lehrerin lebendiger, erhöht die Disziplin und führt zu einer guten Leistungsbereitschaft selbst bei den Mädchen und Jungen, die in Mathematik deutliche Schwächen aufweisen.«*

Neben gemeinsamen und gut strukturierten Unterrichtsphasen kann es natürlich Phasen geben, in denen z.B. spezifische Fertigkeiten wie Lesen und Schreiben weiter trainiert werden.

Neben den klassischen Schulfächern, die, auf unterschiedlichem Niveau, in der allgemeinen Oberschule (Haupt- und Realschule, Gesamtschule, Gymnasium) vertreten sind, betont die Sonderschule für Geistigbehinderte insbesondere die lebenspraktische Erziehung als Grundprinzip des Unterrichts. Damit sind zunächst Lerninhalte gemeint, die zu Selbstständigkeit im Lebensalltag führen sollen, z.B. Essen und Trinken, Kleidung, Körperpflege, Sexualität, Freizeitgestaltung, Einkaufen, Verhalten im Verkehr, Dienstleistungen wie Post. Plachetka und Winheller (1997) schreiben dazu aufgrund ihrer Gesamtschulerfahrungen, dass sich dieses Prinzip an der Gesamtschule durchaus realisieren lässt, weil sich entsprechende Lernziele in den verschiedenen Fächern wie Technik, Kunst, Musik, Gesundheitslehre unterbringen lassen. Allerdings ergeben sich immer wieder Probleme dadurch, dass vom Lernverhalten und Lerntempo der Nichtbehinderten ausgegangen wird. Die fehlende Zeit müsste dann auf Kosten von Theorie-Anteilen, die den Nichtbehinderten vorbehalten sind, gewonnen werden. Plachetka und Winheller kommen zu dem Ergebnis (1997, S. 6 f.):

> *»Unser Grundsatz heute: So viel Integration wie möglich, so viel Individuation wie nötig. Das Miteinanderlernen am gleichen Gegenstand wird im Laufe der Jahre weniger. Es wird ersetzt durch voneinander Lernen und miteinander Leben.«*

Insbesondere sind es nach ihrer Auffassung auch die »Nischen« einer Gesamtschule, die hervorragend geeignet sind, Schülerinnen und Schülern mit geistiger Behinderung zu lebenspraktischen Tätigkeiten zu verhelfen. Sie können immer dann genutzt werden, wenn die Jugendlichen mit geistiger Behinderung von Inhalten überfordert sind, z.B. im Chemie- und Physikunterricht. Zu den lernrelevanten Nischen zählen: das Sekretariat (Falten, Verteilen, Abzählen, Heften, Stempeln usw.), die Bibliothek (Sortieren, Zurückstellen usw.), die Mensa (Verkaufen, Küchendienste), Schulmilch (Verteilen, Vorsortieren: Milch, Kakao), Projektwochen, Betriebspraktika. Die Tätigkeiten in Nischen lösen vielfältige Lernimpulse aus, die dann in kurs- und lehrgangsartigen Lernschleifen zur Aneignung wichtiger Grundfähigkeiten führen.

Die sich an Gesamtschulen und Hauptschulen in den letzten Jahren herausbildende Pädagogik der Vielfalt (Prengel 1993) lässt sich sicherlich auch an Realschulen praktizieren. Inwieweit auch Gymnasien zu entsprechenden Veränderungen fähig sind, um Menschen mit geistiger Behinderung integrieren zu können, ohne sie zu überfordern bzw. zu vernachlässigen, bleibt abzuwarten. Vielleicht ergibt sich im gerade begonnenen Berliner Schulversuch dazu bald eine günstige Gelegenheit!

Literatur

Boban, I.: »Ist es Liebe, wenn man ganz nahe bei einem sein will?« Ein Rückblick auf sechs Jahre Integration an einer Hamburger Gesamtschule. In: Behinderte, H. 3, 1996, S. 5–12.

Gührs, L./Kerstin, B.: Integrativer Englischunterricht im achten Jahrgang – ist das möglich? In: Dumke, D. (Hrsg.): Integrativer Unterricht. Weinheim 1991, S. 224–233.
Jürgens, E. (Hrsg.): Erprobte Wochenplan- und Freiarbeitsideen in der Sekundarstufe I. Heinsberg 1994.
Köbberling, A.: Längsschnittuntersuchungen zur Entwicklung von Jugendlichen mit geistiger Behinderung in Integrationsklassen der Sekundarstufe I. In: Meißner, K. (Hrsg.): Integration. Berlin 1997, S. 280–301.
Lau, G./Lau, W.-D. (Hrsg.): Jenny darf nicht an die Oberschule. Berlin 1987.
Plachetka, R./Winheller, D.: Berufswahlvorbereitung für behinderte Jugendliche in der Integration. Unveröff. Manuskript.
Prengel, A.: Pädagogik der Vielfalt. Opladen 1993.
Schmidt, R.: Der Schimmelreiter von Theodor Storm als Lektüre einer Integrationsklasse im siebten Jahrgang. In: Dumke, D. (Hrsg.): Integrativer Unterricht. Weinheim 1991, S. 221–223.
Vaupel, D.: Das Wochenplanbuch für die Sekundarstufe. Weinheim und Basel 1995.
Wahl, J.: Das Konzept des integrativen Unterrichts an der Gesamtschule. In: Dumke, D. (Hrsg.): Integrativer Unterricht. Weinheim 1991, S. 17–23.
Winheller, D.: Elemente eines handlungsbezogenen Mathematikunterrichts in der Sekundarstufe I. In: Dumke, D. (Hrsg.): Integrativer Unterricht. Weinheim 1991, S. 234–240.

Integrativer Sekundarschulunterricht

Marianne Poppe

Grundlegende didaktische Anforderungen an integrativen Unterricht in der Sekundarstufe I

Ausgehend von der Grundschule und dem damals üblichen frontalen lehrerzentrierten Unterricht führte mich mein beruflicher Weg über die Schule für Lernbehinderte und die Schule für geistig Behinderte direkt in die ersten Integrationsklassen von Hamburg. Die Auseinandersetzung mit Unterricht in heterogenen Lerngruppen war eine ständige Herausforderung. Auch hatte ich nach der Verabschiedung eines 10. Jahrgangs die Möglichkeit, den Weg dieser Jugendlichen in den Beruf zu verfolgen. Heute versuche ich, die Ansätze des integrativen Unterrichts mit den Kolleginnen und Kollegen weiterzuentwickeln und in Fortbildung und Beratung den beschrittenen Weg fortzusetzen. Auf diesem Erfahrungshintergrund sollen im Folgenden die wesentlichen didaktischen Anforderungen an den integrativen Unterricht zur Diskussion gestellt werden.

Strukturelle Voraussetzungen

In Hamburg wird nach vier Grundschuljahren der Übergang in die Sekundarstufe vorgenommen. Bei der Übernahme von Integrationsklassen der Grundschulen in die Sekundarstufe I wird eine von der Schulaufsicht eingesetzte Übernahmekommission tätig. Sie erarbeitet Vorschläge zur weiteren Förderung der behinderten Kinder aus den Integrationsklassen der Grundschulen. Im Mittelpunkt stehen die Beratung über die bisherige Entwicklung und die konkreten Formen der notwendigen Förderung in der Sekundarstufe I. Eine grundsätzliche Ausgrenzung bestimmter Behinderungsarten findet dabei nicht statt. Die Sekundarstufe ist in Hamburg an der Gesamtschule gekennzeichnet durch äußere Fachleistungsdifferenzierung und Wahlpflichtbereiche (vgl. Köbberling in diesem Band). In Integrationsklassen erfolgt, abweichend von den sonstigen Regeln der Gesamtschule, in den Klassenstufen 5 und 6 für alle Kinder der Integrationsklasse die Leistungsbewertung in Form von Berichtszeugnissen. In den Jahrgangsstufen 7 und 8 kann die Leistungsbewertung ebenfalls in Form von Berichtszeugnissen erfolgen. Bei Kindern mit Behinderungen besteht die Möglichkeiten der Erteilung von Berichtszeugnissen bis zum 10. Schuljahr.

Ein kurzer Blick auf die Grundschule und deren didaktische Anforderungen

Eine Grundschule ist eine Gesamtschule von Jahrgang 1 bis 4. Sie ist gekennzeichnet durch Heterogenität der Schülerinnen und Schüler, Methodenvielfalt, individuelle Forderungen und Förderungen und durch eine enge Zusammenarbeit der Schule mit den Eltern. Offene Formen des Unterrichts, Gesprächskreise, selbstverantwortetes, altersgemäßes Lernen haben mehr oder weniger in den Grundschulen Einzug gehalten. Wochenplanarbeit, freie Arbeit, Projekte, Projektwochen haben ihren festen Platz. Regeln für gemeinsames Arbeiten und Handeln und humane Formen werden entwickelt und gelebt. Die Rolle der Lehrerinnen und Lehrer wandelt sich von Wissensvermittlung zur Beratung. Der Offene Unterricht öffnet sich zur Umwelt, indem außerschulische Lernorte aufgesucht und an die Alltagserfahrungen der Schüler und Schülerinnen angeknüpft wird, um neue Erfahrungen in direkter Begegnung zu ermöglichen.

Der Übergang von der Grundschule zur Sekundarstufe I der Gesamtschule

Obwohl die Schülerinnen und Schüler, die in die 5. Klasse der Gesamtschule gehen, sehr unterschiedlich sind, fehlen oft im größeren Maße die leistungsstarken Schülerinnen und Schüler, die zum Gymnasium gegangen sind. Die Schüler besuchen die Gesamtschule aus unterschiedlichen Gründen. Einige Kinder (bzw. ihre Eltern) entscheiden sich für die Gesamtschule, weil sie das Konzept der Integration für überzeugend halten. Einige entscheiden sich für die Gesamtschule, weil sie sie für die bessere Schulform halten. Und einige Kinder besuchen die Gesamtschule, weil die Leistungen für das Gymnasium nicht ausreichen.

Viele Freunde und ehemalige Mitschüler gehen in andere Schulen. Die Kinder müssen sich in einer neuen Umgebung mit vielen neuen Gegebenheiten zurechtfinden: Neue Fächer, mehr Stunden, neue Lehrerinnen und Lehrer, neue Räume, andere, meist längere Schulwege. Sie müssen sich mit den ersten Zeichen der Pubertät auseinander setzen. Eine Entwicklungphase, die gekennzeichnet ist von inneren Unsicherheiten, trifft mit äußeren Unsicherheiten zusammen.

Im Unterricht steht nun die Vermittlung von Fachwissen im Vordergrund. Daneben steht der Erwerb sozialer Kompetenzen. Die Leistungsorientierung rückt in den Vordergrund. Die Abschlussbestimmungen der KMK legen die Bewertungmaßstäbe und Fachleistungsdifferenzierungen fest.

Viele Lehrer erwarten, dass alle gleich schnell begreifen, alle gleich schnell lernen und alle gemeinsam zum nächsten Thema übergehen. Hinzu kommen die für Integrationsklassen verbreiteten Schwierigkeiten und Vorbehalte, die Jakob Muth bereits 1983 gesehen hat und die leider auch heute noch gültig sind: Integration stellt immer noch eine neue Situation für alle Beteiligten dar, die eine unterschiedlich lange Einarbeitungszeit benötigt. Sie stellt immer noch eine zusätzliche zeitliche und arbeitsmäßige Belastung für die Lehrer dar. Auch heute noch trägt Integration prinzipiell das Risiko des Scheiterns in sich. Die pädagogischen Unterrichtshilfen in Hamburg, Sozialpädagogen und Erzieher, müssen sich oft erstmals auf Unterricht einstellen.

Gesamtschullehrer haben meist keine Erfahrung mit behinderten Kindern und wissen wenig über sie. Dies gilt allerdings weniger für Klassenlehrer als für Fachlehrer.

Auch die Sonderpädagogen müssen sich den vorgegebenen Leistungsanforderungen der Sekundarstufe I stellen. Und alle Pädagogen rufen nach Hilfe für Unterrichtskonzepte und nehmen sie, wenn sie angeboten wird, doch kaum wahr und setzen sie noch weniger um. Eltern nehmen die gute Ausstattung der Integrationsklassen so lange in Anspruch, wie es ihrem Kind gut tut. Selten leisten sie integrative Arbeit. Manche Kolleginnen und Kollegen beneiden Integrationsklassen wegen der Ressourcen, übernehmen aber selten selber eine Integrationsklasse ...

Nach 14 Jahren integrativer Praxis an Hamburger Schulen hat sich sicherlich die eine oder andere Schwierigkeit relativiert, zumal immer mehr Pädagogen nach Jahrgang 10 wieder mit einer 5. Integrationsklasse beginnen. Auch die Sonderpädagoginnen und Sonderpädagogen, die wieder in Klasse 5 beginnen, haben sich auf die vorgegebenen Leistungsanforderung eingestellt. Es häufen sich die Erfahrungen in der Anwendung von Strategien unterrichtlicher Binnendifferenzierung in heterogenen Lerngruppen, auch wenn sie nicht in allen Fällen durchgeführt werden. Trotz aller oben genannten Probleme kann die Gesamtentwicklung also ermutigen.

Basisannahmen für den integrativen Unterricht in der Sekundarstufe

Heterogenität

Wenn auch schon Herbarth die Verschiedenheit der Köpfe in den Klassen als das große Hindernis aller Schulbildung ansah, so gilt dies für alle Klassen, ob mit oder ohne Integration; denn es ist ein Irrtum zu glauben, dass es in einer normalen Klasse keine Heterogenität gäbe. Sie wird oft nur nicht gesehen, weil alle davon ausgehen, dass alle Schüler zur gleichen Zeit das Gleiche zu lernen haben. Wer dies nicht tut, der bekommt zusätzliche Aufgaben, oder er wird schlecht benotet oder gar im Extremfall nicht versetzt bzw. zum Wechsel der Schule gezwungen. Diese Ausdifferenzierung geht bis zur Schule der geistig Behinderten. Kösel bezeichnet diese Didaktik als »Als-ob-Didaktik«.

> *»Von beiden Seiten (Lehrer- und Schülerseite – M.P.) werden Strategien des ›Als-ob-Lernens‹ entwickelt, die die Illusion eines tatsächliches Lernens aufrechterhalten sollen: weghören, simplifizieren, abstumpfen, mogeln, andere bewerten, andere abfragen mit der Illusion, dass man doch etwas gelernt habe,*

eine genau vorbereitete und lineare Unterrichtsplaung, in der Spontaneität und Kreativität keinen Platz haben, ja sogar stören, »weg-wahrnehmen«, sich nur auf den Stoff berufen, Stoff- und Zeitdruck vorschieben, Gefühle – eigene und die anderer – nicht zulassen und auch nicht zeigen.« (Kösel 1995, S. 69)

Gleichheit

Die Gleichheiten sind häufig äußerlich von Menschen gesetzte Normen, die oft den Zweck haben, die komplizierte Wirklichkeit anscheinend einfacher zu machen. Die Gleichheit in Integrationsklassen besteht aus dem Ort, dem Raum und der Zeit. Gleiche Pädagoginnen und Pädagogen wirken im gleichen Umfeld. »Gleich und Gleich gesellt sich gern«, sagt ein Sprichwort und drückt damit das Harmoniebedürfnis des Menschen aus. Aber »Gegensätze ziehen sich an«; sie ergeben eine Spannung, die nach Auflösung ruft, nach Gleichheit. In diesem Spannungsfeld bewegt sich die Integration.

Differenzierung

Differenzierung wird von einigen Didaktikern übersetzt mit Individualisierung. Individualisierung des Unterrichts heißt Orientierung an den Bedürfnissen und an den Möglichkeiten jedes einzelnen Kindes, unabhängig davon, ob es üblicherweise als behindert oder nichtbehindert klassifiziert wird (Muth 1982).

Gemeinsamkeiten und Differenzierung sind die beiden großen Aufgaben der Schule und des Unterrichts (Meier 1995). Allerdings: eine episodische Differenzierung, eine vorübergehende Differenzierung lohnt sich nicht. Sie ist zu aufwendig; die einen holen nicht auf, die anderen warten nicht ab. Wenn eine Differenzierung gemacht wird, dann eine prinzipielle. Sie lohnt sich aber nur, wenn sie auf Dauer fortgeführt wird. Denn eine prinzipielle Differenzierung führt zu einer Gewöhnung der Eltern, zur Routine für die Kinder, zum Wohlbefinden und zu mehr Sicherheit für die Lehrer. Eine differenzierte Arbeit lohnt sich also nur und wird nur wirksam, wenn ein großer Teil des Unterrichts auf Dauer differenziert entwickelt wird, nämlich ungefähr 60%–70% (Meier 1995).

Differenzieren heißt Unterschiede machen in der Zeit, den Lernorten, den Aufgaben, in der Organisation, beim Material. Differenzieren heißt, alle Schüler und Schülerinnen von ihrer persönlichen Situation aus möglichst gut zu fördern. Differenzieren heißt, dass Schülerinnen und Schüler zur gleichen Zeit Verschiedenes machen und zu verschiedenen Zeiten das Gleiche.

Gemeinsamkeit

Die Gemeinsamkeit besteht im sozialen Kontext in der Schule, und zwar innerhalb und außerhalb der eigenen Klasse. Gemeinsamkeit entwickelt sich, wenn der größte Teil der Schüler im Zusammenleben, auch durch das Verhalten und durch die Arbeit der Lehrer, einen gemeinsamen Willen entwickelt, gemeinsam etwas tut, erlebt und gestaltet. Schule und Unterricht sollen also so gestaltet werden, dass die Schüler Gelegenheit haben, Gemeinsamkeit zu entwickeln und gemeinsame Erfahrungen zu machen. Die sich daraus bildende *gemeinsame Erinnerung* bildet die Basis für neue Gemeinsamkeiten.

Autonomie

Autonomie bedeutet, die Jugendlichen auf ihrem Weg zur Selbstständigkeit, zur Eigenverantwortung und zur Ich-Identität zu begleiten. Sie bedeutet, ihnen zu helfen, Grenzen zu setzen, Grenzen zu erkennen und einzuhalten, Regeln und Vereinbarungen zu erarbeiten und zu akzeptieren und danach zu handeln. Sie bedeutet, mit den Schülerinnen und Schülern ein Wertsystem zu entwickeln, das es ihnen ermöglicht, autonom zu sein und die Abhängigkeiten zu erkennen; denn »Gemeinsamkeiten kann man nur entwickeln, wenn man ein Stück weit unabhängig ist« (Meier 1995, S. 104).

Was sollen Kinder in Integrationsklassen lernen?

Grundsätzlich sollen sie das lernen, was Kinder auch in anderen Klassen lernen. Vier notwendige Bereiche schulischen Lernens führt Tassilo Knauf an:

> *»1) Die Grundlegung kulturell und zivilisatorisch notwendiger Wissens- und Fertigungsbestände. ... (Sie umfasst) das Erlernen von Symbolsystemen mit denen wir kommunizieren (Schriftsprache) und die Welt quantifizierend erfassen (Mathematik) wie das Entwickeln, Erproben, das Anwenden von Strategien, gewinnen und prüfen, vergleichen und auswerten von Informationen mit dem Ziel des Verstehens oder zumindest Hypothesenbilden über natürliche und soziale Prozesse.*
> *2) Der Aufbau von Schlüsselqualifikationen ... Wir verstehen ... darunter hochgeneralisierbare, auf verschiedene Situationen übertragbare Kompetenzen, die in persönliche Werthaltungen sowie in typische Interaktions- und Handlungsmuster integriert sind und den individuellen Habitus mit prägen. Zentrale Schlüsselqualifikationen sind: Kommunikations- und Kooperationsbereitschaft, Verantwortungsbereitschaft, selbstmotivierte Lernbereitschaft, Kreativität ...*
> *3) Der dritte Bereich schulischer Lernaktivitäten ist inhaltlich geprägt. (Es ist) die Auseinandersetzung mit gesellschaftlichen »Schlüsselproblemen« (Klafki). Hierzu gehören die Gefährdung der natürlichen Lebensgrundlage, soziale Konflikte innerhalb und zwischen Gesellschaften, die Benachteiligung von Minderheiten, z.B. Behinderter.*

4) Der vierte kulturell heute notwendige Sektor von Lernaktivitäten ist die Förderung des individuellen Fähigkeitsprofils ... Die Dienstleistungsgesellschaft ... stellt andere Anforderungen: Sie erwartet Flexibilität, Teamfähigkeit, Engagement, nicht Einheits-, sondern individuelle Fähigkeiten, ein personales Profil als eine Art Corporate Identity.» (Knauf 1995, S. 62)

Was Knauf hier für Grundschüler beschreibt, gilt nach meiner Erfahrung ebenso für die Schüler und Schülerinnen der Sekundarstufe I. Integrationsklassen scheinen meines Erachtens durch ihre besonderen Bedingungen diesen Anforderungen schon vom Konzept her eher zu genügen.

Didaktische Modelle

Die Diskussion, ob es eine besondere integrative Didaktik geben sollte oder nicht, wird an anderer Stelle geführt. Andreas Hinz führt dazu aus:

»Im Bereich des Unterrichts geht es damit nicht um verschiedene Spezialdidaktiken für unterschiedliche Kinder in einer Klasse, sondern um eine allgemeine Didaktik mit spezifischen Qualitäten ... Die Herausforderung liegt gerade in einem gemeinsamen, allgemeinen Curriculum, das die Unterschiedlichkeit der Lerngruppen berücksichtigt.« (Hinz 1993, S. 63f.)

»Es gilt, die didaktische Praxis des Primats der Sache vor der Gruppe und den Einzelnen zu überwinden und zu einer Gleichwertigkeit von Sache – Gruppe – Kind zu kommen.« (ebd., S. 415)

Und doch möchte ich kurz zwei Modelle anführen, die sich besonders auf die Didaktik des integrativen Unterrichts beziehen:

Das didaktische Modell von Feuser geht vom gemeinsamen Gegenstand aus, der eine Tätigkeitstruktur und eine Sachstruktur hat, in der die Handlungsstruktur und die menschliche Entwicklung die Grenzen darstellen. In den Ästen und Zweigen seines Modells werden die Wissenschaftsbereiche dargestellt, mit denen die Inhalte des Projektes sinnlich konkret am Astansatz und abstrakt logisch in symbolischer Weise durch Sprache, Schrift und Formeln fassbar gemacht werden (Feuser 1988).

Meier (1995) geht von einem gemeinsamen Thema aus. Unterschiedliche Zielkorridore werden für jeden Schüler bzw. jede Schülerin entwickelt; diese Ziele ergeben die Grundlage für einen gemeinsamen Unterricht, an dem sich für Einzelne und Kleingruppen neue Aufgaben und Ziele ergeben, die dann in einer gemeinsamen Präsentation münden. Individualisierung und Gemeinsamkeit, Formulieren von Teilzielen und Reflexionen ergeben einen Prozess, die Didaktik ist also gekennzeichnet von Prozess- und Produktorientierung. Die Elemente der Methode sind immer Offenheit des Unterrichts, Individualisierung, die Sinnhaftigkeit. Man lernt durch nichts so gut wie durch die Sache selber (Knauf 1995).

Ich möchte an dieser Stelle Astrid Lindgren zu Wort kommen lassen, die dieses Lernprinzip in »Ronja Räubertochter« eindrücklich schildert: Ronja Räubertochter erfährt von ihrem Vater, dass sie sich vor den Wilddruden und den Graugnomen und den Borkaräubern hüten soll, dass sie sich davor hüten soll, sich im Wald zu verirren, dass sie sich davor hüten soll, in den Fluss zu plumpsen, und sich davor hüten soll, in den Höllenschlund zu fallen.

»Und während der folgenden Tage tat Ronja nichts anderes, als dass sie sich vor allem Gefährlichen hütete und sich darin übte, keine Angst zu haben. In den Fluss zu plumpsen, davor sollte sie sich hüten, hatte Mattis gesagt, und darum sprang sie am Ufer kühn und keck von einem glatten Stein zum anderen, dort wo das Wasser am wildesten toste. Schließlich konnte sie sich ja nicht im Wald davor hüten, in den Fluss zu plumpsen. Sollte das Sich-Hüten überhaupt von Nutzen sein, dann musste sie es bei den Stromschnellen und Strudeln und nirgendwo sonst üben. Wollte sie aber zu den Stromschnellen gelangen, musste sie den Mattisberg hinabklettern, der jäh und schroff zum Fluss hin abfiel. Auf diese Weise konnte sie sich gleichzeitig darin üben, sich auch davor nicht zu fürchten. Beim ersten Mal war es schwer, da packte sie eine solche Angst, dass sie die Augen zumachen musste. Doch nach und nach wurde sie immer wagemutiger, und bald kannte sie alle Spalten und Ritzen, wo ihre Füße Halt fanden und sie sich mit den Zehen festkrallen konnte, damit sie nicht rücklings in den Fluss stürzen konnte.
Welch ein Glück, dachte sie, dass ich eine Stelle gefunden habe, wo ich mich davor hüten kann, in den Fluss zu plumpsen, und mich gleichzeitig üben kann, keine Angst zu haben.« (Lindgren 1982, S. 24f.)

In diesem kleinen Textbeitrag werden auch die von Knauf beschriebenen Merkmale integrativen Lernens deutlich: die Umgebungseinflüsse, die Sinnhaftigkeit, das heißt die Identifikation mit Lerngegenständen, und die Vernetzung, damit Schüler sich in der Welt orientieren und sie mitgestalten.

Ein weiteres Beispiel, wie über Sinnhaftigkeit zur Abstraktion geleitet werden kann und welche Rolle dort die Kinder mit Behinderung übernehmen können, zeigt eine Tagebuchnotiz:

»Am Freitag bekamen immer zwei Schüler und Schülerinnen ein großes Blatt und sollten ihre Gedanken zur »Einheit« formulieren. Mit Dirk rollte ich Knetmasse aus, er malte die Umrisse der BRD und der DDR auf Pergamentpapier aus, übertrug sie durch Durchdrücken auf die Knetmasse und schnitt die Teile aus. Dann nahm er die beiden Stücke, führte sie mit Schwung zusammen und sagte: »Wenn das zusammenkommt, dann kracht es.« Diesen Ausspruch nahmen wir zum Anlass zu überlegen, an welchen Stellen es kracht, wenn BRD und DDR zusammenkommen«.[1]

1 Diese und die folgenden Tagebuchnotizen sind alle in meiner Tätigkeit als Integrationslehrerin entstanden, zu unterschiedlichen Zeiten.

Geduld und Gewissheit beim Lehrer, dass Kinder lernen und dafür Zeit brauchen, ist nötig. Das Ziel, genauer die Entwicklung, gibt Orientierung. Die Gemeinsamkeit des Lernens ist der Weg. Die Differenzierung ist das Medium, um der Verschiedenheit der Kinder gerecht zu werden. Die Differenzierung und die Gemeinsamkeit müssen in einer Balance gehalten werden. Dann, wenn dies gelingt, kommt pädagogische Qualität zum Ausdruck. Die Offenheit steht der Struktur gegenüber, das Spielen der Arbeit, die Sinnhaftigkeit der Abstraktion, die Toleranz der Grenzziehung. Zusätzlich gilt es, die Balance zwischen Nähe und Distanz in der Interaktion zwischen Lehrern und Kindern jeden Tag neu herzustellen.

Grundlegende Anforderungen an den integrativen Unterricht der Sekundarstufe I

Ort, Raum und Zeit in ihrer Verflechtung

Eine Grundanforderung an den integrativen Unterricht ist die Achtung vor dem Ort und seiner Ausgestaltung, die Wandelbarkeit dieses Ortes, der immer wieder neu gestaltet wird durch Schüler und Lehrer, aber auch die Vielfalt der Lernorte, die sich immer wieder der Situation und der Entwicklung der Schülerinnen und Schüler anpassen: eine Schminkecke, ein Billardtisch, verschiedene Regale, und individuelle Einrichtungen wie zwei Schreibtische für einige Schüler, weil sie mit einem nicht auskommen. Ruhige Ecken, laute Ecken, eine Kochecke, aber auch Materialecken, Versuchsecken und auch Ramschecken beleben den Ort des Lernens. Der Ort ist nicht nur der Klassenraum, sondern überall dort, wo Lernen überhaupt stattfinden kann: neben dem Schulzimmer der Flur und der Schulhof, der Schulgarten, der Marktplatz, das Museum, die Straßenbahn, der Betrieb ...

> *Maja schreibt in der Abschlusszeitung: »Die Aktion mit dem Schlagzeug war eher ein Schlag ins Wasser. Die Liste zum Zeiten eintragen hat keiner beachtet. Ewig gab es Streit, wer spielt. Außerdem stank es im Klo. Etwas Vernünftiges auf dem Schlagzeug zu spielen klappte auch nicht. Die Mädchen haben wieder rumgeheult, es würden ja nur die Jungs spielen. Willi hat ab und zu seinen Verstärker und Gitarre mit ins Klo genommen. Doch irgendwann wurde Schlagzeugspielen langweilig, und am Ende konnten die Mädchen in geliebter Stille auf die Toilette. Mein Rätsel wurde endlich gelöst. Ich habe mich früher immer gefragt, welche Klasse so bescheuert ist, auf dem Klo Schlagzeug zu spielen. Erst jetzt habe ich erfahren, dass es die Klasse war, in der ich jetzt bin.«*

Selbst im 10. Jahrgang gibt es immer noch die Rundcouch, in der jeder Unterricht anfängt und in der Störungen und Konflikte besprochen werden. Dieses Sofa wird aber auch zunehmend Ort des Rückzugs für einige. Die Schüler und Schülerinnen stellten irgendwann ein großes Regal in die Mitte des Klassenraumes, damit die Lehrer nicht immer sehen, was in dieser Sitzecke passiert.

Dieser Ort ist häufig so eng, dass Kommunikation geradezu initiiert wird durch den Ort. So z.B., weil Schüler, die auf dem Fußboden malten, von anderen überstiegen wurden und sich dabei dann Kontakte ergeben.

Politikstunde: Jeder arbeitet an einer Mappe zu den USA, Pflichtaufgaben und Wahlaufgaben werden durchgeführt. Dirk liegt der Länge nach auf dem Fußboden und malt auf einem Plakat die USA an. Siggi hat ihm die Umrisse gemalt, ihm erklärt, dass die Berge da liegen und die Ebene dort, das eine braun, das andere gelb und an beiden Seiten Wasser. Das solle er nun mal blau machen. Dirk fragt: Wieso. Siggi versucht ihm anhand eines Wasserstrahls und blauem Papier die Frage zu beantworten. Dirk hat das Tuschwasser vor sich auf dem Boden. Alle müssen über ihn rübersteigen, wenn sie sich etwas holen, miteinander reden, sich etwas zeigen. Und sie müssen es vorsichtig tun, um Dirk nicht zu treten und das Tuschwasser nicht umzustoßen. Und jeder guckt automatisch auf das Plakat von Dirk und korrigiert ihn oder bestätigt ihn. Nicht einmal fällt das Tuschwasser um.

Die zweite Grundanforderung an den integrativen Unterricht ist der *innere Raum*, den Schülerinnen und Schüler erhalten, auf den sie sich verlassen können, auf den sie ein Recht haben. Ausdruck dieses inneren Raumes ist der Klassenrat, sind die Reflexionsrunden, die Räume, in denen Störungen und Konflikte zur Sprache kommen können.

> *»Wie anders sollten Nichtbehinderte dazu kommen, ihr Vorwissen und ihre Vorurteile zu korrigieren und auch Behinderten gegenüber taktvoll zu sein, als im tagtäglichen Umgang von Kindesbeinen an? Und wie anders sollten Behinderte die Kraft gewinnen, auch Taktlosigkeiten der Nichtbehinderten durchzustehen, als in der Kommunikation mit ihnen vom frühen Alter an? Die Annahme seiner selbst ist für jeden Menschen, auch für den Behinderten, nicht in einem kommunikationsfreien Raum zu gewinnen, sondern immer nur im Zusammensein mit anderen, im mitmenschlichen Umgang, in der Achtung der Würde des anderen.«* (Muth 1986, S. 30)

Auch Feste, Feiern, das Klönen und einfache Zusammensein benötigen Raum, der eingeräumt werden muss. Pausen, Übergänge zum Unterricht und Wartezeiten sind informelle Räume, die integrativ gestaltet werden können.

Diese Räume müssen festgelegt sein, sie dürfen keine flexiblen Verfügungsmassen für den Unterricht werden. Sie sind die Räume, wo das geschieht, was als Identitätsentwicklung, Selbstwertgefühl, Entwickeln von Gemeinsamkeiten u.Ä. beschrieben wird (Dahmke/Poppe 1989).

Gespräch mit Martin (24.3.1992)

Martin:	*Warum machst du so ein böses Gesicht?*
Ich:	*Ich mache mir Sorgen.*
Martin:	*Warum?*
Ich:	*Wir wissen nicht, in welche Schule wir dich geben sollen.*
Martin:	*Ursel (seine Mutter) macht sich auch Sorgen.*
Ich:	*Ja.*
Martin:	*Gestern waren Leute da, die haben über mich geredet.*
Ich:	*Ja, das stimmt.*
Martin:	*Alles nur wegen meiner Chromosomen.*
Ich:	*Du brauchst in einigen Fällen viel Hilfe, in anderen gar nicht. Das ist so schwierig.*
Martin:	*Ja.*
Ich:	*Du musst das akzeptieren, dass du mehr Hilfe brauchst.*
Martin:	*Manchmal bin ich traurig.*
Ich:	*Ja und manchmal findest du dich auch ganz gut.*
Martin:	*Das stimmt.*

In Politik war Willi wieder einigermaßen von der Rolle. Er konnte sich nicht konzentrieren, brachte Hans und Bernd in Wallung, hatte wieder seine Bühne, meinte er wäre wohl ein Gymnasiumstyp. Was das ist, konnte er nur andeutungsweise sagen: Frontalunterricht, keine freie Arbeit und als Schüler die Möglichkeiten haben, im Unterricht abzudriften.
Im Klassenrat besprachen wir, dass wenn die Schüler das Gefühl haben, keinen Bock mehr zu haben, wir genau hingucken müssten, was an der Arbeit so schrecklich sei.

Mit Fritz habe ich das heute praktiziert. Ich setzte mich zu ihm, und wir besprachen seine Vorgehensweise. Er stellte fest, dass das Buch zu schwer sei und dass er auch schon so viel über den Nationalsozialismus weiß. Wir besprachen seine nächsten Schritte: Er wolle sein Wissen jetzt zu Papier bringen.

Dirk wühlte währenddessen in Bildern von Hitler, die ihn in Posen darstellten. Dirk stellte sich in die gleiche Pose und sagte, in dem er die gleiche Haltung annahm: »Ich bin der Größte.« Jutta erstaunte und sagte. »Genau, das hat Hitler gesagt«. Im Nu hatte Dirk eine Gruppe von Schülern um sich herum, unter anderem Bernd, der sich auf die Arbeit nicht konzentrieren konnte. Gemeinsam nahmen sie die Haltungen von Hitler ein und sagten das, was sie aus der Haltung heraus fühlten. Bernd schrieb das auf und versuchte sich in einer Arbeit über Haltungen und Aussprüche von Hitler.

In allen drei erwähnten Beispielen – Willi, der sich den Raum nahm, um seine Unzufriedenheit zu verbalisieren; Fritz, der den Raum bekam, seine Arbeit zu reflektieren; und Dirk, der mit seinem Tun die anderen zu neuen Sichtweisen brachte – war Raum der entscheidende Faktor, um Prozesse in Gang zusetzen, die als integrativ bezeichnet werden können.

Die dritte Grundanforderung für integrativen Unterricht ist die *Zeit*. Sie ist ein sehr gewichtiger Aspekt in der Schule, der immer mitschwingt und immer eher bedrohlich ist. Unterricht ist in 45 Minuten getaktet, Fachlehrer geben ihre Zeit nicht oder nur schwer für » Sozialklimbim« her, sie brauchen die Zeit, um Arbeiten vorzubereiten. Lehrer stöhnen unter dem Zeitdruck, für Reflexionen und Vorbereitungen haben sie oft keine Zeit. »Dass die Zeit aber eine ganz mächtige Dimension im Lehrgeschäft, in der Habitusbildung und in der Lebensplanung geworden ist, bekommen wir überall zu spüren, und es ist oft kaum zu ertragen. Auch im Lehr- und Lerngeschäft taucht die Zeit in einem negativ getönten Gewand auf und bringt uns offenbar alle in eine große didaktische Verlegenheit. Wir müssen uns fragen: Welche Zeitstrukturierungen habe ich in mir, welche lasse ich mir aufdrängen und welche Zeitstrukturierung bestimmt mein didaktisches Handeln? Welche Zeitstruktur hat der einzelne Lernende in sich?« (Kösel 1995, S. 194)

Wie so häufig werden in und durch die Integrationsklasse Probleme sichtbar, die im ganzen Schulleben vorhanden sind. So prallen nicht nur die verschiedenen Zeitvorstellungen der Pädagogen aufeinander – das »gemach, gemach« einer Kollegin trifft auf das »nun mal zu« der anderen Kollegin; auch die Zeitzwänge des Stundenplans, des Wochenplans oder des Jahresplans treiben uns an. Und nicht zuletzt sind natürlich die individuellen Arbeitstempi auch bei den Schülerinnen und Schülern für uns Lehrkräfte oftmals nur schwer zu akzeptieren.. Hier gilt es genau zu beobachten und dem anderen sein Zeitmaß zu lassen und dennoch das eigene Zeitmaß beizubehalten.

> *»Wir erleben heute die Zeit als etwas Auferlegtes und Willkürliches, wir meinen, wir könnten über sie in jeder Weise verfügen – wir meinen auch, wir könnten bei jedem Kind, Jugendlichen und Erwachsenen über seine Lernzeit verfügen – so als ob wir wüssten, dass jeder Mensch die gleiche Lernzeit hätte bzw. beanspruchen dürfte, weil ja der Lernplan, die Vorgaben von Vorgesetzten, die Lernziele usw. diese Zeitnorm für alle festgelegt hätten und diese ausreichend für jedes »Lernuniversum« wäre. Zeit ist für uns heute im Wesentlichen mit den Aspekten von Kontrolle, Leistung und Macht konnotiert.«* (Kösel 1995, S. 195)

> *Fritz wird nie mit seinem Wochenplänen fertig. Die Englischkollegin setzt ihn unter Druck, will dass er fertig wird. Er schafft nicht einmal den Anfang. Die schlechten Bewertungen ziehen Ängste nach sich. Fritz Leistungen werden immer katastrophaler. Schafft er überhaupt den Hauptschulabschluss?, fragen wir uns in der 6. Klasse. In einer Teamsitzung wird besprochen, dass Fritz Zeit erhält, um seine Zeitstrukturen zu reflektieren ... Das kostet Zeit. Sie wird ihm*

zugestanden. Jede Situation der eigenständigen Arbeit wird mit ihm besprochen, die Zeiten aufgeschrieben, er wird nicht bedrängt, er erhält die Zeit, die er benötigt. Wichtig ist nicht, dass er das Pensum schafft, wichtig ist, dass er seine Zeit bewusst wahrnimmt.
Fritz hat seine Zeitstruktur behalten, gründlich, genau im Detail. Insel-Lernen wird seine Methode. Es zahlt sich bei ihm aus. 1996 besteht er die Abiturprüfung. Er will Biologie studieren.

Integration braucht Zeit, Zeit für Entwicklung und Wachstum, Zeit für Freundschaften und Harmonie, aber auch für Streit undRivalitäten, für Konflikte und die Suche nach Lösungen.

> *»Wir Didaktiker haben die Aufgabe, unsere Zeitstrukturen und die der einzelnen Lernenden aufzudecken und sie gegenseitig verständlich, akzeptierbar zu machen und konsensuell zu gestalten.«* (Kösel 1995, S. 197)

Gestaltung des Unterrichts

Zur Übersicht über die verschiedenen didaktischen Strukturen soll die nachfolgende Tabelle gelten.

Didaktische Strukturen im integrativen Unterrricht		
	linear	**vernetzt**
1. Lehrstoff	hierarchisch gegliedert	flach gegliedert
2. Lernsituation	formell	informell
3. Zielgruppe	homogen	inhomogen
4. Lernstil	unselbstständig	selbstständig
5. Motivation	extrinsisch	intrinsisch
6. Vorwissen	niedrig	hoch
(nach Kerres 1996)		

Die Grundanforderungen des didaktischen integrativen Unterrichts sind hier beschrieben mit selbstständigem Lernstil, intrinsischer Motivation und flach gegliedertem[1] Lehrstoff bei Anerkennung der Tatsache, dass die Zielgruppe inhomogen ist. Die informelle Lernsituation ist von allen Beteiligten nicht nur zu ertragen oder zu akzeptieren; sondern sie wird durch die individuelle Gestal-

1 Im Gegensatz zum hierarchisch gegliederten Lehrstoff, in dem die einzelnen Informationseinheiten aufeinander aufbauen (z.B. Geometrie), wird bei flach gegliedertem Lehrstoff die Möglichkeit eröffnet, sich in einem offenen Interaktionsraum, in dem informelle Einheiten vernetzt werden, frei zu bewegen.

tung des Lernens erst möglich. Das hohe Vorwissen, welches die vernetzte Struktur des Interaktionsraumes benötigt, kann in dieser Struktur nur bedingt oder gar nicht von der Lehrperson vermittelt werden; es erfordert auch andere Medien (wie etwa Lexika, Internet, eine Bibliothek ...). Der computergesteuerte Unterricht erhält dadurch eine zusätzliche Bedeutung.

Freiarbeit

Eine grundlegende Anforderung an die Gestaltung des integrativen Unterrichts ist das Prinzip der Freiarbeit. Der Wochenplan und die Fortführung der Wochenplanarbeit, nämlich die Lernplanarbeit (Krummrich 1994), ist hier nur ein Teil davon.

Die Frage ist immer: Wie frei kann und darf Freiarbeit sein? Ist Freiarbeit »Laisser-faire«? Liegt in Freiarbeit nicht eine vorgegaukelte Scheinfreiheit? Wie frei die Freiarbeit ist, hängt nicht zuletzt stark von der Persönlichkeit der einzelnen Lehrer ab, muss periodisch neu ausgehandelt werden. Viele werden ihren Schülern nur so viel Freiheit einräumen, wie sie selbst frei sind, wie sie selbst Freiheit erfahren durften.

Freiarbeit hat begrenzte Freiräume, die die Schüler in gewissen vom Lehrer vorgegebenen Grenzen ausgestalten können. Freiarbeit bedeutet also:

- sich selber Ziele zu setzen, Aufgaben zu verstehen und sie auch als ihre Aufgaben anzunehmen;
- das Prinzip anzunehmen: Wenn du Hilfe suchst, suche sie am Ende deines Armes;
- die Zeit selber einzuteilen mit anderen, aber auch alleine arbeiten zu können;
- die Arbeitszeiten und Pausen sinnvoll im Wechsel zu gestalten. Einen eigenen Rhythmus von Anspannung und Entspannung zu entwickeln;
- sich zu bewegen und so zu kommunizieren, dass andere nicht gestört werden;
- die eigene Arbeit zu kontrollieren und kontrollieren zu lassen;
- ein Empfinden für die eigenen Interessen und Fähigkeiten, Stärken und Schwächen zu entwickeln, sich selber realistisch einschätzen zu können.

Ein wichtiger Punkt in der Freiarbeit ist das Regelsetzen. Ein Steuerungselement für Freiarbeit ist der *Wochenplan*. Hier geht es um Pflichtaufgaben *und* um freiwillige Tätigkeiten, die man machen kann, wann man will. Es geht um die Freiheit der Zeit, die Freiheit der Inhalte, der Methode, des Arbeitsmittels, des Partners und des Ortes. Es geht um eine Minimalisierung der Lehrerhilfe. Die Regel für die Freiarbeit heißt: Erst denke ich, dann bitte ich die anderen, dann befrage ich das Material, dann frage ich den Lehrer.

Die *Lernplanarbeit* ist eine Fortführung der Wochenplanarbeit und berücksichtigt die Anforderungen der Sekundarstufe im stärkeren Maß. Die Reifeentwicklung der Schülerinnen und Schüler, die stärker ausgeprägte Fächerdifferenzierung, weniger Übungsphasen und mehr Fachlehrer in der Klasse erfordern ein Herangehen, durch die die Unterrichtsschritte mit und aus der Lerngruppe entwickelt werden können. Lernplanarbeit ermöglicht, dass nicht nur das ganze Klassenteam gemeinsam, sondern auch schon einzelne Lehrerinnen und Lehrer ihren Unterricht öffnen können (Krummrich 1994).

Um vorschnelles Aufgeben zu verhindern, müssen auch und gerade die Lehrer lernen, sich zurückzuhalten und abzuwarten. Es muss den Schülern erschwert werden, an die immer gern Auskunft gebende Instanz Lehrer heranzukommen.

Ein oberster Grundsatz bei der Freiarbeit ist, stets dafür Sorge zu tragen, dass die Schüler ihr Produkt, was immer es auch sei, verwahren und vorweisen können, denn nichts lobt den Meister auf Dauer und nachhaltig so sehr wie sein eigenes gelungenes Werk. Tätigkeiten wie Schneiden, Lochen, Kleben, Wegheften und Aufräumen (und die ästhetische Gestaltung der endgültigen Arbeit) müssen geübt werden.

Wichtig bei der Freiarbeit ist die innere Klarheit, die sich in inhaltlicher Richtigkeit zeigt, in Fehlerfreiheit und in sauberem Schriftbild. Freiarbeit ist kein Unterrichtsfach wie Englisch oder Mathematik. Freiarbeit ist ein pädagogisch begründetes und begleitendes Angebot an Schüler und Schülerinnen, sich selbst in einem für sie, aber auch für die Gesellschaft positiv auswirkenden Sinn zu entwickeln.

Den individuellen aktuellen Stand in diesem Prozess kann der Lehrer sehr wohl beschreiben, vergleichbar benoten kann er das aber nicht. Schüler wollen jedoch auch ihre Freiarbeitsergebnisse bewertet sehen. Dem kann Rechnung getragen werden durch drei Möglichkeiten:

- mit den Schülern werden tolerierbare Fehlermengen vereinbart,
- die Richtigkeit und Sauberkeit wird bewertet und
- mit dem Beginn der Arbeit wird der Beurteilungsbogen ausgegeben, damit die Bewertung offen gehandelt wird und der Schüler und die Schülerin sich daran orientieren kann.

Ein bisschen Freiarbeit geht nicht. Oft ist ein Argument gegen Freiarbeit, die Schüler könnten damit nicht umgehen. Guckt man genauer hin, sind es nur ganz wenige, die nicht mit der Freiheit umgehen können. Ihnen müssen wir helfen, selbstständiger lernen zu können. Das ist eine zentrale Aufgabe gerade im integrationspädagogischen Unterricht.

Steht hinter der Skepsis gegenüber Freiarbeit nicht auch die Sorge, dass ich als Lehrer meinen Einfluss auf Schüler und Schülerinnen, ja auf den Unterrichtsablauf verliere? Verliere ich nicht die Kontrolle? In dieser Sorge wird unsere Aufgabe deutlich, unsere eigenen inneren Prozesse im Umgang mit Freiheit und Macht zu reflektieren.

Projektarbeit

Zu einer Projektarbeit gehört das Anknüpfen am Interesse der Schüler, die Planung durch die Schüler und mit den Schülern zusammen im Projektfluss die Arbeit zu differenzieren und gemeinsam an dem Produkt zu arbeiten. Thema für Projektarbeit sollte sein, was die Schüler in die Schule hineintragen, ihre Besorgnisse, Ängste und Betroffenheiten. So hat bei uns der 10. Jahrestag von Tschernobyl in vielfältiger Weise zu Projektarbeiten angeregt, die von den Schülern selber kamen und nicht von den Lehrern aufgedrängt wurden. Ähnlich war es bei einem Thema, das wir 1988 in der Schule durchführten, nämlich dem Robbensterben in der Nordsee.

Projektarbeit lässt kein 45-Minuten-Lernen zu und lässt sich nicht in spezielle Fachstunden pressen. Projektarbeit sollte nicht auf die inzwischen üblichen Projektwochen beschränkt werden, sondern kann als allumfassendes, ganzheitliches Unterrichtsprinzip in einzelnen Stunden, an verschiedenen Tagen oder zu verschiedenen Zeiten über Wochen stattfinden.

Lehrgangsmäßiger Unterricht

Auch dieser Unterricht hat seine Berechtigung, nämlich immer dann, wenn es um systematische Wissensvermittlung geht, z.B. in Englisch oder Mathematik, aber auch im Erlernen von so genannten lebenspraktischen Fertigkeiten. Er ist linear ausgerichtet, hierarchisch gegliedert und benötigt wenig Selbstständigkeit von dem Lernenden. Er wird in erster Linie von den Lehrern konzipiert und geplant, durchgeführt und kontrolliert. Er ist der Unterricht, in dem die Lehrer am meisten zu Hause sind. Nicht umsonst nimmt der lehrgangsartige Unterricht immer noch die meiste Zeit ein. Er zwingt zu stärkerer Homogentität mit den positiven wie negativen Aspekten dieser Lernform. Der Lehrgang kann dazu dienen, in kurzer Zeit viel Wissen zu vermitteln. Voraussetzungen für den Lehrgang sind, dass Vorkenntnisse und Lernmotivationen homogen sind.

Subjektive Didaktik – eine Verbindung von Theorie und Praxis?

Vor kurzem erschien ein Buch von Edmund Kösel, in dem ein didaktisches Modell begründet wird, welches die Aspekte, Erfahrungen und Gedanken gerade auf der Grundlage der integrationspädagogischen Praxis zu klären hilft und sehr anregend ist. Kösel (1995) nennt diese Didaktik »subjektive Didaktik«. Die Basistheorien sind bei Kösel die Systemtheorie, der radikale Konstruktivismus, die Habitustheorien und Referenztheorien. Operation, Entscheidung und Handlung sind bei ihm begründet durch die Transaktionsanalyse, das Psychodrama und die neurolinguistische Programmierung. Sie werden im Unterweisungsprozess gekoppelt mit Hilfe der themenzentrierten Interaktion und der Kommunikationstheorie. Unterrichtsplanung und Unterrichtsgestaltung werden unterstützt durch Supervision. Das alles klingt sehr abstrakt. Aber:

> *»Wir müssen Abschied nehmen von dem Wahn, wir könnten durch einen Standpunkt, durch eine Theorie, durch eine Wahrheit unsere Probleme lösen. Im didaktischen Bereich geht es vor allem darum zu erkennen, welche geheimen Annahmen wir bisher über die Welt, über uns selbst und Gott gemacht haben, denn diese Überzeugungen haben wir als Mythen für Lehren und Lernen übernommen und daraus eine in sich stimmige Didaktik zu entwerfen versucht.«* (Kösel 1995, S. 9)

Die Grundposition von Kösel ist, dass das theoretische Wissen, verbunden mit praktischer Arbeit, mehr leistet, als wenn man sich entweder nur mit der Theorie oder nur mit der Praxis beschäftigt. Dies ist der Weg, den wir an meiner Schule gegangen sind. Wir haben erst die praktische Arbeit gemacht, und danach versuchten wir sie mit theoretischem Wissen zu verbinden. Am Beginn unserer Arbeit konnten wir auf die Frage: »Und nach welchem didaktischen Konzept arbeitet ihr?« nur mit den Achseln zucken und unsere Praxisbeispiele anführen. Nach 13 Jahren Unterricht und Integration habe ich endlich das Gefühl, dass unsere praktische subjektive integrative Arbeit auch mit einer – subjektorientierten – Theorie verbunden werden kann.

Zusammenfassung

Guter Unterricht ist schon immer das Ziel jeder Didaktik. Dazu gehören einige Anforderungen, die auf uns Lehrer zukommen: Anforderung an die Lehrer heißt, sie müssen sich von den Machern zu Beobachtern und Helfern entwickeln. Sie müssen Schülerinnen und Schüler in ihrer Individualität und Persönlichkeit kennen, sie ernst nehmen und so Vertrauen gewinnen. Sie dürfen nicht kontrollieren, sondern sollten Ruhe und Gelassenheit entwickeln, Vertrauen in die Schüler setzen und sich über ihre eigenen biographischen Muster (und Grenzen) klar werden. Vor allem sollten sie sich darüber klar sein, wie sie selbst lernen.

Daraus ergeben sich die Anforderungen an den Unterricht: Unterricht zu modellieren durch offene Formen, im Sinne von Pluralität, und geschlossene, im Sinne von vereinbarten Regeln und Werten. Sie sind in Lernkulturen der Klasse und der ganzen Schule einzubetten. Die didaktischen Prinzipien, die dazugehören, sind Freiarbeit, offener Unterricht und Projektarbeit, die thematisch eingebettet in das Umfeld sind. Dazu gehören nicht nur Partner- und Gruppenunterricht, sondern alle Möglichkeiten der didaktischen Landschaft (Poppe 1989).

Der eigene, integrationspädagogisch gute Unterrricht reicht jedoch nicht aus. Mit den Kollegen, den Eltern und vielen Personen und Einrichtungen im Umfeld der Schule sind offene Formen der Begegnung zu gestalten, die der Vielfalt Rechnung tragen.

Zum Abschluss lasse ich mit Jutta und Jule zwei Schülerinnen zu Wort kommen, die auf ihrer Abschlussfeier 1993 den integrativen Unterricht beschrieben:

Mitte des 7. Jahrganges wechselten wir vom Gymnasium zur Gesamtschule Bergedorf in eine Integrationsklasse über. Die Unterrichtsform unterschied sich sehr stark von der des Gymnasiums. Herrschte auf dem Gymnasium dauernder Leistungsdruck, so war in der Integrationsklasse eine lockere oder freie Arbeitsweise angesagt. Doch das soll jetzt nicht heißen, dass wir nichts gelernt haben, denn durch diese lockere Art machte das Lernen ja viel mehr Spaß. Das fing schon mit dem Klassenraum selber an. Wir hatten eine Sitzecke mit Sofa, wo alle drauf Platz hatten, viele Regale mit Büchern und Spielen, einen Gruppenraum mit Küche und zeitweise einen Billiardtisch in der Klasse oder ein Schlagzeug auf dem Klo. Das Lernen war natürlich auch anders. Wir machten viele Projekttage an denen wir den ganzen Tag Zeit hatten, uns in einem Fach weiterzubilden, sei es Mathematik, Englisch oder Politik. Das Einteilen der Gymnasial-, Real- und Hauptschulkurse verlief in unserer Klasse auch anders als bei anderen. Waren sonst immer mehrere Klassen in einem Kurs zusammengefügt, so wurde bei uns innerhalb der Klasse differenziert. Außer bei den Wahlpflicht-Fächern. Die Lehrer der innerhalb der Klassen differenzierten Kurse trafen sich oft in den Pausen oder nach der Schule, um im Team noch über den Unterricht zu diskutieren oder sich gegenseitig zu beraten. Als die Differenzierung dann mit der Zeit zunahm, hatten wir immer weniger Kontakt zu den Behinderten. Das lag an dem zunehmenden Leistungsdruck, der zum größten Teil durch die Noten ausgelöst wurde, die wir ab der 9. Klasse bekamen. Davor hatten wir nur Berichtszeugnisse. Zu jener Zeit hatten wir auch noch Wochenplanarbeit. Diese umfasste Englisch, Mathematik, Deutsch, Politik und Biologie. Außerdem durften wir etwas machen, wozu wir Lust hatten, wenn wir mit allem fertig waren, z.B. Kochen, Billardspielen, Spielen oder Nähen. Da konnten wir die Behinderten dann gut integrieren bzw. ihnen bei ihrem Wochenplan helfen. 8 Stunden hatten wir Zeit, um alles zu erledigen. Wir haben auch mit den Behinderten ihre Interessenprojekte bearbeitet. Das waren z.B. Backen, Zählen oder Rechnen, Lesen, Häkeln und alles was ihnen halt Spaß gemacht hat. Mancher wird sich fragen, wie die Arbeit mit den Behinderten, speziell in Fächern, wie z.B. Englisch, ablief. Oft haben wir englische Texte gelesen, die dann gleich von einem Schüler leise für die Behinderten übersetzt wurden. So hatten wir etwas davon, und die Behinderten fühlten sich gut einbezogen. Wie wir uns mit den Behinderten gefühlt haben? Eigentlich war es nie ungewohnt, mit ihnen in einer Klasse zu sein. Sie wirkten wie »Normale«, die aber nicht in unserem Alter sind, sondern 5 Jahre jünger. In manchen Momenten konnte man gut mit ihnen reden, und dann waren sie wieder total abwesend. Unter sich wirkten sie auch noch verspielt. Aber man bekam trotzdem mit, dass sie in die Pubertät kamen und diese auch auslebten. Das hat uns jedoch weniger gestört. Als störend empfanden wir eher, dass sie, wenn wir Arbeiten schrieben, im Flur Schreibmaschine schrieben und sich lauthals in der Sitzecke unterhielten. Es war manchmal schwer, ihnen klarzumachen, dass wir Ruhe brauchten. Doch im Großen und Ganzen war es auch eine sehr positive und erlebnisreiche Erfahrung, mit Behinderten in einer Klasse zu sein. Das zeigte auch die letzte Klassenreise: Die gesamte Klasse war ohne die Lehrer zelten. Alle, eingenommen die Behinderten, haben sich gut verstanden, egal wer Hilfe brauchte, bekam sie. Die Reise hat die Klassengemeinschaft noch sehr gestärkt. Nur schade, dass jetzt alles vorbei ist.

Literatur

Dahmke, U./Poppe, M.: Der Klassenrat als Motor für integrative Prozesse. In: Schley, W./Boban, I./Hinz, A. (Hrsg): Integrationsklassen in Hamburger Gesamtschulen. Hamburg 1989, S. 203–212.

Feuser, G.: Aspekte einer integrativen Didaktik unter Berücksichtigung tätigkeitstheoretischer und entwicklungspsychologischer Erkenntnisse. In: Eberwein, H. (Hrsg.): Behinderte und Nichtbehinderte lernen gemeinsam. Weinheim und Basel 1988, S. 170–179.

Hinz, A.: Heterogenität in der Schule. Hamburg1993.

Jürgens, E. (Hrsg): Erprobte Wochenplan- und Freiarbeits-Ideen in der Sekundarstufe I. Heinsberg 1994.

Kerres, M.: Didaktische Konzeption multimedialer Lernumgebungen. In: Geißler, K.A./Landsberg, G.v./Reinartz, M. (Hrsg): Handbuch Personalentwicklung und Training, Bd. 3. Köln 1996, 9.1.5.2, S. 12.

Köbberling, A.: Soziale Identitätsentwicklung in Integrationsklasse der Sekundarstufe (in diesem Band).

Kösel, E.: Die Modellierung von Lernwelten. Elztal-Dallau 2. Aufl. 1995.

Knauf, T.: Elemente einer Didaktik des Gemeinsamen Unterrichts. In: Arbeitskreis Integrative Lehrerinnenausbildung: Grundlagen gemeinsamen Lernens. Aachen 1995, S. 55–95.

Lenzen, K.-D./Tillmann, K.-J. (Hrsg): Gleichheit und Differenz. Bielefeld 1996.

Lindgren, A.: Ronja Räubertochter. Hamburg 1982.

Meier, R.: Differenzierung als Grundlage der Gemeinsamkeit in Schulleben und Unterricht. In: Rinck, S./Tettenborn,M./Fabriz, F.: Gemeinsamer Unterricht von Kindern mit und ohne Behinderung in Hessens Grundschulen. Schriftenreihe Lernziel Integration Nr. 15. Bonn 1995, S. 102–114.

Muth, J.: Integration von Behinderten. Essen 1986.

Muth, J.: Behinderte in allgemeinen Schulen. Essen 1983.

Poppe, M.: »... und nach welchem didaktischen Konzept arbeitet ihr«? In: Schley, W./Boban, I./Hinz, A. (Hrsg): Integrationsklassen in Hamburger Gesamtschulen. Hamburg 1989, S. 165–181.

Hans-Eberhard Piepho

Integrationaler Englischunterricht

Das Fach Englisch wird heute auf erstaunlich breiter Front auch für im schulischen Lernen Beeinträchtigte gefordert und gefördert.[1] Das hat zunächst den schulrechtlichen Grund, dass prinzipiell alle Schülerinnen und Schüler mit Behinderungen das Recht auf einen – auch qualifizierenden – Abschluss haben.

Die Bezeichnung »integrativ« für dieses besondere Schulfach Englisch bedeutet dann, dass die Fremdsprachenkenntnisse die Lernenden in das öffentliche Bildungswesen auf eine ausbaufähige Weise einbinden und auch da konkurrenzfähig machen, wo Englischkenntnisse den Zugang und Erfolg im beruflichen Schulwesen eröffnen. Da in der Regel Förder- und Sonderschüler langsamer lernen als »normale«, ist die Forderung nahe liegend, mit dem Englischunterricht da zu beginnen, wo Kinder aus anderen Schulen an die besonderen Schulen überwiesen werden, also auf der Grundschule. Und selbstverständlich müssen dieselben Stundentafeln gelten, wie sie für Haupt- und Realschulen gelten, möglichst erweitert um Übungsstunden mit spezifischen Maßnahmen und Angeboten für Mädchen und Jungen mit spezifischen Behinderungen. Mit dem Begriff »integrativ« wird aber in der bildungspolitischen Diskussion auch die gemeinsame Erziehung von Kindern und Jugendlichen aus Pflichtschulen ab Klasse 5 gemeint, und dies läuft auf die Frage nach Binnendifferenzierung[2] hinaus, die u.a. auch Schülerinnen und Schüler mit speziellen Behinderungen berücksichtigt. Während im Englischunterricht an Sonder- und Förderschulen untersucht und praktisch erprobt wird, unter welchen Bedingungen im schulischen Lernprozess beeinträchtigte Kinder fremdsprachliche Kenntnisse und Fertigkeiten gewinnen, ist an allgemeinen »Normal«schulen zu prüfen, wie die besonderen Zugänge und Verarbeitungsweisen behinderter Kinder und Jugendlicher in Klassen »across the ability range« erkannt, entwickelt und genutzt werden.

Die letztere Problematik wirft natürlich die Frage auf, wie denn das Bildungswesen eines Bundeslandes verfasst und strukturiert ist. Ist die Sekundarstufe I ab Klasse 5 drei- oder zweigliedrig, landen die Schülerinnen und Schüler

1 In Sachsen-Anhalt, Hamburg, Thüringen und Hessen sind Förder- und Sonderschulen für das Fach Englisch besonders aufgeschlossen.
2 Die Zeitschrift Fremdsprachenunterricht, Päd. Zeitschriften-Verlag Berlin, hat sich mehrfach diesem didaktischen Bereich zugewandt.

mit Lernschwierigkeiten oder spezifischen Beeinträchtigungen an der Hauptschule?[1] Dabei ist wichtig, wie groß der Anteil der Hauptschüler an der Jahrgangspopulation ist.[2]

Länder mit Förder- und Orientierungsstufen machen die Integration von potenziellen Sonder- und Förderschülern deshalb schwierig, weil das Englisch als Leistungsfach mehr oder weniger rasch zu einer für die G-, B- oder C-Schüler häufig demotivierenden Einstufung in Leistungs- oder Niveaukurse führt, die noch dazu nach oben durchlässig, also mit dem A-Kurs oder E-Kurs parallel geschaltet sein müssen. Das behindert binnendifferenzierende Maßnahmen, weil der Gleichschritt der Leistungsforderungen in den B- und G-Kursen zunächst einen reinen Paukunterricht bewirkt.

Ideal für die Integration von potenziellen Sonder- und Förderschülern ist natürlich die *sechsjährige Grundschule*, weil dort im »learning across the ability range« fast automatisch binnendifferenziert wird. Aber auch hier schlagen Auswirkungen des selektiven Bildungsprinzips durch, denn die Lehrwerke müssen den Anschluss an das gymnasiale Niveau der 7. Klassen erreichbar machen, abgesehen davon, dass sie den Richtlinien von 15 Bundesländern[3] gerecht werden müssen, was den »Stoff zwischen Deckel und Deckel« zusätzlich anschwellen und formalistisch werden lässt.

Integration kann aber nicht gelingen, wenn die Stoffmenge den Zeitfaktor des Lernprozesses zur übergeordneten Planungspriorität macht.

Mit Bedacht habe ich mit dem Blick auf diese Problematik den Begriff »integrational« benutzt.

Was macht einen fremdsprachlichen Lernweg »integrational«?

Ich muss aus Platzgründen darauf verzichten, die vielfältigen, teils schillernden Verwendungen des Begriffs »integrational« zu erörtern.[4] Stattdessen versuche ich eine Arbeitsdefinition für den Zweck meiner Argumentation: Als integrational bezeichne ich die Ausrichtung aller Inhalte, Maßnahmen und Fertigkeiten *an der alsbaldigen und unmittelbaren Verwendung* der sprachlichen Mittel, der inhaltlichen Einsichten und des Kommunikationswissens in Kontaktsituationen primärer und sekundärer Natur. Als primär sehe ich alle Verwendungssituationen bei der unmittelbaren oder mittelbaren (e-mail etc.) Begegnung mit Ausländern an, als sekundär alle Sprachtätigkeiten im unterrichtlichen Diskurs.

1 In den alten Bundesländern sind an Mittel- und Regelschulen die Hauptschulkurse ab Klasse 7 solche Restgruppen mit entsprechenden Verhaltensproblemen, die auch an Hauptschulklassen der additiven Gesamtschulen bekannt sind.

2 In Bayern und Rheinland-Pfalz ist der Anteil der Hauptschüler im Vergleich zu anderen Schularten erheblich größer als etwa in Hessen, Niedersachsen oder Sachsen.

3 Allein Bayern besteht durch seine Richtlinien, den curricularen Lehrplan und die Bestimmungen des qualifizierenden Hauptschulabschlusses auf eigens für diese Spezifikationen geschaffenen Lehrwerken. Mir ist unverständlich, weshalb andere Bundesländer bzw. -gruppen die Schulbuchverlage nicht zu solchen Lernmaterialien zwingen und damit die Stoffüberforderung in vielen Klassen vermeiden.

4 Ausführlicheres dazu in Häussermann, H./Piepho, H.-E.: Aufgaben-Handbuch Deutsch als Fremdsprache – indicium. München 1996.

Wenn alle Inhalte, Äußerungsmuster, Mittel und Einsichten (language awareness) ihre Begründung in der Partizipation an situativen und diskursiven Handlungs-, Mitteilungs- und Verständigungssituationen finden, hat das eine enorme, ja radikale Änderung der Prioritäten und Prinzipien im Schulfach Englisch zur Folge.[1]

- Die Themen des Englischunterrichts werden nicht mehr durch englisch- oder amerikakundliche Sachverhalte, durch eine potenzielle Situation im Zielland und durch die Notwendigkeit determiniert, grammatische Progressionskapitel irgendwie einzubinden, sondern allein durch die *Erfahrungsinhalte*[2] der Schülerinnen und Schüler.
- Diese Erfahrungsinhalte sind sowohl universell wie subjektiv und regional bestimmt.[3]
- Lehrmaterialien sind danach zu bewerten, auf welche Weise sie die Erfahrungsinhalte der Schülerinnen und Schüler zum Thema werden lassen.
- Unterricht ist danach zu bewerten, in welcher Weise es der Lehrerin oder dem Lehrer bzw. dem Fachteam einer Schule gelingt, Erfahrungsinhalte zum Thema zu machen und durch spezifische Erlebnisse im Fach zu erweitern und für interaktive und interkulturelle Kommunikation in der Zielsprache mitteilbar und interessant werden zu lassen.
- Diesem hohen Anspruch kann man nicht durch prädestinierte und durchzusetzende formale Pensen des Lernens gerecht werden, sondern durch Texte und Aufgaben, die an Erfahrungsinhalte appellieren und anknüpfen und die individuellen Deutungsmuster, Ausdrucksweisen und Ausdrucksebenen als Anlass zu rücksichtsvollem und nachdenklichem Reden miteinander nutzen.
- Der Unterricht »across the ability range« will Lernprozesse auslösen und Lernerträge nicht erzwingen, sondern langsam und individuell wachsen lassen. Dieses Wachstum richtet sich *allein* nach den Inhalten und dem kommunikativen Erfolg der Verständigung und nicht nach der Korrektheit abrufbarer formaler Einheiten. Die Qualifizierung durch Abschlüsse und Übergänge ist dabei nicht ausgeschlossen, weil ein Kriterium des subjektiven Spracherwerbs immer auch die Frage ist, was jedes einzelne Kind für so gut beherrscht hält, dass man es in einem Test nachweisen möchte.
- Es wird deutlich unterschieden zwischen dem, was die Lernenden verstehen und ausführen bzw. beantworten können, dem, was sie genießen bzw. zur Kenntnis nehmen können, dem, was sie mündlich formulieren, und dem, was sie auch schreiben können, wobei sich Verteilung und Gewichtung der Fer-

1 U.a. sprechen die Schüler/innen von Anfang an stets aus der Ich- oder Wir-Perspektive und schreiben auch in interimssprachlichen Ausdrucksformen. Das bedingt eine neue Haltung gegenüber Fehlern.

2 Die Erfahrungsinhalte sind am präzisesten in den Lehrplänen für den Deutschunterricht an italienischsprachigen Schulen Südtirols beschrieben. Erhältlich über Herrn Schulinspektor Dr. Walter Cristofoletti, Hauptschulamt, Neubruchweg 2, I-39100 Bozen.

3 Deshalb ist jede Schule gehalten, in autonomer Entscheidung diejenigen Inhalte festzulegen, die den Schülern dort wichtig und zugänglich sind.

tigkeitskomplexe nach den Fähigkeiten und Neigungen der einzelnen Schülerinnen und Schüler richten.

- Wiederholungen und planvoller Rückgriff auf zuvor Gelerntes sind für die Lernprozesse in integrativen Gruppen sehr wichtig; denn nur so verknüpft sich Vertrautes mit neuen Sprachmitteln. Der Zeitfaktor erhält dadurch eine neue Dimension: Die Zeit wird nicht diesem vorgegebenen Stoff zugeordnet, sondern die Zeit wird dem Bedarf der jeweiligen Klasse untergeordnet, der sich aus dem Gewinn solider, abrufbarer Fertigkeiten ergibt, nicht aus dem Umfang des jeweiligen Lehrwerks. Es muss ständig gelernt werden, aber es wird nie etwas durchgenommen, was anschließend als abgehakt rasch im Vergessen versinkt.
- Was im Unterricht, also im Lehrwerk, in Texten bzw. auf Kassetten und Video erscheint und im Wesentlichen auch verstanden wird, ist nicht identisch mit dem, was für die eigene fremdsprachliche Sprachtätigkeit verwendet werden kann. An den rezeptiv aufgenommenen und gedeuteten Inhalten entzünden sich jedoch Gespräche, Notizen und alle möglichen Aktivitäten wie Zeichnungen, Kollagen, Wandzeitungen, Bastelarbeiten usw., die in der Zielsprache erläutert und kommentiert werden können.
- Einfachheit, Lebensnähe, Zugänglichkeit der Inhalte und ihrer Versprachlichung darf gerade im integrationalen Unterricht nicht deren Trivialität bedeuten. Die Themen müssen sich auf Erfahrungsinhalte gründen und deren Versprachlichung gestatten, nicht dagegen die einer fingierten angloamerikanischen Kinder- und Jugendlichenwelt. Rezeptiv und interpretativ werden jedoch relevante Informationen über Grundlagen, Hintergründe und kulturelle Ausdrucksweisen des Lebens in englischsprachigen Ländern aufgenommen, weil das für die Entwicklung positiver Attitüden und die Begegnungsbereitschaft sehr notwendig ist.
- Begegnungen, bei denen man sein Englisch einsetzen und erproben kann, sind für Schülerinnen und Schüler mit mentalen oder physischen Beeinträchtigungen sehr ermutigend und sollten auf jeder Stufe eingeplant werden: Besucher im Klassenzimmer, Kontakte mit Austauschlehrern und -schülern, Spurensuche im eigenen Erlebniskontext: Menschen, die sich auch in Deutschland vorwiegend englisch verständigen. Dazu zählen auch Personen, die beruflich mit Computern, Gameboys etc., also auch mit Englisch als Technik- und Technologiesprache zu tun haben. Alle solche Maßnahmen laufen darauf hinaus, dass die Schülerinnen und Schüler Selbstvertrauen in Umgang und Begegnung entwickeln, die Englischkenntnisse erfordern.

Unterricht mit integrativen Klassen erfordert keine besonderen pädagogischen und methodischen Fähigkeiten, aber eine Haltung der Fachlehrer, die alle Lernenden ernst nimmt und jeden Lernfortschritt registriert und positiv verstärkt. Wenn man als Lehrer diese Einstellung entfaltet und diszipliniert erhält, gewinnt man auch in großen Klassen und zu Gruppen mit Verhaltensgestörten auf die Dauer das Vertrauen der Lernenden und nimmt in deren Sicht die Rolle eines Beraters und Trainers ein. Zu dieser Rolle gehört auch eine selektive Distanz zu Lehrplänen und Lehrbüchern. Viele didaktische und pädagogische Probleme und manches Problem bestimmter Schülerinnen und Schüler kann man leichter einschätzen und lösen, wenn man Unterricht im Team auswertet, plant und vorbereitet.

Mit der Wahl eines Lehrwerks ist deswegen meist noch nichts erreicht, weil ein Schulbuch keine Garantie für lebendigen und fruchtbaren Unterricht sein kann, zumal zwischen Deckel und Deckel die zum Teil sehr heterogenen Forderungen von 15 Länderrichtlinien gepresst sind.

Man muß ein Lehrwerk nicht nur drastisch (aber nicht unsystematisch) kürzen. Man benötigt auch zu den Einheiten, die im Jahresplan verblieben sind und verankert werden, Dossiers mit Zusatzmaterialien zur Individualisierung, Binnendifferenzierung, Veranschaulichung, Aktualisierung und Wochenplangestaltung, Bilder als Denkanstöße und Redeanlässe als Wortschatzkerne usw. Für 7.–8. Klassen müssen hobby and special interest materials hinzutreten, an deren Sammlung und Archivierung man die Jugendlichen beteiligen sollte.

Eine äußerst wirksame Unterstützung aller Lernprozesse ist die Nutzung von Wand- und Schrankflächen für thematisch einschlägige Aushänge von Schülerarbeiten, Bildkollagen, Zeitungsausschnitten etc. Diese haben nach allen entsprechenden Forschungsergebnissen eine unmittelbare Wirkung auf die Attitüden der Klasse und die Bereitschaft der Schülerinnen und Schüler, sich aufmerksam, engagiert und ruhig am Lerngeschehen zu beteiligen.

Für Kinder mit speziellen zerebralen Ausfällen und anderen Behinderungen gibt es bestimmte methodische Hilfen, die man von Kolleginnen und Kollegen mit einer sonderpädagogischen Ausbildung leicht erfragen kann. Die können sehr notwendig werden, wenn ein Kind daran gewöhnt ist, sich solcher Mittel und Maßnahmen zu bedienen, aber gerade dann kann es auch selbst Vorschläge machen, wie man die fürs Englischlernen bereitstellt. Mit solchen Unterstützungen werden aber nicht »Defizite im Stoff« ausgeglichen, sondern es wird damit nur die Teilhabe und Teilnahme stabilisiert.

An Förder- und Sonderschulen ist für jeden Besucher oft die einladende Intimität der Atmosphäre in Schule und Klassenzimmer und im Umgang der Schülerinnen und Schüler mit den Lehrern – und umgekehrt – auffällig. Dazu tragen auch die ästhetische Ausschmückung der Räume und Flure und die ergonomatisch durchdachte Einrichtung der Schulstuben bei. Hinter diesen Standard dürfen Schulen mit integrativem Unterricht nicht zurückfallen; ein Auftrag für die Kollegien und die Elternschaft!

Ich verhehle nicht, dass ich angesichts einer Tendenz zur verwaltenden Schule als Schülerbewahranstalt und -durchlaufstation nicht ohne Zweifel bin und nicht immer ermutigt werde, dass Lehrerbildung und Referendariat diesem Anspruch gerecht werden.

Problematisch wird der Englischunterricht durch eine falsche lineare Grammatikprogression in einer 1:1-Relation des Hör- und Lesestoffes gegenüber dem Lernstoff. Dieser Aufbau verhindert den »meaningful comprehensible input«, der sich nur an den Erfahrungsinhalten der Schülerinnen und Schüler und ihren Erlebnissen (auch im Unterricht) orientiert. Die Sprache der jungen Menschen wird anfangs vorrangig im Bereich Wortschatz entwickelt. Die syntaktischen Mittel beziehen sich auf drei Äußerungstypen:

Das *ist* so	(= Das denke ich, das mag ich, das tue ich gern oder oft, das (er)kenne ich, das sehe ich ein etc.)
Das *war* so	(= in meiner Fantasie, in der Erzählung, gestern, damals, als ich jünger war etc.)
Das *soll* oder *wird* so sein	(= das wünsche ich mir, das sage ich voraus, das möchte ich haben, tun oder sein)

Hinzu kommen möglichst viele Fragen, die man einander, einem Besucher, der Lehrerin, zu einem Text, zu einem Bild, zu einem Sachverhalt oder Thema stellen kann. Fragen sind Instrumente im Lernalltag bei Begegnungen und im höflichen Kontakt:

May (Can) ...?
Where is ...?
Do you ...?
Can you ...?
Where do you ...?
When did you ...?
Are you ...?
How old ...?
How do you like ...?
Do you have ...?
etc.

Die Besonderheit der Einschränkungen physischer oder mentaler Natur ist bei jedem behinderten Kind anders ausgeprägt und äußert sich im Englischlernprozess auf eine jeweils eigene Weise. Wir haben in einem Gießener Schulversuch sehr gute Erfahrungen damit gemacht, die Schülerinnen und Schüler zu bitten, sich als *Berater der Lehrenden* zu fühlen und zu Wort zu melden. »Wir geben uns Mühe, den Englischunterricht interessant und das Lernen durchschaubar zu machen, aber wir wissen nicht genug von und über euch, um das Richtige für jeden von euch zu tun.« Das wurde immer und von allen akzeptiert und führte zu einem regen Gespräch über Lehren und Lernen. Insgesamt erbaten die Schülerinnen und Schüler mehr Zeit und Gelegenheit für eigenständiges und partnerschaftliches *Vorbereiten* auf Phasen des Unterrichts im Plenum der Klasse, mehr *gemeinsames Üben* des Wortschatzes, und zwar immer auf Themen bezogen und nach Abrufgedächtnis (aus der Erinnerung) und Wiedererkennensgedächtnis (Zuordnung von Wortkarten) gesondert.

Als sehr nützlich zeigte sich die Verwendung eines *Selbsteinschätzungsportfolios*. Die meisten Mädchen und Jungen im Alter zwischen 12 und 17 Jahren konnten diese Bögen selbst ausfüllen, andere erbaten ein Gespräch über die Selbsteinschätzungsbereiche. Die so ermittelten Schwerpunkte und Strategien wurden sehr ernst genommen und erweiterten und wandelten sich im Laufe von drei Schuljahren zum Teil erheblich.

Übrigens waren bei unseren Versuchen *alle* behinderten Schülerinnen und Schüler damit einverstanden, dass Lehrer, Studierende und der Hochschullehrer *ausschließlich englisch* sprachen. Diese Einstellung war allerdings gebunden an die Ausstattung des Klassenzimmers mit Plakaten, Bildensembles, Arbeitsergebnissen usw. Das bestätigte die Erkenntnisse von Carel van Parreren (1963).

Literatur

Bach, G./Timm, J.P. (Hrsg.): Englischunterricht. LITB, Francke. Tübingen 1989.

Bleyhl, W.: Der Fallstrick des traditionellen Lehrens und Lernens fremder Sprachen. Vom Unterschied zwischen linearem und nichtlinearem Fremdsprachenunterricht. In: Praxis des neusprachigen Unterrichts, H. 4, 1996, S. 339–347.

Ellis, E.: The Study of Second Language Acquisition. Oxford University Press. Oxford 1994.

Hawkins, E.: Awareness of Language. An introduction. Cambridge University Press, Cambridge. Revised Edition 1987.

Kramsch, C.: Context and Culture in Language Teaching. Oxford University Press. Oxford 1993.

Parreren, C. van: Psychologie und Fremdsprachenunterricht. In: Praxis des neusprachigen Unterrichts, H. 1, 1963, S. 6–10.

Tillmann, K.-J.: Separierung oder Integration. In: Pädagogik, H. 10, 1995, S. 6 ff.

Weskamp, R.: Pädagogisierung des Fremdsprachenunterrichts. In: Praxis des neusprachigen Unterrichts, H. 4, 1996, S. 347–356.

Michael Borchert

Integrative Praxis im Mathematikunterricht ab Klasse 7

Für Isidor
und für Christiane und Andreas, die ihn unterrichteten

Leicht fanget aber sich
In der Kette,
die es abgerissen, das Kälblein

Integrative Praxis beginnt schlicht mit dem Entschluss, in Integrationsklassen arbeiten zu wollen, und mit zwei großen Hoffnungen: jemanden zu finden, mit dem man in großer Vertrautheit den langen Weg durch wenigstens ein Schuljahr gehen kann, und genügend Kraft zu haben, diesen Weg nicht aus alten Abschnitten zusammenzusetzen, sondern einen neuen zu finden durch das Dickicht der Sprache und der Mathematik.

Das ist kein Erlebnisbericht, denn 1:1-Abbildungen von Unterricht sind nicht möglich. Vielmehr wird an einem Beispiel aufgewiesen, wie ein Ansatz trägt, der auf dem Verhältnis von Sprache und Mathematik beruht und die beiden Traditionsstränge von Mathematikunterricht hinterfragt.

Um einen neuen Weg zu gehen, auf dem alle einer Lerngruppe mitgehen können, ist eine Standortbestimmung unerlässlich.

Standortbestimmung

Mathematikunterricht ist zwiefach gespannt in zwei nicht aufzulösende Pole, in den der Sprache und in den seiner historischen Entwicklung. In der Sprache steht dem Pol der verständlichen Ungenauigkeit der (alltäglichen) Rede der Pol der unverständlichen Genauigkeit der Mathematik gegenüber (Lem 1985).

Denn »ein mathematisches System bezieht sich ja im Grunde nicht auf die Wirklichkeit und informiert uns nicht über irgendwelche Eigenschaften von ihr, sondern über sich selbst« (Lem 1983, S. 227–297).

In der historischen Entwicklung ist Mathematik ein hohes und speziell zu vermittelndes Bildungsgut des Gymnasiums. Die Vermittlung der »bürgerlichen Rechenarten« steht dem untrennbar gegenüber. Schon 1619 hält Johann Valentin Andreae in einer Staatsutopie fest: »Solange sich solche, die sich ohne

Kenntnis der Mathematik für gelehrt ausgeben, nicht mit der Mathematik versöhnen, werde ich weder glauben noch zugeben, dass sie Gelehrte sind, sondern laut erklären, dass sie nur halb gebildet sind.« (Andreae 1977, S. 78)

Entsprechend klingt die Klage der Öffentlichkeit bis heute hin, denn die Abfrage der »bürgerlichen Rechenarten« in Eignungsprüfungen für Schulabgänger zeigt immer wieder außerordentliche Leistungsausfälle. Schon 1925 ermittelte das Deutsche Institut für technische Ausbildung einen Fehlerindex von 63% für die Berechnung von 7081:6 (Breidenbach 1963, S. 41).

Ursprünglich hob sich die gymnasiale Mathematik vom »bürgerlichen Rechnen« durch den Gebrauch der »Formel« ab. Für die Berliner Gesamtschule ist diese Trennung noch heute nachweisbar. So werden etwa komplexere Formeln (z.B. solche mit zwei oder mehr Variablen) zwar im EF-Niveau, aber nicht im GA-Niveau vermittelt.

Die Gymnasialdidaktik geht den Weg von der unverständlichen Genauigkeit der Mathematik zur verständlichen Ungenauigkeit der Rede. Denn wenn die 1954 noch ausformulierte Aufgabe des Gymnasiums »von Anfang an ist bewusste *Auslese* zu treiben« nicht mehr weiterhilft, dann vielleicht die uns bekannten allgemeinen Reden »minus mal minus sind plus« und »minus und minus sind plus«, aber auch »in der Minusklammer dreht sich alles um«[1] oder aus einem Kommentar: »Ihre Rechenmethode lautet: Minus eins und minus eins ergibt minus zwei. Danach wischen sie die Tafel aus, damit niemand den Fehler bemerkt.« (Schumacher 1995, S. 5)[2]

Die »Volksschulmethodik« geht den Weg von der allgemeinen Rede zur Mathematik, ohne die Mathematik zu erreichen, denn die »Formel« und damit die Algebra ist ihr verwehrt: »Der Unterricht in Rechnen und Raumlehre soll die Schüler befähigen, die Umwelt nach Zahl, Maß und Form zu erfassen und die große praktische Bedeutung der Mathematik auf fast allen Gebieten des menschlichen Schaffens zu erkennen.« (Senator für Volksbildung 1957, S. 1)[3]

Stimmen wir aber der lemschen Bipolarität der Sprache zu – und es gibt keinen Anlass, ihr nicht zuzustimmen –, so sehen wir die nicht überbrückbare Kluft, die *beide* Wege zu Umwegen macht. Die kurze Darstellung lässt die beiden Traditionsstränge hart ausgegrenzt erscheinen, die Bewertung erscheint äußerst schroff. Wer jedoch die heute durch den »Modernen Mathematikunterricht« verschütteten Stränge freilegt, indem er sich in 30 Jahre alten und weitaus älteren Didaktiken und Methodiken einliest, wird feststellen, dass die Grundzü-

1 Aus einem Übungsbogen zur UE »Algebra«, Jg. 8, GA-Niveau, gemeint ist (–1) x (a–b) = –a+b, »Umdrehen« liefert auch b–a, lokale Gültigkeit der Doppeldeutigkeit allgemeiner Rede, Zusammenbruch des Gültigkeitsfeldes bei (–1) x (a–b–c), das »Umdrehen« soll das »Umdrehen der Vorzeichen« bezeichnen, gemeint ist der Vorzeichenwechsel durch Multiplikation mit (–1).

2 Vgl. auch Ulrich, Bernd: Titelkommentar Zeitzeichen: Minus mal minus ergibt plus. Dementi um Dementi ergibt Wahrheit. In: Wochenpost, 41. Jg., Nr. 48, Berlin November 1994.

3 Vgl. auch Seite 5 und 20. Eine gediegene und sehr offene Formulierung, die in dieser Form und Spannbreite nie mehr erreicht wurde. Zum Vergleich: Entwurf eines Bildungsplanes für die Oberschule Wissenschaftlichen Zweiges, als Manuskript gedruckt. Hrsg. vom Senator für Volksbildung Abt. II, Berlin 1954, S. 17, 54.

ge stimmen, dass keine der Wegrichtungen ihr Ziel erreicht, dass er viele Anregungen findet und dass er einiges im Original sieht, was neue Didaktiken ohne Zitat wiedergeben.

Das in sich geschlossene System der Mathematik lässt sich nicht durch allgemeine Rede aufbrechen. Die allgemeine Rede, die wir versuchen, hat immer nur eine schmale, lokale Gültigkeit. »Minus und minus ist plus« beschreibt zwar $-(-4) = +4$, gilt aber in ihrer Ungenauigkeit angewandt auf $(-1) + (-1) = (-2)$ nicht mehr.

Zu jeder allgemeinen Rede, die wir einem Kind, insbesondere einem lern- und rechenschwachen Kind, als Hilfe geben, müssten wir zugleich ihr Gültigkeitsfeld vermitteln, ein doppelter Aufwand und eine doppelte Belastung. Unsicher zudem, denn durch ihre Ungenauigkeit ist die allgemeine Rede scheinbar auf viele Felder anwendbar, ruft dadurch den Eindruck ihrer Gültigkeit hervor und führt zum Fehler.

Lassen wir Kinder die Besonderheit der Null beim Addieren beschreiben, so hören wir in allgemeiner Rede: Es kommt das raus, was dasteht. Die Null kann man weglassen. Null macht nichts. Bei Null bleibt das, was dasteht.

Wie antwortet das in sich geschlossene System der Mathematik? Null ist additiv neutral. Lehrten wir diesen kurzen Satz nach umfangreichen Rechenerfahrungen unseren Kindern, so wären sie in die Genauigkeit der Mathematik eingedrungen. Das Gültigkeitsfeld, die Addition wäre für sie benannt, die Fehlerhaftigkeit der allgemeinen Rede – »Die Null kann man weglassen«, für $0-7 = -7$ oder $0 \times 7 = 0$ gebannt.

Die Prinzipien der Linearität und der Gleichzeitigkeit

Lässt sich nun eine unterrichtliche Situation herstellen, in der alle Schülerinnen und Schüler einer Lerngruppe, also auch die lern- und rechenschwachen, unverständliche Genauigkeit nutzen statt verständlicher allgemeiner Rede?

Gleichgültig, welche Unterrichtsinhalte wir in ihrer methodisch-didaktischen Aufbereitung betrachten, sie sind in eine lineare Abfolge von Grundaufgaben gegliedert, die in einem zeitlichen Nacheinander unterrichtet werden, folgen also dem *Prinzip der Linearität*. Die allgemeine Rede liegt als Hilfsmittel einladend vor einem. Da sie diskrete Grundaufgaben erklärt, offenbart sich das Problem des Gültigkeitsfeldes nicht. Aber es schimmert durch beim Übergang zur nächsten Grundaufgabe. Die Irritation – jetzt ist es anders – wird über die nächste allgemeine Rede aufgefangen. Im Augenblick der Zusammenschau aller Grundaufgaben – spätestens vor einer Klassenarbeit – bricht die Missachtung der Gültigkeitsfelder voll auf. Höchste Unruhe, höchste Unsicherheit: Welche allgemeine Rede für welche Aufgabe? Rückverweis: Es ist doch alles besprochen! Siehst du das denn nicht?

Falsche Lösungswege stellen sich ein, denn die vermittelten allgemeinen Reden lassen sich auf verschiedene Grundaufgaben anwenden, zumal wenn diese inhaltlich dicht beieinander liegen.

Und der tragische Widerspruch: Gerade denen, denen wir helfen wollten, haben wir nicht geholfen. Wir wollten doch nicht »auslesen«, sondern »integrieren«. Das *Prinzip der Linearität* ist – zugespitzt formuliert – das klassische und unbewusst gebrauchte Trennmittel zwischen leistungsstarken und leistungsschwachen Schülern.

Ein selten gegangener Weg ist das gegenteilige Vorgehen, alle Grundaufgaben gleichzeitig zu behandeln, also das *Prinzip der Gleichzeitigkeit*. Die allgemeine Rede versagt hier, denn es stünde das am Anfang, was im linearen Vorgehen am Ende wohnt.

Aber hier – und nur hier – erweist sich für alle Schüler die mathematische »Rede« als ein sicheres und als das einzige Werkzeug, um das Dickicht aus Sprache und Aufgabe zu zerschlagen.

Weil das Werkzeug der allgemeinen Rede in der Gleichzeitigkeit immer wieder nachweislich versagen muss, setzt sich die Benutzung des Werkzeuges der mathematischen »Rede« durch, weil sie zur Lösung führt.

Der Beginn einer so konzipierten Unterrichtseinheit ist schwer. Auf Schülerinnen und Schüler stürmt alles zugleich ein, alle notwendigen mathematischen Sprachkerne und alle Aufgabentypen. Die Unterrichtenden müssen zuvor sorgfältig aus allen Aufgabentypen alle mathematischen Sprachkerne isolieren, die zur Ausdifferenzierung und Lösung der Aufgaben erforderlich sind, und oft die dazugehörigen Arbeitsmaterialien konstruieren.

Beide Seiten treffen sich in einem völlig verwirrenden Unterrichtsgeschehen, weil nichts von dem sicher ist, das sich erst nach längerer Zeit als sicher erweisen wird. Es ist gleichsam so, als ob 15–20 Fahrschüler in eigenen Autos ihre erste Fahrstunde nähmen, jedoch nur von zwei Fahrlehrern betreut werden könnten. Trostreich zu wissen, dass wir im Straßenverkehr nicht linear, sondern gleichzeitig unterrichtet wurden und das Fahren dennoch erlernten.

Griffiges, formschönes und interessantes Material vermag zu motivieren und hilft durch eine geeignete Struktur, Fehler zu vermeiden: So lassen sich z.B. in den Unterrichtseinheiten »Lineare Funktionen« und »Lineare Gleichungssysteme« durch probierendes Rechnen gefundene Paare mit farbigen Muggelsteinen in Din-A-3-große Koordinatensysteme legen. Aus zwei Punkten ergibt sich so die Gerade, aus zwei Gleichungen die beiden darzustellenden Geraden. Alle Lösungsmannigfaltigkeiten werden so erfahr- und formulierbar, Fehler durch Umlegen der Steine rascher korrigierbar als im zeichnerischen Umgang. Die Begriffe »Achsenabschnitt« – Schnittstelle auf der y-Achse – und »Anstieg« – Sprungbewegung mit dem Stein – werden unmittelbar gewonnen (Straßburg o.J.).

Als Beispiel einer voranzugehenden Analyse, die für jede Unterrichtseinheit notwendig ist, wenden wir uns einem immer wieder didaktisch-methodisch abgehandelten Unterrichtsinhalt zu, der Prozent- und Zinsrechnung, der höchsten Stufe »bürgerlichen Rechnens«, einem Unterrichtsinhalt, der sich nicht oder kaum durch Material erschließen lässt.

Eine formelfreie Prozent- und Zinsrechnung

In einer jener berühmten Pausen, in denen sich Unterrichtende über Lernfortschritte austauschen, ereilt mich von hinten der Zuruf: »Na, schon bei der Kapitänsformel?«

Was sagen? Ich kannte sie nicht. Hilfreich wurde mir sogleich erläutert: »Na, die mit K mal p mal t, eben Kapitän!«[1] Denn im Fach Mathematik sind es allzu oft die Formeln, die wie Kilometersteine am Unterrichtsweg stehen.

Also die »Tageszinsformel«, eine Namensgebung, die ich zu diesem Zeitpunkt auch noch nicht kannte.

Die »klassische« Prozentrechnung und auch Zinsrechnung ist Höhe- und Endpunkt des »bürgerlichen Rechnens«, des Stoffkanons der Hauptschule, hier setzt die erste Berührung, aber auch die nicht zu überschreitende Grenze zur Gymnasialmathematik ein: die Formel und das Formelumstellen (vgl. Menzel 1888; Weber 1917; Breidenbach 1963; Oehl 1965; Höfler 1910).[2]

Die methodische Aufbereitung und fachliche Durchdringung ist praktisch unverändert geblieben, seitdem dieser Inhalt auftritt. Es sind, je nach Feinnervigkeit der benutzten Methodik, drei bis fünf »Grundaufgaben« zu vermitteln, in denen sich der Begriffe »Grundwert«, »Prozentwert« und »Prozentsatz« zu bedienen ist, der analog notwendige Begriff »Grundsatz« für die als Standard festgelegte Maßzahl 100 fehlt allerdings. Der Grundwert ist das »Ganze«, die »Gesamtmenge«, der Prozentwert die »Teilmenge« und der Prozentsatz ist ...? Hier schweigen viele Methodiken (vgl. Breidenbach 1963, S. 272; Oehl 1965, S. 280).[3]

Eine sachlich richtige Antwort wäre: Der Prozentsatz ist der Zähler des Hundertstelbruches, der quotientengleich zur Bruchzahl aus Prozentwert und Grundwert ist. Wer diese Definition beherrscht, beherrscht auch »die« Prozentrechnung. Das wird unmittelbar klar, wenn wir diesen Satz über die üblichen Variablen definieren:

$$\frac{p}{100} = \frac{P}{G}$$

1 Eine »Eselsbrücke«, die im Fachbereich meiner Schule üblich war.

2 Bei Höfler wird auf S. 430 formuliert: »mit Versparung aller schwierigen Fälle auf die Gleichungslehre des IV. und V. Jhgs.«, gemeint ist die Prozent- und Zinsrechnung in den Klassenstufen 8 und 9, die aber hier im Lehrplan nicht auftreten.

3 Bei Oehl beispielsweise erscheint der Prozentsatz als zahlenmäßige Beziehung (S. 304), 3% sind über einen Pfeil dem Prozentsatz zugeordnet (S. 282/83), und eine saubere Trennung ist angebahnt, aber mit Verweis auf Breidenbach nicht vollzogen.

in denen die Wahl der Variablen ein methodischer Höhepunkt ist. Durch »Umstellen« erhält man dann die drei Formeln, die zu den drei Grundaufgaben passen.

Welche Formel zu welcher Aufgabe »passt«, wird heute noch nach dem »Gegeben-Gesucht-Schema« ermittelt: Das nicht Gegebene, also das Gesuchte, liefert die Formel.

In »5% von 240 DM« verweist zwar das %-Zeichen unmittelbar auf den Prozentsatz »5«. Das DM-Zeichen verweist nicht auf den vorliegenden Grundwert 240, denn ein Prozentwert trüge es ebenfalls. Nur die Struktur weist 240 als Grundwert aus, weil eine unbenannte Maßzahl einen »von-Satz« einleitet, dessen letzte Zahl eine Maßeinheit, hier »DM«, trägt. Denn das %-Zeichen ist keine Maßeinheit, keine Maßbezeichnung wie kg, 1, cm^3, Stückzahl, min. Obwohl es beim Lesen wie ein Maßsymbol wirkt, verweist es lediglich auf die unbenannte Maßzahl 5/100. Nachdem nun Prozentsatz »5« – nicht »5%« – und Grundwert »240« erkannt sind, kann nur der Prozentwert P das Gesuchte sein, also passt die »P-Formel«.

Vielleicht murren Leserin und Leser nun: Das sei alles nicht neu, und was habe das Ganze mit integrativer Praxis zu tun? Nun, es ist nicht neu, aber es zeigt uns, in welche widersprüchliche und unübersichtliche Situation sich ein Kind gestellt sieht, das nach diesem Verfahren arbeiten soll. Hier zeigen sich Begriffe, die die Methodik beider Traditionsstränge – Volksschule und Gymnasium – ungebrochen fortschleppen, als wenig hilfreich, eher als störend und verwirrend.

Wer diese Begrifflichkeit über die Grundaufgaben legen kann, beherrscht die Prozentrechnung bereits, und im selben Augenblick wird diese methodisch ersonnene Begrifflichkeit hinfällig. Sie ist der Standpunkt dessen, der es »kann«, aber nicht der Ausgangspunkt für den, der es noch nicht weiß.

Das, was die Irritation hervorruft, liegt an einem Bruch bisheriger Erfahrung. Ein Wort – Ein Rechenzeichen! Dazulegen – Plus! Wegnehmen – Minus! Bis jetzt bestimmten Sprachkonfigurationen genau ein Rechenzeichen: An jedem Tisch sitzen vier Kinder. Sechs Tische stehen im Klassenzimmer – Mal!

»Von« ist das erste »Rechenwort«, das die Zuordnung zweier entgegengesetzter Rechenoperationen zulässt, symbolisiert durch »mal« und »geteilt«, abgesehen von der sprachlich möglichen und vereinzelt gebrauchten, jedoch ungeschickten Zuordnung »von« für »minus«: »Von-Aufgaben« statt »Minus-Aufgaben«.

Die Analyse ist rasch vollzogen. Steht »von« zwischen gleich benannten Zahlen, so steht es für das Rechenzeichen »geteilt«. Steht vor »von« ein %-Zeichen, so steht es für das Rechenzeichen »mal«.

Die Analyse des »von-Satzes« liefert unmittelbar den Rechenweg. Das %-Zeichen übernimmt in der Analyse dieselbe Funktion wie ein Maßzeichen, und mit 5% ist als 5/100 zu rechnen, nicht mit dem Prozentsatz 5!

Eine sprachliche Eigenart ist allerdings zu beachten und für die Analyse zu vermitteln: Die erste Benennung in einem gleich benannten »Von-Satz« wird häufig weggelassen, da sie sprachlich ungeschickt klingt: »Acht von 20 Häusern haben einen Doppelgiebel« statt »Acht Häuser von 20 Häusern haben einen Doppelgiebel«. Es ist also zu prüfen, ob die erste, unbenannte Zahl dieselbe Benennung tragen kann wie die zweite, die benannte Zahl. Ist das der Fall, so ist also »von« durch das Rechenzeichen »:« zu »übersetzen«.

Unerlässliche, hinführende Übungen sind: Kürzen, erweitern von Brüchen, Brüche in Hundertstelbrüche umformen, Standardbrüche als Prozentangaben darstellen, als Dezimalzahlen darstellen und umgekehrt (auswendig wissen), natürliche Zahlen mit Brüchen multiplizieren und durch Brüche teilen, den Maßbruch p/100 aus Angaben konstruieren, auch über schriftliche Multiplikation und Division.

Dass Brüche stets als Maßzahlen aufgefasst werden können, zeigen uns Maßzahlquotienten wie DM/1000g (Preisvergleich), km/h (Geschwindigkeit), l/100km (Benzinverbrauch). Der Nenner weist jeweils das festgesetzte Maß auf, das in den wenigsten Fällen vorliegt – wer tankt schon nach genau 100 gefahrenen Kilometern –, und der Zähler das Auszumessende.

Prozentangaben sind spezielle Maßzahlquotienten. Sie sind dimensionslos, da Zähler und Nenner, Ausgemessenes und Maß, dieselbe Benennung tragen. Es sind Quotienten der Form DM/DM, l/l, m^2/m^2, Stückzahl/Stückzahl. Deshalb ist eine alleinige Prozentangabe auch sinnlos, da der Einheitenquotient nicht rekonstruierbar ist. 7,5% ist für sich allein gelesen sinnleer, denn der Sachverhalt ist nicht zu entnehmen. 7,5 l/100 km lässt sich sprachlich zu einem sinnvollen Satz umformen, dessen Kontext »Autofahren« erschließbar ist. Deshalb ist die Zuordnung einer weiteren benannten Zahl zu einer Prozentangabe unerlässlich, es sei denn, ein eindeutiger Kontext wird hergestellt: In Ostberlin liegen die Löhne bei 70% des Westlohnes. Offensichtlich ein DM/DM-Quotient, der jedoch jeden weiteren rechnerischen Zugang verschließt, da keine anderen Zahlen genannt sind. Lediglich durch Kehrwertbildung entsteht die politisch vielleicht relevantere Aussage: In Westberlin liegen die Löhne um 43% höher als in Ostberlin.[1]

In der unterrichtlichen Praxis ist die Prozentangabe als auf 100 normierter Maßzahlquotient durch Sachaufgaben zugänglich. Einen guten Sachverhalt liefert der Vergleich von Einweg- und Mehrwegverpackungen! Der Zeitaufwand ist nicht unerheblich, denn der sachliche Hintergrund ist ja so weit zu vermitteln, bis die rechnerische Ablösung möglich wird. Getränkekästen, Getränkekartons, Flaschen, Getränkedosen müssen in aller Vielfalt vorhanden sein!

Die Getränkekiste »Deutsche Brunnen« hat ein Transportvolumen von etwa 32,6 l und ein Nutzvolumen von zwölf 0,7 l-Flaschen, also 8,4 l. Ein Getränkekarton für zwölf 1l-Einwegflaschen liefert 12 l Nutzvolumen bei einem Transportvolumen von 27,3 l.

1 Westsicht: 70/100 = 70%, Ostsicht: 100/70 = 143%, also 43%.

Der Maßzahlquotient Nutzvolumen/Transportvolumen liefert für die Getränkekiste eine Ausnutzung von gerundet 26%, für den Einwegkarton von etwa 44%. Der Sachverhalt zwingt zum einen zum Vergleich über den Quotienten, zum anderen dazu, dieselbe Maßgröße – hier Transportvolumen – als Maß, hier also Nenner, zu wählen. Aber auch der Messzahlquotient Transportvolumen/Nutzvolumen ist möglich. Die Pfandflasche benötigt dann ein Transportvolumen von 388% ihres Nutzvolumens, die Einwegflasche von 227%.[1]

Berücksichtigt man, dass ja die leeren Pfandflaschen zurücktransportiert werden, so sinkt die Ausnutzung auf 13% bzw. steigt das erforderliche Transportvolumen auf 776% an. Die qualitativen Aspekte solcher Aussagen spielen eine wichtige Rolle, weil sie sachliche Hintergründe zur Diskussion Einweg- oder Mehrwegverpackung liefern. Sie dürfen deshalb nicht als »fachfremd« ausgeklammert werden, zumal solche Aspekte die Einbindung aller Schülerinnen und Schüler erlauben.

Abgesehen von der umweltpolitischen Erkenntnis, dass Pfandflaschen die etwa 3,5fache Menge an Umweltbelastungen hervorrufen, die durch LKW-Transporte bedingt sind, wie Einwegflaschen – hier ist aber der Energieaufwand zur Glasherstellung etwa zehnmal so groß –, ist zugleich eine »Grundaufgabe« herkömmlicher Methodik gewonnen: Prozentsätze über hundert!

Ein weiterer Zugang zur doppelten Rechenbedeutung des Rechenwortes »von« ergibt sich durch Umgang mit grafischen Darstellungen, die Sprechanlässe liefern und die durch einfache Zahlenverhältnisse Bedeutung und Rechenart eng zusammenführen.

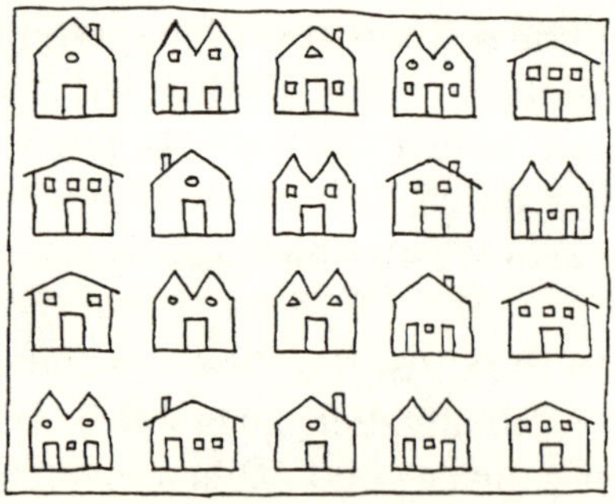

Drei von 20 Häusern haben ein rundes Giebelfenster. Das sind 3/20, also 15/100 oder 15% von 20 Häusern. Beide Bedeutungen treten auf. 15% x 20 liefert dann die Anzahl drei zurück.

40% von 20 Häusern haben einen Doppelgiebel. Es müssen acht Häuser sein. Nur der Rechenweg 40% x 20 liefert diese Anzahl.

1 Für Mädchen ist es weitaus interessanter die Verpackungsstrategien für Kosmetika zu erschließen. So liefern die Maßzahlquotienten aus Inhalt/Verpackungsvolumen bzw. Verpackungsvolumen/Inhalt für »Clarins-Paris« Nachtcreme 4ml/67,2ml bzw. 67,2ml/4ml. Also ist die Verpackung nur etwa 6% mit Inhalt gefüllt bzw. liegt das Verpackungsvolumen bei rund 1680% des Inhalts.

Für ähnliche Abbildungen eignen sich Autos, Umrisse von Blumen, Bäumen usw. in den Anzahlen 20, 30, 40 und 50. Die abgebildeten Umrisse müssen Charakteristika aufweisen. Namensgebungen sind zu vereinbaren, damit Teilmengen in eindeutig definierten Anzahlen ausgegliedert werden können.

Eine weitere Stufe der Abstraktion stellen dann Flächenumrisse dar, in denen Teile gefärbt sind. Sehr gut geeignet sind Rechteckumrisse mit darüber gelegten Quadratgittern, in denen Quadrate gefärbt, schraffiert, punktiert oder geschwärzt sind. Die benutzten Gesamtanzahlen sind vielfältig variierbar, ebenfalls die Anzahlen der markierten Teile, sodass die Rechenschwierigkeiten gesteigert werden können.

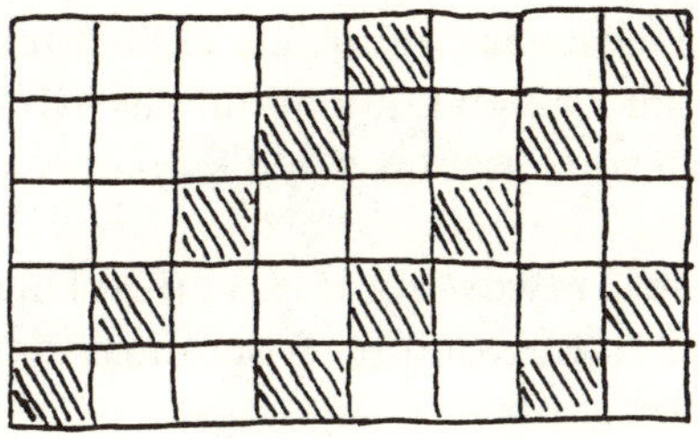

Es sind ohne weiteres Zahlverhältnisse konstruierbar, die die Leistungsfähigkeit des Schätzens aufzeigen und insbesondere für rechenschwache Schülerinnen und Schüler Lösungswege ermöglichen.

Sieben von 65 Feldern sind schraffiert. Der Maßquotient[1] heißt 7/65. In der Nähe liegen 7/70, 7/63 und 8/64, Brüche, die sich kürzen lassen: 1/10, 1/9, 1/8!–1/10 liefert 10%, etwas zu wenig, da der Nenner vergrößert wurde. 1/9 liefert keinen Zugang zur Prozentangabe, es sei denn, man weiß, dass 1/9 etwa 11,1% darstellt. 1/8 führt auf 12,5%, zu viel, da der Zähler vergrößert und der Nenner verkleinert wurde. Über eine mühselige schriftliche Division erhält man die gerundete Prozentangabe 10,78%. Wir haben also gut geschätzt!

Ein weiteres Hilfsmittel ist das Erweitern der Maßquotienten aus Dezimalzahlen mit anschließendem Abschätzen. Für Pfandflaschen hieß der Maßquotient 8,4/32,6. Erweitert zu 84/324 ergibt sich aus abgeschätzten 80/320 der Bruch ¼ und somit eine Ausnutzung von etwa 25%. – 8,4/32,6 kann auch direkt zu 8/32 abgeschätzt werden, aber für den, der Dezimalzahlen scheut und der im Umgang mit ihnen unsicher ist, erweist sich der erste Weg als der zugänglichere. Letztes Rechenhilfsmittel ist der Taschenrechner als der sicherste »Dezimalzahlendarsteller«. Allerdings muss hier intensiv erarbeitet werden, wie Dezimalzahlen in Prozentangaben zu überführen sind. Fast alle Taschenrechner weisen eine %-Taste auf, die in ihrer Funktion leider nicht normiert ist.

1 Er sollte auch immer als »Fachwort« verwendet werden, denn neue Sachverhalte benötigen neue Namen!

Geeignet sind nur Taschenrechner, die über die %-Taste eine eingegebene Zahl durch einhundert teilen und die Rangfolge der Rechenarten gewähren. Eine Eingabe wie 5% x 60 = muss auf das Ergebnis 3 führen. Noch wichtiger: Die Eingabe 17:20% = muss das Ergebnis 85 liefern, denn das ist der Rechengang, der die Antwort auf die Feststellung liefert: 17 Felder sind schraffiert. Das sind 20%.

Das ist die dritte, noch fehlende »Grundaufgabe«, denn das Berechnen des Grundwertes ist in der herkömmlichen Methodik die schwierigste. Das ist zum einen darin begründet, dass das Ergebnis die »Ausgangszahlen« überschreitet im Gegensatz zu den beiden anderen Aufgabentypen, und zum anderen im Widerspruch aus sprachlichem Kern und zugewiesener Rechenart. Sprachlicher Kern ist ein »Rechenwort«, das völlig ungeläufig ist, das Wort »sind«, dem die Rechenart Division zugewiesen ist, wenn eine der beiden benutzten Zahlen eine Maßzahl ist. Die benutzten Zahlen können um das »Rechenwort« symmetrisch gesetzt werden, sie dürfen vertauscht werden: 3 Häuser sind 15%, oder 15% sind drei Häuser.

Beide Sätze liefern die Antwort zu: 15% von 20 Häusern. Diese Antworten entstanden durch eine Multiplikation. Also muss der Rückweg zur 20 die Division benutzen.

Nun ist die Division nicht »symmetrisch«, nicht kommutativ, die Zahlen sind nicht vertauschbar. Nur eine der beiden Divisionen kann richtig sein: 15%:3 oder 3:15%? Die letzte Operation ist die richtige, das Teilen durch die Prozentangabe! Die zugeordnete Division widerspricht durch ihre Gerichtetheit dem symmetrisch benutzen Sprachkern.

Beide Widersprüche haben *rechenschwache Kinder* schon in den Erstbegegnungen mit der Division erfahren und häufig nicht bewältigt, da diese Widersprüche nicht ausformuliert wurden: Sie sahen das nicht, was in den Augen anderer klar zu sehen war!

Denn: »20 Bonbons werden an 4 Kinder verteilt.« Aber auch »an 4 Kinder werden 20 Bonbons verteilt« lässt allein die Division »20:4« zu und nicht »4:20«. Schon im Modell der Erstbegegnung prallt die Symmetrie des Sprachkerns »verteilt« auf die Asymmetrie des zugeordneten Rechenzeichens »:«.

In der Division mit echten Brüchen tritt ebenfalls in der Erstbegegnung ein ungeheurer Erfahrungsverlust ein: Ich teile, aber entgegen aller Erfahrung ist das Ergebnis größer als jede der benutzten Zahlen. Für ein rechen-unsicheres Kind bricht alles zusammen, was es bis jetzt über die Division wusste, eine der wichtigsten Kontrollmöglichkeiten ist nicht mehr verfügbar!

Abhilfe verschafft hier nicht ein Einüben durch fortlaufendes Wiederholen und die Aufforderung »Schau doch hin!«. Nur das Ausformulieren dieser Widersprüche durch die Lernenden – vom Lehrenden immer wieder provoziert – ist hilfreich, das Verständnis für auftretende Fehler und *das gemeinsame Überprüfen der fehlerhaften benutzen Sprache.* Die sprachliche Analyse der Prozent- und auch Zinsrechnung ist damit abgeschlossen. Sie zeigt uns die Doppeldeutigkeit des Sprachkerns, des Rechenwortes »von« mit den zugeordneten, aber gegenläufigen Rechenarten Multiplikation und Division, und sie zeigt uns den doppelten Widerspruch, den der Sprachkern »sind« auslöst.

Wer diese Analyse beherrscht, beherrscht auch die Prozent- und Zinsrechnung, weil er weiß, welche Zahlen wie zu verknüpfen sind. Damit kann das Begriffsnetz aus »Grundwert, Prozentwert und Prozentsatz« fallen gelassen werden, ein Netz, in dem sich der Rechnende öfter selbst verfängt, als dass er das »Gesuchte« aus dem »Gegebenen« fischte.

Diese vorliegende Analyse der Sprachkerne »von« und »sind« und die zugeordneten Rechenarten sind Inhalt der Unterrichtseinheit Prozentrechnung. Leistungsstarke Schüler können diese Analyse so weit durchdringen, dass sie sie in eigenen Worten wiedergeben können. Leistungsschwächere können so weit herangeführt werden, dass sie die Konsequenzen dieser Analyse handhaben können. Hilfreich ist ein Entscheidungsschema, das die Struktur eines »Huffmannbaumes« (Abbildung 3) nutzt und als Rechenzeichen die suggestiveren Symbole des angloamerikanischen Sprachraumes nutzt, die vom Taschenrechner her bekannt sind.

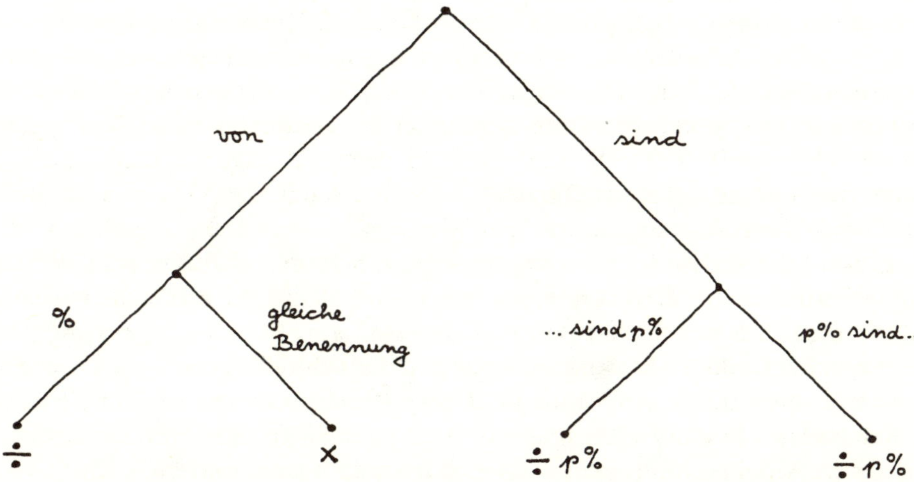

Alle in der Lerngruppe übernehmen diesen Verzweigungsbaum auf einer DIN-A5-Karte. Dieser Baum begleitet alle durch die gesamte Unterrichtseinheit. Eine Schülerin oder ein Schüler legt ihre/seine Aufgabenkarte an den Anfangspunkt, fällt die Entscheidung über den Sprachkern – »von« oder »sind« – und dann die Unterentscheidungen, die zur jeweils benutzten Rechenart führen. Das Entscheiden wird zunächst über Standardsätze geübt, die den jeweiligen Sprachkern enthalten. Fast zeitgleich werden aber zu den drei möglichen Standardsätzen Sprachkonfigurationen angeboten, die keine Frage aufweisen und auch nicht die Sprachkerne enthalten, aber das Ablösen des zutreffenden Standardsatzes zulassen.

Allerdings muss der Sachverhalt, auf dem die Sprachkonfiguration ruht, den Schülerinnen und Schülern vollständig vertraut sein, insbesondere den leistungsschwachen. Vor einen rechnerisch zu durchdringenden Sachverhalt gehört ein Sachunterricht, der diesen Sachverhalt erarbeitet und vermittelt. Wer nichts über Klassenarbeiten und ihre Bewertung, über Prozentränge, Noten und Punkte weiß, kann die Sprachkonfiguration nicht untersuchen, da sie nur Leerstellen enthält.

Peter hat eine »2« geschrieben, denn mit 57 Punkten erreichte er 75%. Die Analyse führt auf den Sprachkern: 57 Punkte sind 75%, die Zuordnung der Rechenoperation: 75% auf die Antwort: Die höchste Punktzahl lag bei 76! Wird die sprachliche Konfiguration zu 75% sind 57 Punkte umformuliert, so liefert das dieselbe Operation mit demselben Ergebnis.

Es genügt zunächst aus einer Sprachkonfiguration den Standardsatz herauszulösen, die notwendige Rechenart zuzuordnen und die Aufgabe zu formulieren. Das nimmt rechenschwachen Schülerinnen und Schülern die Angst vor der nachfolgenden Rechenaufgabe. Es stellt sie in einen angstfreien Raum, und es entlastet sie, aber sie erwerben die Begriffsstruktur der Prozentrechnung, den Unterrichtsinhalt, der gefordert ist.

In mehreren Unterrichtsdurchläufen hat sich zur Binnendifferenzierung ein selbst erstelltes Arbeitsmaterial bewährt, z.B. sowohl Vorlagebögen »Felder«, auf denen die gleichartigen Gegenstände in den Gesamtzahlen 50, 40, 30 und 20 zusammengefasst sind (etwa Autos, Blumen oder Häuser), als auch Vorlagebögen »Flächen« mit 30 Flächenumrissen, in denen Teilflächen markiert sind, insbesondere Rechtecke aus Quadrat- oder Streifengittern.[1] Dazu gehören 30 Sätze von Wendekarten, die auf der Vorderseite Aufgaben zeigen, auf der Rückseite Lösungen oder Lösungswege, bis hin zu ausgeführten schriftlichen Multiplikationen und Divisionen. Jeder Satz enthält zwölf Karten, die in sich in Zahlräumen und sprachlicher Anforderung variieren. Kein Satz deckt alle Aufgabenkombinationen ab. Aufgabengruppen sind durch Farben getrennt. Ein Satz umfasst jeweils: zwei Karten mit »Umwandlungsübungen« zu den Schreibformen Bruch – Prozent – Dezimalzahl (blau), zwei Karten zum Blatt »Felder«, auf denen Anteile als Prozentangabe darzustellen sind, und eine Karte zum Blatt »Flächen« mit je vier Aufgaben (grün), vier Karten mit je einem Standardsatz in wechselndem Verhältnis aller Möglichkeiten (gelb), zwei Karten mit Sprachkonfigurationen; die jedoch die Sprachkerne »von« oder »sind« enthalten (rosa) und eine Karte mit einer Sprachkonfiguration ohne Sprachkerne etwa wie im Beispiel Klassenarbeit (grau).

Die Farben ermöglichen einfache Variation und Kombination in den Arbeitsaufträgen, aber auch eine rasche Kontrolle der Vollständigkeit des Karten-

1 Ein Beispiel für die Vorlagebögen »Felder« zeigt Abbildung 1, ein Beispiel für die Vorlagebögen »Fläche« zeigt Abbildung 2.

satzes. Dass die Farben als Lösungshilfe benutzt werden, konnte bisher nicht beobachtet werden.

Es sei noch einmal an das Prinzip der Gleichzeitigkeit erinnert: Nur die gleichzeitige Behandlung aller Aufgabentypen beweist Schülerinnen und Schülern, dass nur die vorgestellte Entscheidungs- und Begriffsstruktur einen Lösungszugang ermöglicht. Verkürzende Strategien und alltägliche Reden führen unweigerlich in die Irre: »Wenn »Prozent« vorne steht, muss man mal rechnen!« Richtig für »von«, aber falsch für »sind«.

Die Isolierung von Schwierigkeiten durch feinnervig strukturierte Aufgabentypen, die linear, also im zeitlichen Nacheinander, unterrichtet werden, prägt solche Substrategien aus. Sie gelten lokal, aber nicht generell. Im neuen Aufgabentyp werden sie fehlerhaft.

Wer den Weg der Gleichzeitigkeit geht und damit, so widersprüchlich es klingt, gerade den lern- und rechenschwachen Schülerinnen und Schülern helfen will und kann, weil er die Ausprägung lokaler und damit falscher Strategien verhindert, der muss sich auf eine äußerst anstrengende unterrichtliche Situation einlassen: Es gibt weitaus mehr Fragende als Antwortende! Es gibt alles, Lärm, Streit, Stress, Rangeleien, Abwehr, Verweigerung und Aufgabe! Aber es gibt auch das eine: die fragende Schülerin und den fragenden Schüler. Und das ist ein guter Anfang für Unterricht!

Also hinein in den »Straßenverkehr« der Prozentrechnung! Mit »Feldern« und »Flächen«, 30 Zwölf-Karten-Sätzen und einem Verzweigungsbaum, der entscheiden hilft. Und alle werden lernen!

Literatur

Andreae, J.V.: Die mathematischen Instrumente. Christianopolis, Koehler & Amelang, Leipzig 1977.

Breidenbach, W.: Rechnen in der Volksschule. Schrödel-Verlag, Hannover 1963.

Höfler, A.: Didaktik des Mathematischen Unterrichts, Teubner, Leipzig und Berlin 1910.

Lem, S.: Philosophie des Zufalls II. Insel-Verlag, Frankfurt a.M. 1985: Das Rätsel der Sprache, S. 312–319.

Lem, S.: Philosophie des Zufalls. Insel-Verlag, Frankfurt a.M. 1983: Nouveau roman und Mathematik, S. 227–297.

Menzel, I.: Lehrgang für den Elementar-Unterricht im Rechnen. Velhagen & Klasing, Bielefeld u. Leipzig 1888, Die achte Stufe, S. 181–214.

Oehl, W.: Rechenunterricht in der Hauptschule, Schrödel-Verlag, Hannover 1965, S. 279–319.

Schumacher, W.: Titelkommentar, S. 5, In: Der Modell-Eisenbahner. Pietsch & Scholten-Verlag, Stuttgart 1995, Heft 1.

Senator für Volksbildung (Hrsg.): Entwurf eines Bildungsplanes für die Oberschule Praktischen Zweiges. Berlin 1957.

Straßburg, K.: Bericht über das Unterrichtspraktikum im Fach Mathematik. Thema: Lineare Gleichungssysteme, GA-Kurs, 9. Jg., Dozent: Eckart Stampe, Mentor: Michael Borchert, unveröffentlichte Kopie.

Weber, O.: Praktisches Rechnen. Verlag von Reinhold Wichert, Berlin 1917.

Antje Oertling-Kappenberg

Integrative Praxis im naturwissenschaftlichen Unterricht

Arbeitsbedingungen in einer Integrationsklasse

Zu den besonderen Einrichtungen einer Integrationsklasse zählt die Doppelbesetzung durch eine zusätzliche Sonderpädagogin oder einen Sozialpädagogen, die in enger Koordination mit den jeweiligen Fachlehrerinnen und -lehrern stehen. Bei guter Organisation und Zusammenarbeit bildet sich ein Team, das alle übergeordneten Fragen über die Klasse oder einzelne Schülerinnen und Schüler bearbeitet. Aus der Doppelbesetzung entwickeln sich besondere Hilfestellungen für Lernschwache – nicht nur für die behinderten Jugendlichen. Für den naturwissenschaftlichen Unterricht hat das große Vorteile bei der Unterstützung des praktischen Unterrichtes.

Eine weitere zusätzliche günstige Rahmenbedingung ist an meiner Schule der Gruppenraum, der in aller Regel mit einer Küchenzeile eingerichtet ist. Diese Einrichtung hat sich, besonders bei dem bestehenden Mangel an Fachräumen, als besonders segensreich erwiesen. Grunderfahrungen mit Koch- und Backgeräten ermöglichen vielerlei Aktivitäten im naturwissenschaftlichen Bereich; so z.B. das Pflanzenfärben, Untersuchungen mit dem Dampftopf usw.

Sowohl in meiner ersten als auch in der jetzigen neuen Integrationsklasse sind nur etwa die Hälfte der Kinder aus der Grundschule mit zur Gesamtschule gekommen. Die andere Hälfte der Kinder setzt sich aus Schülerinnen und Schülern zusammen, die meist allein, manchmal zu zweit von anderen Schulen kommen und häufig Lerndefizite im sozialen Bereich haben. An unserer Schule hatte sich das Modell »17 + 3« durchgesetzt. Im jetzigen Jahrgang zeigten sich die ersten Auswirkungen der neuen »Integrativen Regelklassen«[1]. Zwei unserer behinderten Schülerinnen kommen aus solch einer Klasse, während die beiden anderen aus der »normalen« Integrationsklasse kommen. Im Jahrgang, der im Schuljahr 1996/97 begann, kam schon die gesamte Integrationsklasse aus der Grundschule zu uns.

1 Die »Integrativen Regelklassen« nehmen in Hamburg alle Kinder mit Behinderungen ohne besondere Begutachtung (und Gutachtenstatus) aus dem Einzugsbereich der jeweiligen Grundschulen auf. Sie erhalten dafür eine dauerhafte Grundausstattung zusätzlicher sonderpädagogischer bzw. sozialpädagogischer Art. Schwerbehinderte und Kinder mit geistigen Behinderungen werden weiterhin zusätzlich und mit individuellem Förderstatus integriert.

Erfahrungen im Unterricht Jahrgang 5–10

Ich habe mich zunächst mit meinen alten Konzepten auf die neue Arbeitssituation eingelassen. Durch die Arbeit zu zweit, im Team, in der Supervision war ständige Reflexion möglich. Ich musste und wollte vieles fallen lassen. Wochenplan, Freiarbeit und Projekttage eröffneten einen anderen Umgang mit den Inhalten, die ich bisher in den Fachbereichen gepflegt hatte. So stellte sich allmählich ein anderer Umgang mit den Lehrplänen ein.

Wir haben an unserer Gesamtschule gelernt, mit einem hohen Grad von Binnendifferenzierung zu arbeiten, soweit es unter den anstrengenden Arbeitsverhältnissen möglich war. In einer Integrationsklasse sind wir selbstverständlich besser gerüstet, auf die Schwächeren einzugehen – und dazu gehören nicht nur die so genannten behinderten Kinder. Sie haben uns erst ermöglicht, besser noch ermutigt, genauer hinzusehen. Handlungsorientiertes gemeinsames Lernen und Gruppenarbeit, davon profitieren alle!

Bei den zu vermittelnden Qualifikationen geht es, nicht nur in den naturwissenschaftlichen Fächern, mit zunehmendem Alter um die Entwicklung von Bewusstsein, Verantwortung und Abstraktionsvermögen. Junge Menschen sollen »begreifen«, dass Modelle Einschränkung und Vereinfachung der Realität sind, sie sollen erfassen, was eine Gesetzmäßigkeit ist. Wir dürfen den Schülern nicht zu früh zu viel zumuten, indem wir Entwicklungsstufen überspringen und zu hastig unser überreichliches Wissen vermitteln wollen. Hierzu wurde schon viel gesagt und geschrieben. Ich meine, in den Jahrgängen 5–7 sollten noch alle Sinne genutzt werden, um einen breiten Erfahrungsbereich aufzuspannen. Aber wie soll das bei nur zwei Stunden Fachunterricht möglich sein?

Ein wichtiger Ansatz unserer Arbeit musste es sein, die Integrationsklasse in die Schule zu integrieren. Man gerät sonst schnell in die Isolierung und macht sozusagen aus Sicht der Kolleginnen und Kollegen »sein eigenes Ding«. Unkenntnis und manchmal auch Unsicherheit dieser Kolleginnen und Kollegen führen zu Skepsis gegenüber neuen pädagogischen Ansätzen. Mit dem Vorwurf, Integrationslehrer hätten ja auch viel mehr Möglichkeiten, werden eigene Veränderungen als unrealistisch verworfen.

Die Ausstattung der Integrationsklassen erleichtert in der Tat neue Sichtweisen und genaueres Hinschauen. Aber nur die Öffnung in den gesamten Jahrgang kann dazu führen, dass alle Schüler, auch solche mit Behinderungen und Lernproblemen, ab Jahrgang 7 in den Wahlpflichtfächern ihren Platz finden. Unsere behinderten Schüler waren in drei ganz unterschiedlichen Bereichen untergekommen. Ein geistig behindertes Mädchen (mit Down-Syndrom) habe ich in meinem Kurs in Naturwissenschaften zusammen mit 12 anderen Schülern ohne Doppelbesetzung unterrichtet – und der Unterricht ist kognitiv wie sozial für alle Beteiligten lerneffektiv gewesen.

Ich stelle dieses Mädchen als »Fallbeispiel« dar, um auf die folgende Frage einzugehen: »Wie kann ein – geistig – behindertes Kind im Unterricht der

Oberschule überhaupt mithalten?« Anna hatte innerhalb des naturwissenschaftlichen Unterrichts ihren Schwerpunkt gesetzt. Es waren die Tiere, die sie ins Herz geschlossen hatte und für die sie keine Mühe scheute, etwas zu tun. Keine konnte so überzeugend auf dieses Thema einsteigen und handgeschriebene Arbeiten vortragen. So wurde sie in der Gruppe ernst genommen und in ihrem Spezialgebiet um Rat gefragt. Wenn es nicht gerade Arbeit im Schulgarten war, konnte man Anna in nahezu jeden Prozess integrieren.

Es wurde meistens deutlich, wenn für Anna Grenzen erreicht worden waren. Ein Unterricht, der eine gewisse Auswahl an Themenbereichen zulässt, kann diese Grenzen berücksichtigen. Wenn Anna ihr Unbehagen kundtat, half das oft auch anderen Kindern, die es schwer hatten, dies aber nicht so äußern konnten oder sich nicht trauten. Anna hatte in diesem Kurs viel Selbstständigkeit entwickelt. Sensibilität, die sie in hohem Maße einsetzte, machte sie zu einer beliebten und anerkannten Persönlichkeit in dieser Gruppe.

Konzeptentwicklung zu den naturwissenschaftlichen Inhalten

Ich bemühe mich an unserer Schule darum, ein Modell einzuführen, das sich um fachliche Integration besonders der naturwissenschaftlichen Fächer in den unteren Jahrgängen 5, 6 und 7 bemüht. Es handelt sich um das so genannte »PING Modell«[1], nach dem bei uns in Hamburg schon an zehn Gesamtschulen und zwei Gymnasien gearbeitet wird.[2] PING zeigt einen Weg in die Richtung der Integration verschiedener (Fach-)Inhaltsbereiche in den naturwissenschaftlichen Unterricht, den ich im Laufe der Zeit immer stärker eingeschlagen habe. Seit 1995 arbeiten wir – ein paar Kolleginnen und Kollegen – in den naturwissenschaftlichen Fachbereichen daran, dieses Konzept in unserer Schule zu etablieren. Dabei kommt mir für diese integrativen Intentionen zugute, dass ich in neue Fächer wie Kunst und Sport mit einsteigen konnte.

Hinsichtlich der gemeinsamen Erziehung behinderter und nichtbehinderter Schülerinnen und Schüler wird ein Weg beschritten, der methodisch und inhaltlich von den naturwissenschaftlichen Fächern eingerichtet wurde. Dabei lautete die Leitfrage: »Wie kann man den naturwissenschaftlichen Unterricht für die Schülerinnen und Schüler *spannender, interessanter und greifbarer* gestalten?« Die vom »Institut Praxis der Naturwissenschaften« Kiel vorgeschlagenen Unterrichtseinheiten sind inhaltlich nicht festgeschrieben, sondern können und müssen für die Bedürfnisse »vor Ort« überarbeitet und zugeschnitten werden. Dabei ist es sinnvoll, mehrere Unterrichtseinheiten zu fächerübergreifenden Unterrichtseinheiten und Projekten zusammenzufassen. Im Folgenden sollen für den Jahrgang 6 Beispiele genannt werden.

1 PING bedeutet: »Praxis integrierter naturwissenschaftlicher Grundbildung«.
2 Die PING-Materialien sind über das Institut Praxis der Naturwissenschaften, Koordinationsstelle für Organisation, Revision und Beratung (KORB), Olshausenstraße 62, 23000 Kiel zu beziehen.

Vorschlag für die Jahresplanung 97/98 Jahrgang 6 aus naturwissenschaftlicher Sicht (PING) in Zusammenarbeit mit anderen Fächern

	Englisch	Mathe	TUT Religion	Musik	Ku.	Al.	Natur	Politik	Deutsch	Wo.
			○				**Sonne** Energie Wüste Pflanzen Tiere		○	1 2 3 4
Klassenreise										5
										6 7
Herbstferien										8 9
Projektwoche Sexualität und Liebe										10
							Sonne			11
			○				Optik Licht Schatten/S trahlen			12 13 14 15 16 17 18
Weihnachtsferien										19 20
						○	**Sonne** Wärme Arktis Kälte Klima Anpassung an den Winter		○	21 22 23 24 25 26 27 28 29 30
Osterferien										31 32
					Wasser Tiere Pflanzen Natur Trop. Regenwald				○	33 34 35 36
Exkursionen										37
										38
			○				**Luft**, Natur rauchen	○	○	39 40 41 42 43
Fächerübergreifend										

○ = Fächerintegration möglich

Antje Oertling, Ingrid Döring, Juni 1997

Die erste PING-Unterrichtseinheit hieß »Wir richten uns ein«. Nach der Orientierung und Gestaltung im Klassenraum folgte die Erkundung des Schulgeländes, danach die Entwicklung projektorientierten Unterrichts zu den Themen »Wale«, »Steinzeit« und »Ägypten«.

Um einen Einblick in die Art der fachübergreifenden Jahresplanung zu geben, sei hier die Vorlage zur Diskussion und Abstimmung einer Jahresplanung für die Jahrgänge 5/6 wiedergegeben:

»Nach einem positiven Beschluss in der didaktischen Konferenz und einer Vorstellung vor den Tutoren des neuen Jahrgangs 5 werden die vorliegenden Planungen den Fächern Biologie, Physik und Chemie zur Abstimmung gegeben.
Sie sind das Ergebnis einer Zusammenarbeit mit dem Institut für Lehrerfortbildung (PING – Konzept: Rainer Wagner) und Kolleginnen und Kollegen des naturwissenschaftlichen Bereichs und dem Fach Politik an der Gesamtschule Bergedorf seit 1994.
Sie richten sich deshalb auch schwerpunktmäßig an die naturwissenschaftlichen Fächer und das Fach Politik. Nach Abstimmung im Fachbereich Kunst wird die erste UE »Wir richten uns ein« von den Kolleginnen und Kollegen des Faches mitgetragen.
Die Planungen lassen Raum für weitere (entsprechende) Vorhaben in den anderen Fächern. Zeitliche Verschiebungen sind möglich. Inhaltliche Veränderungen sollte es nur über Abstimmungen in den Fachbereichen geben.
Die Lehrplanvorgaben für das Fach Biologie werden in großem Umfang durch die Bearbeitung der vorgeschlagenen Themen abgedeckt.
Das Fach Physik, das an der Gesamtschule Bergedorf bisher in Jahrgang 6 in geteilten Gruppen unterrichtet wird, kann die UE »Wärmelehre« in die Themenbereiche »Arktis und Wüste« gut einbauen.
Im Projekt »Wale« lässt sich Schallausbreitung (Töne, Klang) anwenden. Diese alltäglichen physikalischen Phänomene sind im Lehrplan nicht vorgesehen.
Zum Projekt »Sonne« wird die Strahlenoptik mit Farben und Licht einen großen Raum in einer moderneren Fassung einnehmen (z.B. Solarenergie).
Zur Natur des Wassers und der Luft lassen sich in Jahrgang 6 sehr schön physikalische und chemische Aspekte einordnen.«

Das PING-Material bietet eine Fülle von Anregungen, die verschiedene Anforderungsstufen berücksichtigen. Es werden dabei auch Beobachtungen und Deutungen akzeptiert, die nicht immer stringent zur »Sache« führen – aber gerade die krummen Wege sind oftmals die motivierenden und zuweilen sogar die lernträchtigen. Exemplarisch habe ich Arbeitsergebnisse eines kleinen Experimentes zum Thema »Wasser« ausgewählt. Sie zeigen Formulierungen von Beobachtungen sehr unterschiedlicher Schülerinnen und Schüler, wobei Daniel (A) als verhaltensgestörter Junge zu den anerkannt behinderten Kindern zählt.

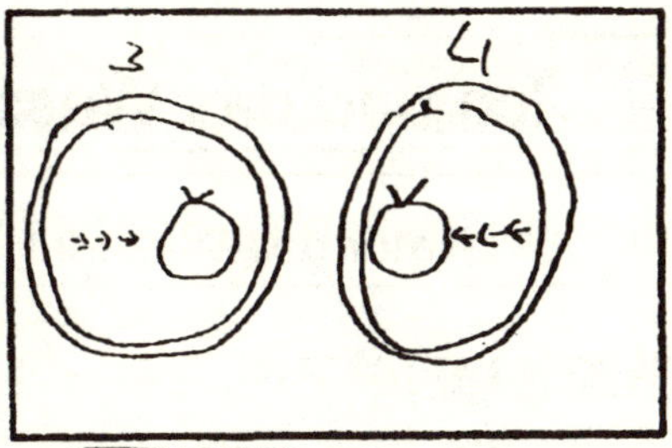

Zeichne Deine Beobachtung!

Schreibe Deine Beobachtung auf:

~~Dt~~ Der Faden schwamm oben erst und durch das Spülmittel wurde es schneller und dan formte sich der Faden zum Kreis und nach der zeit ~~...~~ geht es unter

Welche Erklärung hast Du für die Zauberei?

So zusagen ist wasser wie eine haut und man denkt das ist zauberei. Wen man das spülmittel rein tropfen lest dann ~~...~~ ist das wie eine Haut

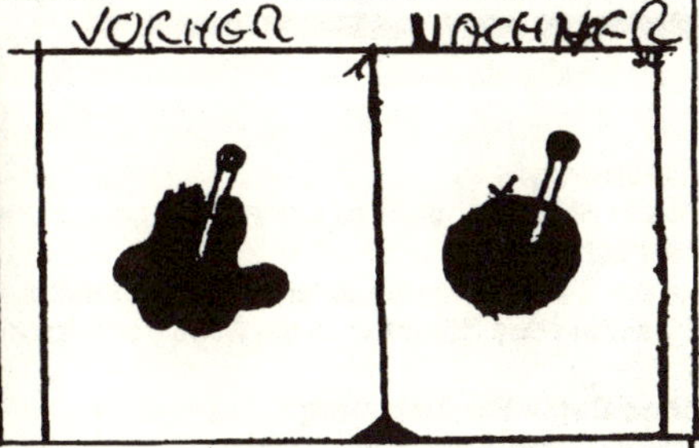

Zeichne Deine Beobachtung!

Schreibe Deine Beobachtung auf:

Das ~~...~~ Spülmittel Bleibt einen Moment under Oberfläche ~~...~~ und Zieht das Band auseinander das es sich spandt

Welche Erklärung hast Du für die Zauberei?

Wenn das spülmitel an das Wasser kamt dennt es sich auseinander und ~~das~~ der Faden spant sich.

Ich und das Wasser

Natur des Wassers

Entdecken

***Zaubereien mit Wasser* (2)**

Du brauchst:
1 Schüssel oder Teller mit Wasser, Nähgarn, 1 Streichholz, Spülmittel

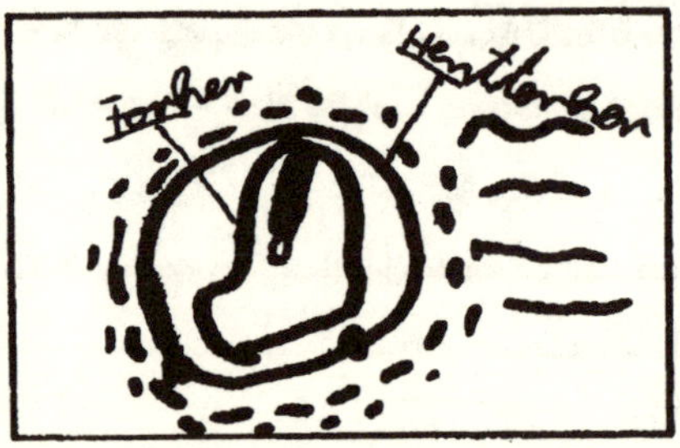

Durchführung:
Knote ein Stück Nähgarn zu einer Schlinge zusammen und laß sie in einer Schüssel mit Wasser schwimmen.
Nimm ein Streichholz und tauche es in Spülmittel.
Tauche dann das Zündholz in die Mitte der Nähgarnschlinge! Was passiert?

Zeichne Deine Beobachtung!
Schreibe Deine Beobachtung auf:

ich Halbe [illegible] knotten in das [illegible] gemacht Und dan in das [illegible] wasser gelegt

Welche Erklärung hast Du für die Zauberei?

die schuts haut ist geplatzt die Wasser [illegible] zerbrecht doich das schpül mettel

Die Schülerinnen und Schüler können einen ihren Fähigkeiten entsprechenden Weg auswählen, wobei verschiedene Zugangswege möglich sind: Sammeln und ordnen, herstellen, untersuchen und berechnen, experimentieren, Probleme erkennen und nachforschen ... Es versteht sich von selbst, dass hierzu Fachräume zur Verfügung stehen müssen und dass in Kleingruppen gearbeitet werden soll.

Soziales Lernen

Kinder, die in einer neuen Klasse zusammenkommen, müssen sich gut kennen lernen und Vertrauen zueinander gewinnen. Sie müssen lernen zusammenzuarbeiten, wenn sie sich an Fragen von Natur und Gesellschaft heranwagen sollen. Schon längst weiß es jeder: Überall in unserer Gesellschaft, nicht zuletzt am Arbeitsplatz, wird Zusammenarbeit verlangt. Zusammen etwas tun entpricht zugleich einem Grundbedürfnis der Kinder und Jugendlichen.

Aber in der Praxis einer Schulklasse zeigt sich, dass die befriedigende Umsetzung dieses Bedürfnisses eines der schwierigsten Probleme ist. Wie schaffen es die Jugendlichen, gemeinsam, also in Gruppenarbeit, zu Ergebnissen zu kommen und diese auch anderen vorzustellen? Im naturwissenschaftlichen Unterricht wird diese Frage oft gar nicht gestellt – man setzt einfach voraus, dass die Schülerinnen und Schüler so etwas können. Das Ergebnis ist dann aber oft: Die »Guten« nehmen alles in die Hand, und die Langsameren, die manchmal auch schwerer verstehen, lassen sich zur Seite drücken. Sie entwickeln dann leicht den Gedanken : Das kann ich nicht, das verstehe ich nicht. Und: Es gibt ja Freunde, die das Schwierige für mich erledigen! Eine für den Bildungsprozess dieser Schüler oft fragwürdige Form der Hilfe.

Die Tutorinnen und Tutoren unseres Jahrgangs hatten das Glück, an einer Fortbildungsveranstaltung teilnehmen zu können, die von einer Sozialpädagogin angeleitet wurde. Großmann hat ein Konzept entwickelt, das soziales Lernen in Stufen ermöglicht. 1996 ist unter dem Titel »Soziales Lernen« von ihr ein Praxisbuch herausgegeben worden, das Anleitungen für den Schulalltag enthält. Wir haben dieses Lernprogramm von Anfang an in den Tutorenunterricht eingebaut und sehr gute Erfahrungen gemacht.

Im Fach Natur und Politik findet jetzt in Jahrgang 6 in Abständen regelmäßig Gruppenunterricht statt. Gemeinsame, auf den gesamten Jahrgang bezogene Projektwochen sind inzwischen an unserer Schule fest verankert. In den kommenden Jahren wird zudem verstärkt fächerübergreifend unterrichtet werden. Die Kinder und Jugendlichen mit Behinderungen sind in diesen Unterricht sozial und curricular voll integriert.

Gerda Dicke/Rainer Maikowski

Das Spannungsverhältnis zwischen individueller und gemeinsamer Förderung in der Sekundarstufe und die praktischen Möglichkeiten der Gestaltung und Planung des Unterrichts

Lernen ist zunächst einmal ein individueller Aneignungsprozess, der in der Schule in der Auseinandersetzung mit dem Lerngegenstand und den Mitlernenden unter Anleitung von Erwachsenen erfolgt. Individuelles und gemeinsames Lernen sind kein Gegensatzpaar, sondern leben in der Ergänzung, benötigen einander. Im Alltag unserer Schule hat sich allerdings eine Form des Lehrens durchgesetzt, die nicht so sehr von den individuellen Voraussetzungen der Schüler, sondern von einem fiktiven Durchschnittsschüler und einem entsprechenden Durchschnittslehrplan ausgeht. Es wird ein Durchschnitts-Fachwissen vermittelt und nicht so sehr auf die individuellen Voraussetzungen und Möglichkeiten der Schülerinnen und Schüler Rücksicht genommen.

In vielen Grundschulen hat der gemeinsame Unterricht von Schülerinnen und Schülern mit und ohne Behinderungen das Bewusstsein dafür geschärft, dass nicht nur die Schüler mit Behinderungen, sondern alle Schüler einer individuellen Förderung bedürfen. Entsprechend haben sich hier die Unterrichtsformen schon in erheblichem Maße verändert. Podlesch konstatiert:

> *»Immerhin: Die gemeinsame Erziehung behinderter und nichtbehinderter Kinder hat sich seit Mitte der 70er-Jahre zur stärksten Kraft der Veränderung der Grundschule entwickelt. Viele reformpädagogische Forderungen konnten mit der Integrationsidee verbunden und realisiert werden:*
> - *Lernen in heterogenen Gruppen*
> - *Lernen in kleinen Gruppen*
> - *Lernen ohne Leistungsdruck*
> - *Ablösung der Noten und Zensuren durch verbale Beurteilungen*
> - *Öffnung des Unterrichts durch innere Differenzierung, freie Arbeit, Tages-, Wochen- und Monatspläne*
> - *Vorhaben und projektorientierter Unterricht*
> - *Handlungsorientiertes Lernen*
> - *Soziales Lernen durch Kooperation und Interaktion*
> - *Teamteaching und Kooperation zwischen Grund- und Sonderschullehrern.«* (Podlesch 1996, S. 3)

Dagegen sind die Veränderungen des Unterrichts in der Sekundarstufe noch als sehr kleinschrittig, partiell und personenabhängig zu bezeichnen, wie aus Untersuchungen der wissenschaftlichen Begleitungen, etwa in Berlin, hervorgeht (vgl. Maikowski 1996, 1997).

Offensichtlich ist in der Sekundarstufe auf dem Hintergrund eines selektiven dreigliedrigen Schulsystems das Spannungsverhältnis zwischen individueller Förderung und gemeinsamem Unterricht noch größer als in der Grundschule.

Stichworte wie Öffnung des Unterrichts, innere Differenzierung im Fachunterricht der Sekundarstufe, Wochenplanarbeit und projektorientiertes Lernen stehen für Versuche, dieses Spannungsverhältnis auch in der Unterrichtsarbeit der Sekundarstufe zu berücksichtigen. Vor allem das Schlagwort der Binnendifferenzierung signalisiert dabei Ansprüche, mit denen sich die Sekundarstufe äußerst schwer tut, ein Schlagwort, das häufig kommentiert wird mit: »Ich weiß, man müsste, aber ich schaffe es nicht, es geht nicht!«

Fragt man Lehrerinnen und Lehrer, warum es so schwer ist, allen Schülern im Fachunterricht der Sekundarstufe gerecht zu werden, so sind gängige Antworten:

- weil die stofflichen Anforderungen so hoch sind und es zu viel Stoff ist,
- weil das Unterrichtsangebot einseitig kognitiv überfrachtet ist,
- weil der Unterrichtstag so zergliedert ist,
- weil die Schüler nicht (mehr) lernen können und wollen (nervös, gewalttätig, desorientiert, perspektivlos),
- weil die Schüler so verschieden sind,
- weil man in der (Ober-)Schule nicht richtig lernen kann.

Gliedert man diese Antworten, dann erkennt man vor allem zwei wesentliche Begründungen:

- fachlich-inhaltliche des Lernens und Lehrens und
- organisatorisch-strukturelle des Unterrichts in der Sekundarstufe.

Auf Letztere wird in anderen Beiträgen dieses Bandes ausführlich eingegangen (vgl. etwa Claudi, Preuss-Lausitz, Maikowski), wir wollen uns daher hier vor allem den fachlich-inhaltlichen Bedingungen und den methodisch-praktischen Möglichkeiten eines solchen Unterrichts zuwenden.

Fachlich-inhaltliche Bedingungen des Lehrens und Lernens

Die Kritik an den Lerninhalten, der Art ihrer Vermittlung und ihrem fehlenden Realitätsbezug ist so alt wie die Schule selbst. Einerseits wird durch diese Kritik oft die unumgängliche Notwendigkeit der Konzentration auf Wesentliches und Allgemeines verkannt, andererseits bezieht sie sich zu Recht auf Schwachstellen eines Schulsystems und darauf, dass die Auswahl von Inhalten und die Art der Vermittlungsformen sich nicht nur an überkommenen Vorstellungen von gesellschaftlich Wichtigem orientieren, sondern zugleich immer wieder die Selektionsfunktion zum Ziel vorherrschender schulischer Lernformen machen.

So reproduzieren sich in der Geschichte der Schule nicht nur immer wieder die selben Probleme; es tauchen auch immer wieder dieselben Vorschläge zu ihrer Lösung auf.

In diesem Kontext bewegen sich auch die Versuche einer Veränderung schulischen Lernens im Rahmen von Projekten zur Integration von Schülerinnen und Schülern mit Behinderungen. Hier, wo es in besonderem Maße auf die Berücksichtigung eines breiten Spektrums von Fähigkeiten und Fertigkeiten ankommt, wo also in sehr heterogenen Gruppen gelernt wird, sind die Forderungen nach individueller Lernförderung bei gleichzeitiger Berücksichtigung gemeinsamer Lernformen, nach innerer Differenzierung des Unterrichts und handlungsorientiertem Lernen besonders groß. Und hier sind daher auch die Probleme, Ungereimtheiten und Widersprüche beim Versuch der Realisierung dieser Forderungen besonders zahlreich und vielfältig.

Eine Reihe von Gründen für diese Probleme können und müssen immer wieder benannt werden, um den ohnehin geringen Spielraum für Veränderungen nutzen zu können.

So liegen etwa die Probleme bei dem Versuch, in der Sekundarstufe eine Balance herzustellen zwischen individuellem und gemeinsamem Lernen, nicht zuletzt in der Tradierung einer bestimmten Auffassung von Fachunterricht begründet.

Es wird in einem Fach immer zunächst ein Gesamtcurriculum gedacht, in das sich die einzelnen Schüler nach Maßgabe ihrer fiktiv normalverteilten Begabungen einordnen lassen. Allzu große Abweichungen sind nicht vorgesehen. Das, was für den einen gut ist, soll für alle gut sein. Wo dies nicht möglich ist, wird mit Noten oder besonderen Maßnahmen der äußeren Differenzierung oder geringfügig differenzierten Hilfen in der Zeit und im Umfang der Aufgaben reagiert. Es werden, überspitzt formuliert, Fächer und nicht Schüler unterrichtet.

Außerdem: Unter »fachlich« wird immer eine Kompetenz verstanden, die sich auf ein bestimmtes – schulisches – Fach bezieht. Fachliche Kompetenz könnte sich aber auch auf Gebiete beziehen, die quer zu tradierten Fächern liegen und die häufig sinnvollere Lernvollzüge – etwa durch projektorientiertes Lernen – ermöglichen.

Darüber hinaus setzt sich bisher nur langsam die Erkenntnis durch, dass Lernen in heterogenen Schülergruppen nicht nur für alle Schüler vorteilhaft sein kann, sondern dass damit umzugehen erforderlich ist, weil alle Schülergruppen heterogen sind!

Zwar baut auf dieser Erkenntnis eine ganze Schule der Didaktik auf, aber das Konzept der *inneren Differenzierung des Unterrichts*, wie es u.a. von Klafki

(1985) entwickelt wurde, hat sich in der Sekundarstufe I weder durchsetzen können, noch hat es wirklich alle Differenzierungserfordernisse berücksichtigt. Dennoch ist es ein wichtiger Schritt, um zu einem richtigen Verständnis der fachlich-inhaltlichen Anforderungen des schulischen Lernens zu gelangen.

In Klafkis Schema werden vielfältige Differenzierungsformen deutlich, bei denen es wesentlich auf ihre Gewichtung ankommt.

Tabelle 1: Dimensionen- und Kriterienraster (Ordnungs- und Suchraster) zur inneren Differenzierung

B. Differenzierungsaspekte / A. Unterrichtsphasen	1. Stoffumfang, Zeitaufwand	2. Komplexitätsgrad	3. Anzahl der notwendigen Durchgänge	4. Notwendigkeit direkter Hilfe/ Grad der Selbstständigkeit	5. Art der inhaltl. od. method. Zugänge/der Vorerfahrungen	6. Kooperationsfähigkeit
C. Aneignungs-bzw. Handlungsebenen – I. Aufgabenstellung, -entwickelt						
a) konkrete Aneignungs- bzw. Handlungsebene – II. Erarbeitung						
b) explizit-sprachliche Aneignungs- bzw. Handlungsebene – III. Festigung						
c) rein gedankliche Aneignungs- bzw. Handlungsebene – IV. Anwendung/ Transfer						

(nach Klafki und Stöcker 1985, S. 134)

Man kann unterscheiden zwischen Differenzierungsformen:- der Zeit[1], des Umfangs (z.B. Anzahl und Länge der Aufgaben), des Schweregrades (Niveau der Anforderungen, Konkretisierungsformen), des Inhalts, der Medien und Hilfen (u.a. der Vermittlungswege: mündlich, visuelle, schriftlich, handelnd) und der Sozialformen des Unterrichts.

Diese verschiedenen Differenzierungsmöglichkeiten können mit unterschiedlichen Formen der Gestaltung des Unterrichts umgesetzt werden. Zu diesen Umsetzungsschritten haben u.a. Poppe (in diesem Band) und Meyer/Paradies (1993) hilfreiche Ausführungen und Vorschläge gemacht. Im folgenden Schema sind einige dieser Unterrichtsformen aufgegliedert:

Tabelle 2: Gestaltungsformen der Unterrichtsarbeit	
Unterrichtsformen	lehrgangsmäßiger Unterricht, Projektunterricht, Kurs, Epoche, Wochenplanarbeit
Sozialformen	Frontalunterricht, Gruppenarbeit, Partnerarbeit, Einzelarbeit
Unterrichtsschritte	Einstiegsphase, Erarbeitungsphase, Festigungsphase, Auswertungsphase

Was im Raster von Klafki allerdings nicht mitgedacht wird und eben auch dem tradierten Verständnis von schulischem Lernen widerspricht, ist das Erfordernis der Differenzierung *der Ziele!* Wenn diese Differenzierungsebene nicht mitgedacht wird, kommen die Lehrer sehr schnell zu Einschätzungen, dass bestimmte Fächer und Inhalte für bestimmte behinderte und leistungsschwache Schüler nicht mehr vermittelbar sind. Dabei sind die Differenzierungsressourcen auf der Ebene sowohl der Inhalte als auch der Vermittlungswege enorm groß und längst nicht ausgeschöpft. So sind etwa Buchstaben, Worte und Sätze als Transportmittel der Kommunikation differenzierbar. Ein traditionell ausgebildeter Englischlehrer wird sagen, ein lern- oder geistig behinderter Schüler kann nicht Englisch lernen, weil er die Komplexität der Sprache und Wörter nicht erfassen kann. Piepho zeigt – neben dem wichtigen Hinweis auf die Notwendigkeit, im Fremdsprachenunterricht in besonders starkem Maße die Erfahrungsinhalte der Schüler zu berücksichtigen –, dass sich die Komplexität von Sprache u.a. auch über die Art und Größe der verwendeten Worte reduzieren lässt (vgl. Piepho in diesem Band).[2]

1 Zeit ist ein wichtiger Faktor, der bisher zu wenig Berücksichtigung findet. Im Herstellen eines hinreichenden Ausmaßes an Zeit und Raum zur Entfaltung individueller Lernprozesse liegt aber ein wesentlicher Schlüssel für ihr Gelingen.

2 Er hat zur Demonstration dieses Sachverhalts einen lebhaft gefeierten Vortrag vor einem Wissenschaftlergremium in England gehalten, der nur aus Worten mit maximal fünf Buchstaben bestand.

Bei Feuser stellt sich die innere Differenzierung folgendermaßen dar:

Tabelle 3: Strukturelemente integrativen Unterrichts

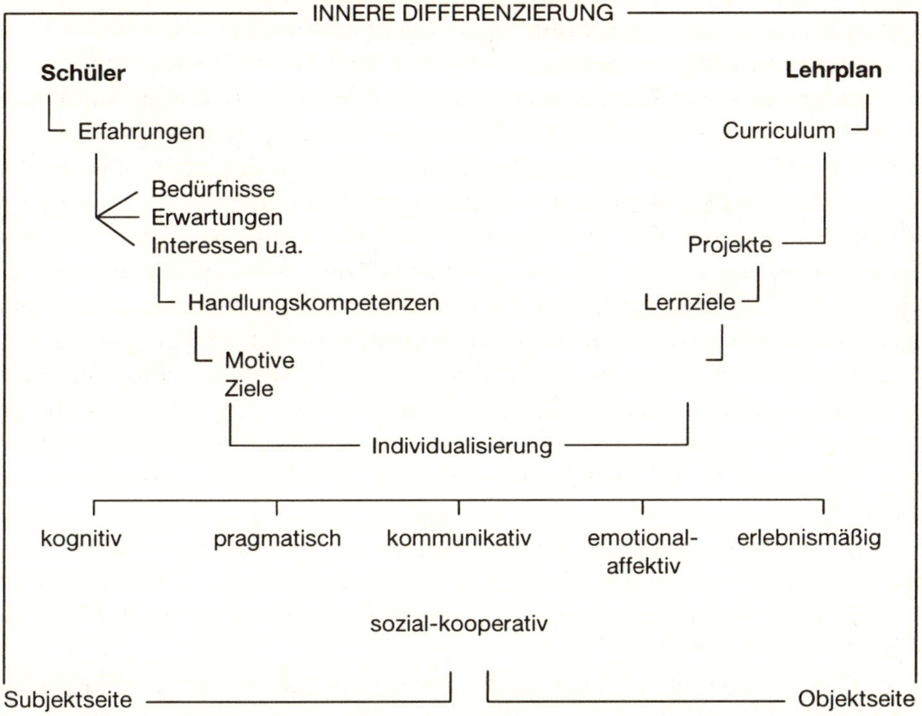

(nach Feuser/Meyer 1987, S. 39)

Feuser hat das Erfordernis der Differenzierung der *Ziele* bei Beibehaltung der gleichen Inhalte schon früh formuliert. Für ihn geht es dabei beim Lernen in erster Linie um die Verknüpfung von Handlungskompetenz und Sachanforderungen durch didaktisch-mediale, lernstrukturelle und u.U. methodisch-therapeutische Hilfen. Tradierte Facheinteilungen stehen dieser Verknüpfung oft eher im Wege. Daher plädiert er – angesichts der schulischen Realität allerdings etwas zu apodiktisch – für eine konsequent projektorientierte Vorgehensweise im Unterricht, bei Differenzierung der Hilfen und Lernziele und Beibehaltung des gemeinsamen Unterrichtsgegenstandes (vgl. Feuser/Meyer 1987). Jeder Lehrer, der sich auf den gemeinsamen Unterricht eingelassen hat, kann ein Lied davon singen, welche Überforderung eine ungebrochene Realisierung dieses Anspruches bedeutet.

Was also tun? Wie kann man allen Schülern gerecht werden, ohne als Konsequenz aus dem Individualisierungspostulat den Hausunterricht für alle

Schüler zu propagieren, wie es Enzensberger einmal ironisch gefordert hat? Festzuhalten ist: Gelernt wird immer individuell unterschiedlich, ob aber auch entsprechend gelehrt wird, das ist die entscheidende Frage. In der praktischen Arbeit im Unterricht hat sich gezeigt, dass zu einer konsequenten Differenzierung in den inhaltlichen Anforderungen immer auch eine entsprechende Pluralität von Vermittlungsformen und eine große Materialvielfalt gehören.

Eine solche breite Palette inhaltlicher, methodisch-didaktischer und materialmäßiger Angebote und Zugänge ist auch schon deshalb erforderlich, weil die individuelle Diagnostik bei einer Klasse von 25 oder mehr Schülern ihre Grenzen hat. Die von Feuser ausdifferenzierte Sach-, Handlungsstruktur- und Tätigkeitsanalyse kann in Gänze kein einzelner Lehrer für alle Schüler getrennt leisten. Sie lassen sich nur näherungsweise vollziehen bzw. verdichten sich bei einem guten Lehrer mit Hilfe von Erfahrungsmustern zu Orientierungsschemata, nach denen er vorgeht. Die konkretisierende Förderdiagnostik geschieht oft über ein Versuch-und-Irrtum-Verfahren durch das Erproben des eigenen Handlungs- und Materialangebotes. Je differenzierter dieses Angebot ist, desto größer ist die Wahrscheinlichkeit, dass der einzelne Schüler Anknüpfungspunkte an seine Interessen findet, sich für ihn Sinnzusammenhänge ergeben und er da abgeholt wird, wo er steht.

Der Gesichtspunkt der Angebotsvielfalt ist auch deshalb von großer Bedeutung, weil zu den unterschiedlichen *Lernvoraussetzungen* und etwaigen Behinderungen der Schüler noch die viel genereller geltenden Unterschiede in der individuellen *Verarbeitung* von Informationen hinzukommen.

Besonders Vester (1985) hat auf die Bedeutung unterschiedlicher Lernkanäle und ihrer individuell unterschiedlichen Nutzung verwiesen. Während der eine Schüler schwerpunktmäßig über das Hören lernt und behält, tut es ein anderer mehr über das Sehen und andere über unterschiedliche Kombinationen von Hören, Sehen und Handeln.

Generell hat man herausgefunden, dass wir:
- 20% dessen was wir hören,
- 30 % dessen, was wir sehen,
- 80% dessen, was wir mit eigenen Worten formulieren und
- 90% dessen, was wir selber tun,

behalten.

Auch danach sind Handlungsorientierung und Materialvielfalt (Kenntnisse von und Know-how im Umgang mit Material!) wichtige Voraussetzungen, um allen Schülern das zu bieten, was sie für ihre Lernentwicklung benötigen.

Schließlich ist es wichtig, die Differenzierung der Ziele, Inhalte, Methoden und Materialien auch konsequent in die Unterrichtsplanung eingehen zu lassen. Dabei muss die Berücksichtigung der unterschiedlichen individuellen Möglichkeiten sinnvoll in die Planung für die ganze Lerngruppe einbezogen und eine zweidimensionale Planung (nichtbehinderte versus behinderte Schülerinnen und Schüler) möglichst vermieden werden

Wie sich das in den heutigen Sekundarstufenschulen realisieren lässt und eine entsprechende Planung des Unterrichts aussehen könnte, soll im Folgenden dargestellt werden.

Organisatorische Voraussetzungen und methodisch-praktische Möglichkeiten des gemeinsamen Unterrichts in der Sekundarstufe – vor allem in der Gesamtschule

Schulorganisationsstrukturen als Voraussetzung für die pädagogische Arbeit

Der Unterricht in der Sekundarstufe ist Fachunterricht. In der Gesamtschule »fächert« sich der Unterricht im wahrsten Sinne des Wortes durch die äußere Leistungsdifferenzierung und die Wahldifferenzierung in den Wahlpflichtfächern noch weiter auf. Es besteht der Anspruch, dass Fachwissen vermittelt werden soll.

Auf der Seite der Unterrichtenden erfordert dies *Fachkompetenz*. Diese kann man nur für eine begrenzte Anzahl von Fächern erwerben. Fachliche Kompetenz und Qualifikation sollten jedoch nicht nur abgrenzenden Charakter haben, das heißt ein Fach vom anderen unterscheiden; Fachkompetenz kann man auch problembezogen verstehen. Der Problembezug ermöglicht das Überschreiten von Fachgrenzen und kann der unverbundenen »Patchworklandschaft« entgegenwirken, die sich unseren Schülern in der Sekundarstufe bietet.

Die Fachkompetenz der Unterrichtenden ist zudem ein Aspekt, auf den Eltern bei der Wahl der Oberschule großen Wert legen. In noch stärkerem Maße als die Grundschule stehen Schulen der Sekundarstufe in einem öffentlichen Legitimationszusammenhang. Die Akzeptanz eines Schultyps und einer bestimmten Schule ist von wesentlicher Bedeutung für die Wahl einer Schule durch die Eltern, vor allem für Eltern leistungsstärkerer Schülerinnen und Schüler. Gerade sie sind für die Arbeit in Integrationsklassen von großer Bedeutung, um in der Lerngruppe eine Mischung unterschiedlicher kognitiver Möglichkeiten zu erhalten. Dieses Problem ist eine Facette der gegenwärtig vielfach diskutierten Frage des Schulprofils nach innen und nach außen.

Unterrichtsverteilung, Kooperation und Stundenplanung

Auch für die *Unterrichtsverteilung* ist neben dem Bezug zur Lerngruppe die Fachkompetenz der Lehrkräfte ausschlaggebend; in der Sekundarstufe wird diese in der Regel durch ein abgeschlosssenes Fachstudium legitimiert.

Gleichberechtigt an die Seite der Fachkompetenz sollten die Kriterien *Teamarbeit und Kooperation* treten mit dem Ziel, auf eine Klasse bezogene *funktionale und überschaubare Kommunikations- und Lernstrukturen* zu schaffen. Diese Forderung ist unabdingbare Voraussetzung für die Arbeit in einer Integrationsklasse, zumal sie allen Schülern zugute kommt.

Zu unterscheiden sind verschiedene Ebenen der Kooperation:
- das *Klassenleitungsteam* (Klassenlehrer bzw. Tutoren) und
- die *Zusammenarbeit von zwei Kolleginnen im Unterricht* (Stichwort: Teamteaching).

An der Lina-Morgenstern-Gesamtschule in Kreuzberg in Berlin wird versucht, die Integrationsklassen mit einem Kernteam, bestehend aus drei Kollegen, auszustatten, die möglichst viel Unterricht in ihrer Klasse geben. Unterschiedliche Fachkompetenz dieser Lehrkräfte erhöht die Anzahl der Fächer, die fachkompetent unterrichtet werden können. Zu diesem Kernteam gehört auch die Sonderschullehrerin bzw. der Sonderschullehrer. Deren Rolle sollte gerade in der Sekundarstufe gut bedacht werden, um der Gefahr gegenzusteuern, zieldifferent zu unterrichtende Kinder durch eine Art verdeckter äußerer Differenzierung völlig abzukoppeln, also nach dem heimlichen Motto zu verfahren: Der Unterricht läuft wie immer, und für die Behinderten ist der Spezialist zuständig.

An der erwähnten Schule wird mit zwei Maßnahmen versucht, dem entgegenzuwirken: Die Sonderpädagogen sind neben zwei Gesamtschullehrern Klassenlehrer, und sie unterrichten in ihrer Klasse mindestens ein Fach eigenverantwortlich, z.T. zusammen mit einem anderen Kollegen, z.T. allein, da nicht alle Fächer bei einem Volumen von 18 Stunden für die Doppelbesetzung pro Integrationsklasse von zwei Kolleginnen unterrichtet werden können. Wichtig für das gelingen dieser Arbeitsform ist, dass alle gleichzeitig unterrichtenden Kollegen das unterrichtete Fach kooperativ vorbereiten, dass sie zuweilen ihre Rollen tauschen und die Schüler nicht starr und konstant in Behinderte und Nichtbehinderte aufteilen. Man kann diese Art der Kooperation vonseiten der Schulleitung fördern und stützen, sie jedoch nicht verordnen.

Auch Ewald Feyerer weist in seinem Bericht über die Arbeit in einer Integrationsklasse der Sekundarstufe in Österreich auf dieses Problem hin und unterstreicht die durch eine solche Form von Kooperation wachsende Gleichberechtigung:

> *»Die Rolle der Sonderschullehrerin ist zwar fachlich gesehen sehr wohl die des Spezialisten für die behinderten und lernschwachen Kinder. Dies wirkt sich aber nur bei der Unterrichtsplanung aus, bei der sie auch den Hauptteil der Koordination trägt. Im gemeinsamen Unterricht ist keinerlei Spezialisierung zu bemerken. Alle Lehrer fühlen sich für alle Kinder in der Klasse zuständig,*

und die Sonderschullehrerin unterrichtet ebenso Hauptschüler wie die Hauptschullehrer mit den behinderten Kindern arbeiten, wobei jedoch in Phasen räumlicher Trennung klarere Zuordnungen festzustellen sind. In die Diskussion allgemein pädagogischer und organisatorischer Fragen ist die Sonderschullehrerin als gleichberechtigtes Mitglied eingebunden und voll anerkannt. Dementsprechend wohl fühlt sie sich auch an unserer Schule.« (Feyerer 1996, S. 6f.)

Die Ausstattung der erwähnten Berliner Integrationsklassen sieht so aus, dass die Schulen pro Klasse 12 Stunden Sonderpädagogik und 6 Stunden für Differenzierungsmaßnahmen erhalten. Auf welche Fächer diese Stunden verteilt werden, orientiert sich an den Bedürfnissen der Schüler. Wichtig ist es jedoch, dass ein hohes Maß dieser insgesamt 18 Stunden Doppelbesetzung auf das Klassenleitungsteam entfällt, um die oben erwähnte Kommunikationsstruktur zu stärken und Möglichkeiten fächerübergreifender Arbeit zu entwickeln.

Neben dem Klassenlehrerteam gibt es in jeder Integrationsklasse weitere Kolleginnen und Kollegen, die in der Klasse unterrichten, ihren Arbeitsschwerpunkt aber an anderer Stelle haben.

Aus diesen Erfahrungen können folgende Forderungen abgeleitet werden:

- In einer Klasse sollte eine überschaubare Anzahl von Kolleginnen unterrichten.
- Der Stundenplan sollte zeitlich die Möglichkeit bieten, durch gemeinsame Schlusszeiten oder gemeinsame Springstunden regelmäßige Teamzeiten zu verabreden, um Kooperation zu erleichtern.

Um individualisiertes und zugleich gemeinsames Lernen auch an der Sekundarstufe zu ermöglichen, bedarf es einer Unterrichtsverteilung und Stundenplanung, die sich vom starren Korsett des Rasterplans verabschiedet. Die Schulen des dreigliedrigen Schulsystem sind hier sicher viel flexibler, da sie keine äußere Fachleistungsdifferenzierung haben; aber auch die Gesamtschulen können beweglicher sein als zum Teil angenommen. Die äußere Differenzierung wird in der Gesamtschule in absehbarer Zeit nicht abgeschafft – die Alternative zur Abschaffung wäre auch ein eigenes, sehr differenziert zu diskutierendes Problem. Die neue Ausführungsverordnung für die Berliner Gesamtschulen eröffnet jedoch einen kleinen Spielraum, z.B. im Fach Deutsch erst zu Beginn der 9. Klassenstufe in die äußere Differenzierung zu gehen, der genutzt werden sollte.

Schule aus der Sicht der Schülerinnen und Schüler

Der Versuch einer Sichtung des Problems aus der Perspektive der Schüler birgt wichtige Ergänzungen. Betrachtet man einen Unterrichtsvormittag aus der Sicht eines Schülers, so kann ein Blick auf den Stundenplan den Eindruck eines unverbundenen Nebeneinanders vermitteln.

Überschaubarkeit und Lernen in Zusammenhängen sind daher Forderungen des gemeinsamen Lernens, die für unsere behinderten Schüler akzentuiert werden, die jedoch auch alle anderen Schülerinnen in ihrem Lernprozess unterstützen.

Dazu gehören

- auch aus Schülersicht eine möglichst *geringe Anzahl von Lehrerinnen und Lehrern*, die in einer Klasse unterrichten (auch die Doppelbesetzung sollte möglichst nicht zu einer Erhöhung der Anzahl der unterrichtenden Personen führen);
- das *Blocken von Stunden*, um größere Zeiteinheiten zu gewinnen (z.B. für epochale Orientierungen),
- statt unverbundenes Nebeneinander *die Entwicklung eines roten Faden*, der die Unterrichtswoche durchzieht und einfasst. Das bedeutet, dass zu den Tutorenstunden die in der Gesamtschule üblichen Schülerarbeitsstunden auf jeden Fall in die Hand des Klassenlehrerteams gehören
- und der Stundenplan möglichst einen gemeinsamen Wochenbeginn und Wochenausklang bietet.
- Stundenverteilung und Stundenplan sind auch für die Jugendlichen von zentraler Bedeutung und können Möglichkeiten des gemeinsamen Lernens erschließen oder auch verstellen.

Gemeinsames und individualisiertes Lernen für zieldifferent zu unterrichtende Schülerinnen

Nachdem die Unterrichtsverteilung und die Stundenplanung die notwendigen Voraussetzungen für gemeinsames Lernen geschaffen haben, müssen an die Fächer die folgenden Fragen mit Bezug auf jedes zieldifferent zu unterrichtende Kind gestellt werden:

- Wie viel gemeinsames Lernen ist in diesem Fach und in diesem Themenbereich möglich?
- Wie kann das gemeinsame Thema differenziert werden hinsichtlich der Ziele, Wege und Inhalte?
- Wo sind eigene Förderlinien erforderlich, z.B. in den Grundfertigkeiten des Lesens, Schreibens, Rechnens, die noch in ein in der Sekundarstufe angebotenes Fach eingebunden werden können?
- Gibt es Fächer, zu denen für dieses Kind kein Bezug hergestellt werden kann?
- Welche neuen Inhaltsbereiche braucht diese Schülerin, dieser Schüler, die der bisher übliche Fächerkanon der Sekundarstufe nicht vorsieht?

Die Beantwortung dieser Fragen führt – je nach individueller Antwort – zu einer partiellen Individualisierung des Stundenplans, orientiert an dem Kriterium: *So viel Gemeinsamkeit wie möglich – aber nicht nach dem Prinzip »Dabei sein ist alles« – , so viel Besonderung wie nötig!*

Umsetzung in Unterrichtsplanung

Aus dem Vorhergehenden ergeben sich verschiedene Möglichkeiten der Unterrichtsarbeit:

- gemeinsame Arbeit am gemeinsamen Thema in einem bestimmten Fach;
- nach Zielen, inhaltlichen Teilaspekten, Methoden und Materialien differenzierte Arbeit an einem gemeinsamen Thema in einem bestimmten Fach;
- Förderung in individuellen Lernbereichen und in für die Sekundarstufe bisher nicht relevanten Fachgebieten.

Die oben auf die Unterrichtspraxis bezogenen Fragen zeigen bereits, dass im Schulalltag häufig nicht systematisch nach den verschiedenen Ebenen der Differenzierung (Ziele, Inhalte, Methoden, Material) unterschieden wird, sondern dass die Ebenen vermischt werden. An einem Beispiel soll im Folgenden der Versuch gezeigt werden, für *einen* Schüler mit Behinderung aus der allgemeinen Arbeitsplanung eine für ihn besondere zu machen:

Tabelle 4: Allgemeiner und individueller Arbeitslan für Schüler B. im Fach Deutsch

Ausschnitt aus dem Arbeitsplan für das Fach Deutsch	Individualisierter Arbeitsplan für B.
Abschnitt II: Von den Herbstferien bis zu den Halbjahreszeugnissen 4. Sachbezogenes Darstellen: • **Beschreiben von Gegenständen** Prinzipien einer Gegenstandsbeschreibung Mögliche Themen: Fundbürospiel schriftliche Verlustanzeigen • **Beschreiben von Gegenstandskomplexen** Mögliche Themen: mein Arbeitsplatz Räume und Raumkomplexe	Anfangsphase: Unabhängig vom Stoff der Klasse wird B. mit dem bereits im Klassenraum stehenden PC und dem Textverarbeitungsprogramm über entsprechende Schreibübungen vertraut gemacht. zu 4. Sachbezogenes Darstellen B. beschäftigt sich mit einem Plan des Berliner U- und S-Bahnnetzes

Ausschnitt aus dem Arbeitsplan für das Fach Deutsch	Individualisierter Arbeitsplan für B.
• **Erläuternde Beschreibung** Mögliche Themen: Häuser und Wohnungen anhand von Grundrissen Modell eines Berliner U-Bahn-Plans Landkarte, Messtischblatt, Stadtplan u.Ä. Interieurs anhand von Fotos • **Vorgangsbeschreibung** Mögliche Themen: Vergleich von Bericht und Beschreibung z.B.: Mein heutiger Schulweg/Mein täglicher Schulweg Modelle von Vrgangsbeschreibung, z.B. Spielregeln, Rezepte	• **Erläuternde Beschreibung:** 1. B. entwirft verschiedene Fahrtrouten, indem er die Stationen aus dem Plan herausliest und mit dem PC schreibt. 2. Er übernimmt die Vekehrsplanung für den nächsten Wandertag und führt die Klasse. • **Vorgangsbeschreibung:** B. beschreibt seinen Schulweg.
Klassenarbeit Nr. 3 aus dem Bereich »Sachbezogenes Darstellen«	**Klassenarbeit:** **Mein Schulweg**
5. Dudenarbeit • Informationen zur Rechtschreibung, Grammatik, Semantik, Ethymologie, Stilistik • Geschichte des Dudens • verbindliche Arbeitsrichtungen: Übungen zum deutschen Alphabet Prdnen von Wrtern in alphabet. Reihenfolge Dudenstrukturierung nach Kopf-, Leit- u. Stichworten Nachschlageübungen evtl. Diskussion über die Rechtschreibreform	zu 5. Dudenarbeit 1. B. macht Übungen zum deutschen Alphabet. 2. Er ordnet Wortkarten nach ihren Anfangsbuchstaben auf einem mit dem Abc beschrifteten Karton. 3. Er ordnet Wortkarten nach dem Abc in einem Karteikasten.
Klassenarbeit Nr. 5 **Diktat mit Dudenbenutzung**	**Klassenarbeit:** **Diktat mit Wörtern, die im Karteikasten nachgesehen werden müssen.**
Januar **Projektarbeit »Die Rattenfänger von Hameln«** Die Klasse arbeitet an einem Projekt mit dem Ziel einer gemeinsamen Aufführung mit der Parallelklasse.	Januar **Projektarbeit »Die Rattenfänger von Hameln«** 1. soll den Inhalt der Geschichte erfassen. 2. E erhält die Aufgabe, zu einzelnen Textausschnitten Dialoge zu verfassen 3. E soll eine kleine Rolle in dem gemeinsamen Theaterstück übernehmen. B. entwickelt die Textumwandlung mit Hilfe eines Mitschülers oder Erwachsenen, der seinen Entwurf handschriftlich mit Druckbuchstaben aufschreibt, B. schreibt den Text mit dem PC ab. Phasenweise soll versucht werden, ihn Textpassagen ohne Vorlage selbstständig in den PC schreiben zu lassen.

Für die Arbeit an der Gesamtschule ist jedoch auch ein anderer Aspekt von nicht zu unterschätzender Bedeutung, nämlich die differenzierte Förderung der nichtbehinderten Schülerinnen und Schüler, die Differenzierung »nach oben«, die unbedingt in die Planung einbezogen werden sollte. So ist die folgende Planungsmatrix zustande gekommen:

Tabelle 5: Planungsschema 1

Fach **Zeitraum**	**Planung für**		
Rahmenplan **Stoffverteilung**	**die Klasse**		
	verschiedene Schüler/-gruppen	**zieldifferente Förderung**	**themenunabhängige Förderung**
Stoffinhalte, z.B. Deutsch Sachbezogenes Darstellen			
fachübergreifende Aspekte			
vorbereitende, wiederholende, konkretisierende Aspekte			

Marianne Poppe spricht von den drei Säulen des Unterrichts, dem *lehrgangsmäßigen Unterricht*, der *Wochenplanarbeit* und dem *Projekt oder Vorhaben* (Poppe 1990).

Alle drei Formen haben in der Sekundarstufe ihren Platz. Entscheidungskriterium für die Wahl der Unterrichtsform ist der zu erarbeitende Gegenstandsbereich. Binnendifferenzierung ist in allen Formen möglich und erforderlich. Die drei Säulen stützen sich gegenseitig und können auch in der Organisationsform der Gesamtschule ihren Platz finden.

Ein großer Teil der Unterrichts in der Sekundarstufe verläuft lehrgangsmäßig.

Die Wochenplanarbeit hat sehr unterschiedliche Formen in der Sekundarstufe und reicht von der fachbezogenen Arbeit in einem Einzelfach bis zu fachübergreifenden Ansätzen. Die Gesamtschulen haben durch die Schülerarbeitsstunden in diesem Bereich besondere Möglichkeiten, die sicher noch besser genutzt und konzeptionell anders eingebunden werden können.

Was noch fehlt, sind *vielfältige Materialien für binnendiffenziertes Arbeiten*. Hier befindet sich die Grundschule in einer ganz anderen Situation. In der Sekundarstufe steht man oft vor dem Problem, dass man z.B. mit einem Jugendlichen erneut den Versuch starten möchte, die Lesefertigkeit auszubauen, dieses aber kaum mit Materialien tun kann, die inhaltlich auf Drittklässler zugeschnitten sind. Zu dem Umstand, dass sich die Lehrerinnen und Lehrer der Sekundarstufe in neue Themenbereiche einarbeiten müssen, tritt das Problem, dass es häufig kaum verwendbare Materialien auf dem Lernmittelmarkt gibt, die für diese Lebensaltersgruppe angemessen sind. Da es sich hier um einen relativ kleinen Adressatenkreis handelt, ist auch nicht zu erwarten, dass sich die Situation ändern wird; Material muss in der Regel individuell erstellt werden.

Zusammenfassung

Zusammenfassend sollen folgende Punkte hervorgehoben werden:

- Die Sekundarstufe ist eingebunden in einen bildungspolitischen Kontext, der die eingangs zitierten Forderungen nach *Lernen ohne Leistungsdruck* und *Ablösung der Noten und Zensuren durch verbale Beurteilungen* zu nicht greifbaren Zielen für die Sekundarschule werden lässt. Auch die äußere Differenzierung wird in absehbarer Zeit nicht abgeschafft werden. Dennoch sind *Gestaltungsräume* vorhanden – diese *müssen genutzt werden.*
- Unterrichtsverteilung und Stundenplanung, die *überschaubare Kommunikationsstrukturen durch eine überschaubare Anzahl von Lehrern* schaffen, sind eine unabdingbare Voraussetzung für die gemeinsame Erziehung.
- Die Stundenplanung sollte durch Blocken von Stunden und durch sinnvolle Gestaltung des Wochenverlaufs den Schülerinnen und Schüler die *Entwicklung eines »roten Fadens«* ermöglichen.
- Im Rahmen der bestehenden Möglichkeiten müssen wir *mit vorhandenen Spielräumen kreativ umgehen*, um uns Raum zu schaffen für veränderte Unterrichtsformen, z.B. durch die Verwendung von Schülerarbeitsstunden für Wochenplanarbeit, durch Projektwochen zur Zeit der Klassenfahrten oder in der ersten Schulwoche nach den Sommerferien usw.
- *Förderpläne* können eine sinnvolle Planungshilfe sein, die Orientierung am Rahmenplan für *Lernbehinderte* birgt jedoch die Gefahr einer erneuten Aussonderung.
- Für die Altersstufe, in der sich die Schülerinnen und Schüler in der Sekundarstufe I befinden, werden vielfältige *Unterrichtsmaterialien* benötigt, die die Arbeit und das Anknüpfen an den Erfahrungshintergrund dieser Altersgruppe erleichtern.
- Die Individualisierung des Lernens muss auch die Individualisierung von Bildungsgängen einschließen. Dazu gehört u.a. eine Stundentafel, die neue Lernbereiche vorsieht, z.B. durch zusätzliche Praktika, und eine flexible Handhabung der Abschlussregelung, etwa die Vergabe des einfachen Hauptschulabschlusses auch nach der 10. Klasse.

Literatur

Feuser, G./Meyer, H.: Integrativer Unterricht in der Grundschule. Solms-Oberbiel 1987.

Feyerer, E.: Integration und Hochleistungsschule – das gibt's! In: Behinderte, H. 3,1996, S. 6f.

Senatsverwaltung für Schule, Berufsbildung und Sport: Genehmigungsschreiben für die Abweichenden Organisationsform zur gemeinsamen Unterrichtung behinderter und nichtbehinderter Schüler und Schülerinnen in der Sekundarstufe der Berliner Schule. Berlin 1996.

Klafki, W.: Neue Studien zur Bildungstheorie und Didaktik. Weinheim 1985.

Maikowski, R.: Gemeinsame Erziehung in der Sekundarstufe I – eine Zwischenbilanz. In: Grundschule konkret, Nr.12/Dezember 1996, S. 35–37.

Meyer, H./Paradies, L.: Plädoyer für Methodenvielfalt im Unterricht. Oldenburger Vor-Drucke H.219/93, Oldenburg 1993.

Piepho, H.-E.: Integrationaler Englischunterricht an Förder- und Sonderschulen. In diesem Band.

Podlesch, W.: Lernziel Integration: Schon erreicht oder noch weit davon entfernt? In: Grundschule konkret, Nr.12/Dezember 1996, S. 3f.

Podlesch, W.: Kinder mit geistiger Behinderung und Kinder mit schwerer Mehrfachbehinderung – Sechs Jahre Berliner Schulversuch zwischen Schulreform und Alltagspraxis. In: Grundschule konkret, Nr.12/Dezember 1996, S. 33–35.

Poppe, M.: Unterrichtsbausteine des integrativen Unterrichts. In: Gesamtschulinformationen H. 3/4, 1990, S. 199–215.

Vester, F.: Denken, Lernen, Vergessen. Stuttgart 1975.

Die Autor/innen

Boban, Ines, Jg. 1957, Sonderpädagogin; seit Anfang der achziger Jahre in der Integrationsbewegung engagiert; seit 1988 Lehrerin in Integrationsklassen der Gesamtschule Winterhude in Hamburg. Mitherausgeberin von: Boban, I./Hinz, A./Schley, W. (Hrsg.): Integrationsklassen in Hamburger Gesamtschulen, Hamburg ^{2}1992.

Borchert, Michael, Jg. 1944, Fachbereichsleiter Mathematik an einer Oberstufe einer Gesamtschule; Unterricht in allen Schulstufen und in der Lehrerausbildung, seit 1991 Unterricht in Integrationsklassen.

Claudi, Manfred, Jg. 1949, Lehrerstudium (Politikwissenschaft), Vorsitzender der Fachgruppe Gesamtschulen der GEW Berlin, Schulleiter einer Berliner Gesamtschule mit Schwerpunkt Integration.

Dicke, Gerda, Jg. 1946, Dipl.-Päd. und Lehrerin, ist nach langjähriger Tätigkeit in der Lehrerausbildung nun an einer neu gegründeten Gesamtschule mit dem Schwerpunkt gemeinsame Erziehung behinderter und nichtbehinderter Schüler in Berlin-Kreuzberg tätig und arbeitet gleichzeitig mit in der Wissenschaftlichen Begleitung der Integrationsschulen der Sekundarstufe in Berlin.

Gasser, Bernd, Jg. 1951, Studienrat, 1977–1984 Lehrer an einer Berliner Gesamtschule, Zusatzausbildung als Analytischer Kinder- und Jugendlichen-Psychotherapeut und als Gestalttherapeut. Von 1985 bis 1997 Projektberater Integration an einer Berliner Grundschule und einer Gesamtschule in Berlin-Spandau. Ab Schuljahr 1997/98 fachlich-pädagogische Begleitung des Berliner Schulversuchs »Berufliche Vorbereitung und Eingliederung von Schülerinnen und Schülern mit sonderpädagogischem Förderbedarf in der Sekundarstufe I«.

Grubmüller, Josef, Jg. 1946, Grund- und Sonderschullehrer, Dipl.-Päd., zehnjährige Tätigkeit an Grund- und Sekundarstufenschulen, Pädagogischer Mitarbeiter am Institut für Sonder- und Heilpädagogik der Universität Frankfurt a.M. Zahlreiche Veröffentlichungen zur schulischen Integration.

Köbberling, Almut, Jg. 1944, Dr. phil., Studienrätin, Wiss. Begleitung der Integrationsklassen in Sekundarschulen. Einrichtung von Regionalen Unterstützungszentren in Hamburg. Mitverfasserin von Schley, W. /Köbberling, A.: Integration in der Sekundarstufe, Hamburg 1994.

Maikowski, Rainer, Jg. 1944, Dr. phil., Dipl.-Soz., Wiss. Referent am Berliner Institut für Lehrerfort- und -weiterbildung und Schulentwicklung (BIL) mit der Zuständigkeit für Integration in der Sekundarstufe. Langjährige wissenschaftliche Begleitung des Berliner Schulversuchs zur Integration in der Grundschule und in der Sekundarstufe. Herausgeber und Mitverfasser von »Gemeinsame Unterrichtung und Erziehung von behinderten und nichtbehinderten Schülerinnen und Schülern im Sekundarbereich I in Berlin«. BIL Nov. 1995.

Merz-Atalik, Kerstin, Jg. 1964, Dipl.-Päd., Wiss. Mitarbeiterin für Integrationspädagogik und Schulsozialarbeit an der Universität Halle, Forschungsschwerpunkt Beratung ausländischer (besonders türkischer und kurdischer) Eltern von Kindern mit Behinderung.

Oertling, Antje, Jg. 1947, Studienrätin mit der Fächerkombination Biologie/Physik. Tutorin in Hamburger Integrationsklassen. Seit acht Jahren Teamarbeit. Schwerpunkt im naturwissenschaftlichen Unterricht an Gesamtschulen.

Piepho, Hans-Eberhard, Jg. 1929, Studium an der PH Hannover, den Universitäten Göttingen, Hamburg und Nashville/Tenn. (Geschichte, Soziologie, Pädagogik), Lehrer und Schulleiter, Assistent, Referent des Amerika-Hauses Hannover, 1973–1994 o. Prof. der Universität Gießen, nach Emeritierung Lehrauftrag für Didaktik Deutsch als Fremdsprache an der Universität München. Zahlreiche Veröffentlichungen zur Englischdidaktik.

Poppe, Marianne, Jg. 1944, Grund-, Haupt und Sonderschullehrerin in Hamburg, Supervisorin DGSv, Mitarbeit 1988–1995 in der wissenschaftlichen Begleitung der Sekundarstufe I in Hamburg. Mitarbeiterin des Beratungszentrums Integration Hamburg.

Preuss-Lausitz, Ulf, Jg. 1940, Dr. phil., Grund- und Hauptschullehrer, Dipl.-Soz., Professor für Erziehungswissenschaften an der TU Berlin, Forschungsschwerpunkte innere und äußere Schulreform, Integrationspädagogik, Kindheitsforschung, langjährige wiss. Begleitung der Integration an der Uckermark-Grundschule in Berlin-Schöneberg und der Integration in Brandenburg. Veröffentlichungen u.a.: Fördern ohne Sonderschule, Weinheim und Basel 1980; Wohnortnahe Integration (mit Heyer/Zielke), Weinheim/München 1990; »Behinderte sind doch Kinder wie wir!« Gemeinsame Erziehung in einem neuen Bundesland (mit Heyer/Schöler), Berlin 1997.

Schöler, Jutta, Jg. 1940, Dr. phil., Lehrerin an Gesamtschulen, Professorin für Erziehungswissenschaft an der TU Berlin, Forschungsschwerpunkte Gesamtschule und Integration, langjährige wiss. Begleitung der Integration in Brandenburg. Veröffentlichungen u.a.: Integrative Schule – Integrativer Unterricht, Reinbek 1993; Schule ohne Aussonderung in Italien, Berlin 1983; als Hrsg.: Italienische Verhältnisse I, Berlin 1987, und II, Berlin 1997.